Die Handarbeiten der Ostjaken und Wogulen. - Primary Source Edition

Uuno Taavi Sirelius

1. Die Fellbereitung.

Die Verwendung von Fellen als Hülle für den Körper ist eine Sitte, die ohne Zweifel aus den allerfrühsten Zeiten menschlichen Daseins stammt. Verschiedene Umstände haben den Anstoss dazu gegeben: die Leichtigkeit, mit der bei dem reichen Bestand des Wildes die Felle haben beschafft werden können, und der Vorzug, den sie vor anderen, von der Natur gelieferten Schutzmitteln vermöge ihrer Dauerhaftigkeit und wärmespendenden Kraft boten. Aus der letzteren Eigenschaft ist es zu erklären, dass ihre Verwendung in den kalten Zonen des Erdballes so überaus gross gewesen ist, und dass sich dieselbe auch noch bei solchen Völkern erhalten hat, die infolge ihrer hochentwickelten technischen Geschicklichkeit schon lange sehr warme Körperhüllen künstlich herzustellen verstanden haben. Somit ist es natürlich, dass die Verwendung von Fellen bei den Ostjaken und Wogulen im nördlichen Sibirien, die sich bis auf unsere Tage herab eine sehr ursprüngliche Lebensart bewahrt haben, so ausgedehnt war und noch ist.

Ein jeder Europäer stellt sich, selbst wenn er nicht viel von Nordsibirien kennt, im Geiste wohl als eine der grössten Merkwürdigkeiten dieses Landes seinen ungeheueren Reichtum an Wild vor. Obgleich aber diese Annahme bereits zu einem Teil nicht mehr ganz der Wirklichkeit entspricht, und obgleich Nordsibirien mit der Zeit nach den zahlreichen Waldbränden und bei der immer mehr verwilderten Art der Jagd nicht mehr das reiche Waidgehege von ehedem ist, so ist doch sicher, dass sich in den grenzenlosen Wäldern dieser Gegenden immer noch eine bunte und stellenweise verhältnismässig stattliche Menge jagdbaren Getieres tummelt. Der Biber, früher das kostbarste in der Schar, ist allerdings, wenigstens in Nordwestsibirien, d. h. in den Wohngebieten der Ostjaken und Wogulen, bereits so gut wie ausgestorben, dagegen aber findet sich der Zobel, der das Erbe jenes angetreten, an gewissen Stellen noch so reichlich, dass manche Jäger fast ausschliesslich auf den Fang dieses Tieres den ganzen Winter verwenden. Von anderen Vierfüsslern seien erwähnt: das Elentier, das Rentier, der Bär, der Fuchs, der Marder, das Hermelin, die Fischotter, der Vielfrass, das Eichhörnchen, der Hase, der Luchs, sowie auf den unbewaldeten Tundren der Wolf und der Eisfuchs. Sie alle sind, sei es wegen ihrer wertvollen Pelze, sei es wegen ihres geniessbaren Fleisches für die ostjakisch-wogulische Jagd von Bedeutung.

In früheren Zeiten dürften die in Rede stehenden Völker die Häute aller dieser Tiere zu eigenen Zwecken verwandt haben. Vermutlich haben sie zugleich auch die meisten und begreiflicherweise wertvollsten von ihnen schon seit Jahrhunderten zu Markte getragen. Vielleicht haben sie — wie heute — bereits seit der Zeit, wo in ihrem Lande ein lebhafterer Handel mit den Russen ins Leben trat, überhaupt alle Felle abgesetzt, die sie entbehren konnten. Solche von grösserem Wert verwenden sie wohl nur mehr in sehr seltenen Fällen ganz zu eigenen Zwecken. Dagegen ist es besonders im Kreise Surgut durchaus gewöhnlich, dass die weniger wertvollen Teile, die Partien am Leibe und an den Füssen, und zwar vor allem von Fischotter- und Fuchsfellen, für den eigenen Bedarf abgetrennt und gewöhnlich zur Verbrämung von Kaftanen, Handschuhen und Mützen verwandt werden.

Die Pelze des Rentiers, Eichhorns, Hasen und Elens sind im wesentlichen diejenigen, welche man zur Bekleidung des eigenen Körpers benutzt. Aus den drei ersten werden grössere Überkleider[1]) und aus dem ersten und letzten Schuhe hergestellt. Das Eichhorn

[1]) Aus dem Eichhornfell wird der Weiberpelz (die sog. jaguška) gearbeitet.

liefert oft Handschuhfelle. Ausserdem werden oder sind die Elen- und Rentierhäute auch zu Schlafdecken, Säcken, Schneeschuhsohlen (Fell über den Risten), Köchern u. m. verarbeitet worden. Aus denselben Fellen werden ferner die Riemen des Rentiergeschirrs fabriziert, während der zu diesem Geschirr gehörige Brustgurt lieber aus Bärenfell verfertigt wird. Es ist natürlich, dass die Verwendung von Fellen in den nördlichen Teilen des ostjakisch-wogulischen Gebietes am allgemeinsten ist. Weiter im Süden, an den Flüssen Salym, Irtysch und Konda, wo man — wie wir gleich sehen werden — die Webekunst kannte, ist ihre Verarbeitung naturgemäss geringer gewesen. Daran ist auch die Lage dieser Gegenden schuld. Da das russische Gebiet hart nebenan liegt, ist hier einerseits die Nachfrage nach Fellen am grössten, andererseits der Einkauf von gewebten Stoffen der besseren Handelsgelegenheit halber bequemer gewesen. In den meisten Fällen sind die Pelzkleider, die in diesen Bezirken getragen werden, denn auch meist anderswo gekauft [1]). Dies wirkt seinerseits wieder darauf hin, dass die Kunst der Fellbereitung in diesen Gegenden wenigstens nicht mehr allgemein verstanden wird [2]).

Nachdem wir so einen Blick auf die vierfüssigen Waldbewohner geworfen haben, deren Fang die Ostjaken und Wogulen obliegen, gehen wir zur Trocknung der einzelnen Fellsorten über. Wir besprechen zunächst die Häute des Rentiers und des Elens.

Da die Jagd auf diese Tiere vorzüglich im Herbst und Frühsommer geschieht — nur stellenweise findet sie zur Zeit der Mückenplage im Sommer statt — so ergiebt es sich, dass auch ihre Häute hauptsächlich in diesen beiden Zeiten des Jahres getrocknet werden. Der Vorfrühling erfüllt dabei viel grössere Voraussetzungen als der Herbst. Alsdann scheint nämlich die Sonne bereits fast

---

[1]) Salym, Irtysch (Tsingala), Konda (Puškinsk, Leušinsk). An der Konda wird nur das Fell für die Schuhspitzen daheim bereitet, und zwar aus dem Fell oberhalb der Riste des Renntiers. Die Leute am Salym kaufen ihre Pelzkleider fast ausschlieslich bei den Ostjaken am Pym.

[2]) Als Schlafdecken, worauf man liegt, werden Felle von dem selbsterlegten Wild benutzt, doch erfordern dieselben keine besondere Verarbeitung. Am Salym sind die Namen der Bereitungswerkzeuge noch gang und gäbe.

mit voller Kraft, und der scharfe Frühlingswind beschleunigt das Trocknen in wirksamster Weise. Aus diesem Grunde bemüht man sich stellenweise [1]) das Trocknen der Herbsthäute, soviel wie möglich, bis zum Vorfrühling zu verschieben. Oft trifft es sich auch so, dass dem Rentierfang im Herbst eine so kalte Witterung begegnet, dass die Felle ohne Gefahr vor dem Verfaulen bequem bis zum Frühling aufgehoben werden können. Man behauptet sogar auch, die im Vorfrühling getrockneten Häute eigneten sich besser zur Verarbeitung. Das Rentierfell, welches verhältnismässig dünn ist, lässt sich übrigens zur Not mit ziemlichem Erfolg auch mitten im Winter [2]) trocknen, wenn das Wetter warm und günstig ist — ja das Trocknen kann, wenn auch langsam, sogar in der Jurte [3]) vollzogen werden; hingegen erfordert das dickere Elentierfell, um gut zu trocknen, die bezeichneten Vorteile der Frühlingstage [4]).

Das eigentliche Trocknen wird auf verschiedene Arten vollzogen. Am Jugan [5]) und Agan geschieht es im Spätwinter in der Weise, dass man die Häute auf dem Schnee ausbreitet, da sie in dieser horizontalen Lage am besten den Sonnenstrahlen ausgesetzt werden können. Am Jugan tritt man an der Stelle, wo die Häute niedergelegt werden, den Schnee mit den Schneeschuhen fest und lässt den Platz hart gefrieren. Das Ausbreiten wird mit Sorgfalt vorgenommen, damit alle Falten schönstens geglättet sind, und das Fell so umfangreich wie möglich wird. Es zeigt eine Neigung sich zusammenzuziehen, und wird es nicht von Zeit zu Zeit zurechtgestreckt, so ist es im getrockneten Zustand schwer zu seiner natürlichen Weite auszubreiten. Aus demselben Grunde pflegt man — und zwar gerade am Jugan — die Haut zum Trocknen an den Rändern mit hölzernen Nägeln auf der festgetretenen Schneefläche anzunageln. Ist sie alsdann glücklich soweit getrocknet, dass sie steif ist, so wird sie bis zur endgültigen Austrocknung auf Stangen gelegt, die auf gegabelten Stützen ruhen.

---

[1]) Agan

[2]) Sosva (Rakt-ja), Kazym.

[3]) Agan, Sosva (Rakt-ja).

[4]) Sosva (Rakt-jä).

[5]) Üut.

Im Sommer und Herbst lässt sich das Trocknen der Häute in horizontaler Lage — wenigstens auf dem Erdboden — nicht bewerkstelligen, da sie, mit der Schattenseite unter sich, leicht anfaulen könnten. In diesen Jahreszeiten heisst es also zu anderen Mitteln greifen, und deren giebt es zwei. Das ursprünglichste von ihnen ist das Trocknen auf Stangen an der frischen Luft. Dieser Art und Weise, die besonders in den nördlicheren Gegenden [1]) gewöhnlich ist, bedient man sich zum Teil auch mitten im Winter [2]), da alsdann hauptsächlich der Wind das Trocknen besorgt, und die Häute ihm in der angedeuteten Lage am besten ausgesetzt sind. Doch hat das Trocknen auf Stangen häufig denselben merkbaren Nachteil, von dem beim Trocknen auf dem Schneeboden die Rede war, den nämlich, dass sich die Haut ein wenig zusammenzuziehen bestrebt.

Der Verlust, der dem Besitzer hieraus erwächst, hat die weiter südlich wohnenden Ostjaken veranlasst ein Trockenverfahren in Anwendung zu bringen, bei dem die Haut während der ganzen Zeit des Trocknens ausgespannt gehalten wird. Am Irtysch bringt man an den Rändern kleine Löcher an und steckt in diese dünne Stöcke und Stäbchen, die die Haut ausgestreckt halten. In dieser Gestalt wird sie alsdann zum Trocknen auf Stangen gelegt — gewöhnlich auf dieselben, auf denen das Fleisch und die Fische gedörrt werden [3]). Am Vach und Salym werden an einer langen Holzstange zwei Querhölzer festgebunden (Fig. 1), ein

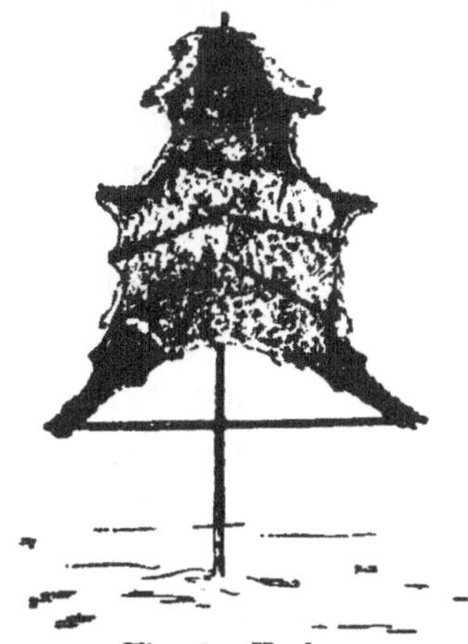

Fig. 1. Vach.

---

[1]) Sosva (Rakt-jä), Kazym (?).

[2]) Natürlich nur bei mildem Wetter.

[3]) In letzter Zeit hat man sich am Irtysch (Tsingala) immer mehr gewöhnt die Häute auf den Dächern der Wohnhäuser zu trocknen, wo sie dann ausgebreitet und an den Rändern festgenagelt werden. Das Fell der Füsse wird am Irtysch, Jugan und Salym gewöhnlich besonders, von der übrigen Haut losgeschnitten, getrocknet.

kürzeres oben und ein längeres unten, und zwischen diesen Querhölzern spannt man die Haut mit dem Kopfende oben und dem Schwanzende unten befestigt und ausserdem mit querwärts streckenden Stäben versehen aus. Sitzt die Haut fest, so schlägt man die Stange senkrecht in die Erde. Am Jugan verfährt man in derselben Weise, nur zeigt sich dabei der Unterschied, dass man keine Streckpflöcke benutzt, und dass an der Stange statt zweier Querhölzer ein vollständiger viereckiger Rahmen befestigt wird, in den man die Haut ringsum einspannt. — Des Spannverfahrens bedient man sich am Irtysch und Salym stets, und auch am Vach findet es Eingang. Am Jugan ist es dagegen nur beim Trocknen von Herbsthäuten in Gebrauch gekommen.

Das Trocknen der Häute anderer Tiere, wie der Fischotter, des Fuchses, Vielfrasses, Eisfuchses, Wolfes, Eichhorns, Marders, Zobels und Hermelins, erfordert viel weniger Arbeit. Bei ihrer Dünne trocknen sie im ganzen sehr schnell, und das Trocknen lässt sich aus diesem Grunde auch zu jeder Zeit mit gutem Erfolg in der Jurte erledigen. Sie werden alle unzerteilt abgezogen und auf eigens hierfür bestimmten Brettern getrocknet. In der Zeichnung (Fig. 2) sehen wir ein Trockenbrett für Otterfelle. Es ist 95 cm lang, läuft nach dem einen Ende spitz zu und ist am Stammende 15 cm breit. Zu Beginn der Trocknung wird das Otterfell, wie sämmtliche andere hier in Frage kommenden Häute, gewendet; der Schwanz wird längs durchgeschnitten. Das Trockenbrett wird zwischen der Fusshaut so tief und in der Weise eingeschoben, dass die Kopfhaut um den schmalen Teil des Brettes zu sitzen kommt. Das Fell des Hinterteils wird entweder mit einer Rute festgebunden oder mit Holznägeln festgesteckt [1]), damit es beim Trocknen nicht nach vorn verrutscht, und das Fell auf diese Weise zusammenschrumpft. Das Trockenbrett für Fuchsfelle ist im allgemeinen von ganz der-

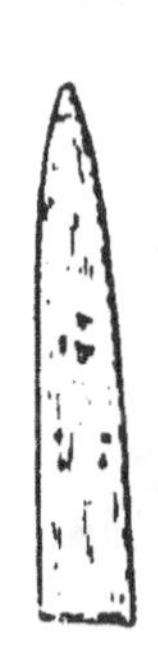

Fig. 2. Vach.

[1]) Jugan (Ūut); auch das durchgeschnittene Schwanzfell wird in dieser Weise auf das Brett genagelt, das in diesem Falle natürlich länger ist als gewöhnlich.

selben Gestalt wie das letzterwähnte und stimmt mit diesem auch in der Grösse überein: ca. 87 cm Länge und am Stammende ca. 17 cm Breite. Nur am Irtysch verwendet man ein in der Form von diesem beträchtlich abweichendes Trockenbrett (Fig. 3). Es wird gleichfalls nach dem einen Ende hin schmäler, am breiteren oder Stammende aber endet es in einer durch einen Holzsteg überbrückten Gabelung. Auf das Brett von der gewöhnlichen Form wird das Fuchsfell in derselben Weise zum Trocknen aufgespannt wie das Otterfell[1]. Am Irtysch ist das Brett so gross — 161 cm lang und an den Enden der Gabelung 23 cm breit — dass man ausser Fuchsfellen auch Vielfrass- und Wolfsfelle darauf trocknen kann, die alle in derselben Weise getrocknet werden: die Kopfhaut wird über das schmale Ende, die Felle der hinteren Läufe über die Äste der Gabelung, die der Vorderfüsse über ein besonderes Querholz (Fig. 3 *a*) gezogen, und die Schwanzhaut auf einem Holzstück befestigt, dessen eines Ende zwischen das Brett und die Rückenhaut gesteckt ist.

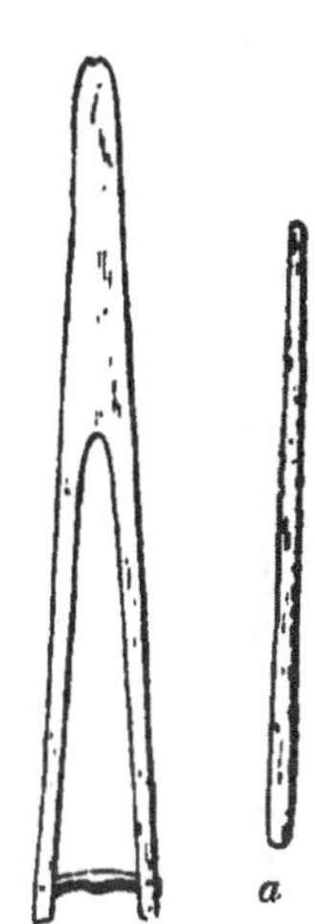

Fig. 3. Irtysch (Tsingala).

Eichhornfelle werden im Allgemeinen — mögen sie nun zu privaten oder zu Handelszwecken gebraucht werden — so getrocknet, dass man sie auf dünne Stäbe[2] oder Seile[3] streift oder mit den Enden[4] an letzteren festbindet. Von dieser Regel weicht man wohl nur in den südöstlichen Teilen des ostjakischen Gebietes (am

---

[1]) Am Vach (vielleicht auch in einigen anderen Gegenden) lässt man es in dieser Lage nur solange, bis es eine kleine Wenigkeit getrocknet ist, denn, sowie es in den Zustand vollkommener Trockenheit überzugehen beginnt, reisst es leicht ein, wird es nicht rechtzeitig aus der Spannung befreit, in die es zum Trocknen versetzt wurde. Vom Brette abgenommen, wird es von neuem mit den Haaren nach aussen darauf gezogen. Zugleich werden die Haare mit einem Holz aufbereitet, damit sie glatt und glänzend werden.

[2]) Sosva (Rakt-jä, Salym).

[3]) Unterer Ob (Xöltti-põγoľ).

[4]) Sosva (Rakt-jä).

Vas-jugan) ab, wo die für den privaten Zweck bestimmten Felle auf Brettern getrocknet werden. Ein Trockenbrett für Eichhornfelle stellt die Fig. 4 dar. Es ist ein ca. 34 cm langes dünnes Brett, dessen grösste Breite 9 cm beträgt, und an dem das eine Ende wie eine Lanzenspitze, das andere stielförmig zugeschnitten ist. Wegen seiner bedeutenden Breite weitet das Brett, welches wie alle übrigen hier in Rede stehenden in die Haut hineingeschoben wird, diese ein wenig aus. Damit das Fell diese Ausweitung beim Trocknen aushält und nicht reisst, wird es, bevor man es aufs Brett zieht, gründlich aufgeweicht. Man legt es daher zunächst einige Zeit, wenn die Bereitung im Sommer vorgenommen wird, in feuchtes Gras nieder um es streckbarer zu erhalten. Das Aufweichen geht in der Weise vor sich, dass man, in sitzender Stellung und mit einem Ring aus Rutenband am einen Fuss, das Eichhornfell in den Ring hineinschiebt, es an beiden Enden festhält, und in dem Ring hinundherzieht. Zugleich bestreicht man das Fell von Zeit zu Zeit mit Fett, das in folgender Weise aus Fischdarm hergestellt wird. Die Därme werden in einem Gefäss, am liebsten einem Kessel, einen Taglang der Sonne ausgesetzt. Es braucht nicht besonders bemerkt zu werden, dass dies nur im Sommer möglich ist, der übrigens auch deswegen die für die Fettgewinnung einzig geeignete Zeit ist, weil die Därme nur dann so fett sind, dass sich aus ihnen eine genügend grosse Menge Fett ausscheiden lässt. Nachdem sie in der Sonne etwas angefault und der erwünschte Stoff ausgeschieden, lässt man die Därme kochen und giesst hierfür einiges Wasser in einen Kessel (2 Schöpflöffel in einen mittelgrossen Kochkessel). Beim Kochen sondern die Därme fortwährend Fettstoff ab, der, soviel sich davon bildet, natürlicherweise an die Oberfläche emporsteigt und mit einem dünnen Löffel in eine bereitgehaltene birkene Schüssel abgeschöpft wird. Ist alles Fett gesammelt, wird es wieder in den Kessel gethan und von neuem gekocht, bis es trübe wird. Alsdann ist es für den beabsichtigten Zweck gebrauchsfertig.

Fig. 4. Vas-jugan.

Das Trockenholz für Marderfelle (Fig. 5, mit trocknender Haut) ist dem für Eichhornfelle ähnlich, jedoch ist es spitzer und schmaler als dieses. Es misst ca. 53 cm in die Länge und ist (an der breitesten Stelle) 6 cm breit. Ihm ähnelt in der Form das Trockenbrett für Zobelfelle (Fig. 6), dessen eine Breitseite jedoch gratförmig zugeschnitten ist. Seine Länge ist ca. 64 cm und seine Breite ca. 7 cm. Das Trocknen wird mit beiden in derselben Weise vollzogen wie mit dem Trockenbrett für Otterfelle.

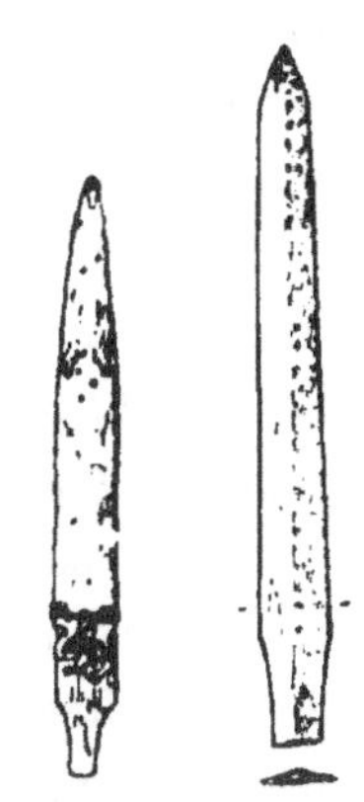

Fig. 5. Vach. Fig. 6. Vach.

Trockenbrette für Hermelinfelle sehen wir in den Fig. 7 und 8.

Das in der ersten wiedergegebene, welches in den südlichen Teilen [1]) anzutreffen ist, ist ein dünnes, 60 cm langes und 4 cm breites Brett, an dessen einem Ende sich eine in eine schmale Spalte verlaufende Gabelung befindet. Das in Fig. 8 dargestellte, das mit dem ersteren identisch, aber in zwei Stücke geschnitten ist, ist wenigstens den Sosva-Wogulen eigentümlich.

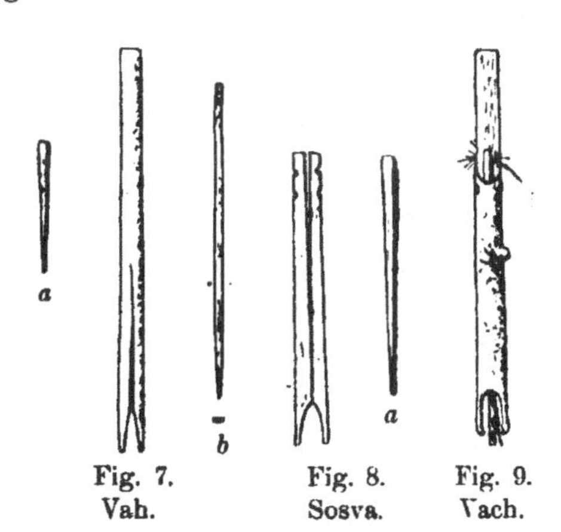

Fig. 7. Vah. Fig. 8. Sosva. Fig. 9. Vach.

Auf beide Bretter werden die Hermelinfelle so gestreift (s. Fig. 9), dass man die Gabelenden der Bretter zum Munde so tief und in der Weise einsteckt, dass die Zinken in das ungeteilt abgezogene Fell der Hinterläufe gelangen. Hierauf werden die Felle festgezwängt, indem man zwischen den Zinken des Brettes hindurch einen Holzkeil (Fig. 7 *a*, 8 *a*) in den in der Gabelung des Brettendes befindlichen Spalt (in dem Sosvawogulischen Brett zwischen die beiden Teile) steckt. Bei dem ersteren Brett wird das Fell auch mit einem zweiten Keil (Fig. 7 *b*) festgeklemmt, der ohne weiteres am Kopfende des Fells zwischen

[1]) Vach, Jugan (Uut).

dieses und das Brett gesteckt wird. Die Keile haben auch den Vorteil, dass das Hermelinfell, welches recht dünn ist, beim Abnehmen vom Brett nicht zerreissen kann, da die Keile erst herausgezogen werden.

Nach diesem kurzen Blick auf die Trocknung der Felle gehen wir zur Besprechung der Verfahren über, nach denen die Bereitung der Häute vollzogen wird. Diese, die es auf das Weichen der Felle absieht, wodurch dieselben — besonders wo es sich um ihre Verwendung als Kleidungsstücke handelt — schmiegsam und bequem werden sollen, kommt nur in Frage, soweit die Felle zu häuslichen Zwecken verwertet werden, oder mit anderen Worten bei den Fellen von Rentier, Elen, Eichhorn und Hase. Die, welche in den Handel kommen sollen, werden bloss getrocknet. Aber wie wir im Vorhergehenden bereits bemerkt haben, werden keineswegs alle zum eigenen Bedarf zurückbehaltenen Häute bereitet. So verhält es sich zum Beispiel mit denen, woraus Schlafdecken und Riemen hergestellt werden, denn bei diesen sieht man eher auf Dauerhaftigkeit und Dicke als auf Weichheit und Dünne.

Fig. 10. Agan.

Bevor man darangeht die Rentier- und Elentierhaut zu bereiten, legt man sie in einigen Gegenden [1]) zuvor eine Nacht zum Weichen nieder, damit sie biegsam werde und die beim Trocknen entstandenen Unebenheiten verschwinden. Am Agan [2]), wo man von dem Einweichen absieht, erreicht man denselben Zweck durch die Benutzung eines Instruments Fig. 10, dessen Gebrauch man von den Kazymschen Samojeden erlernt hat. Es ist dies ein Schneideeisen mit bogenförmiger Schneide, welches mit den Zinken, in die seine Enden auslaufen, in einen langen Holzstiel eingesenkt ist. Die Bereiterin hält es nun an den Stielen fest und schiebt es über die Innenseite der Haut hin, die auf einer harten Unterlage ruht, bis alle Falten geglättet sind.

---

[1]) Unterer Ob (Xòltti-pŭyoΓ).

[2]) Agan.

Auf diese Weise bearbeitet oder in der obigen Weise geweicht, ist die Haut für das Kratzeisen fertig. Mit ihm wird die innerste Schicht der Haut, die sog. Unterhaut entfernt, die der zähste Teil der Haut ist und z. B. die Schuhe — falls sie nicht entfernt wird — infolge ihrer Zähigkeit recht unbequem macht. Es ist über das ganze ostj.-wogulische Gebiet hin im Gebrauch, und seine Schneiden versteht man in fast allen Teilen dieses Gebiets zu schmieden. Seiner Herstellung nach ist es in den verschiedenen Gegenden ein wenig wechselnd, wie die verschiedenen Formen in den Fig. 11—13 darthun. Das erste von ihnen stammt aus der Gegend von Obdorsk [1]). Es ist einschneidig und sein Schneideeisen, welches eine Kleinigkeit bogenförmig ist, ist in einen 54 cm langen Holzstiel mitten eingesenkt. Die in Fig. 12 dargestellte Form wird an der Sosva und auch am unteren Ob [2]) gebraucht. Es ist zweischneidig oder — mit anderen Worten — mit bloss einem Schneideeisen versehen, welches mit Hülfe einer kleiner Querleiste mitten in einem 59 cm langen Holzstiel befestigt ist, und dessen eines Ende fast gerade, dessen anderes stark bogenförmig oder gekrümmt ist. Die dritte Form (Fig. 11) ist die gewöhnlichste und hauptsächlich in den südlicheren Teilen des ostjakischen Gebietes verbreitet [3]). Sie unterscheidet sich übrigens von der Sosvaform nur darin, dass die beiden Enden des Schneideeisens bei ihr stark bogenförmig oder gekrümmt sind.

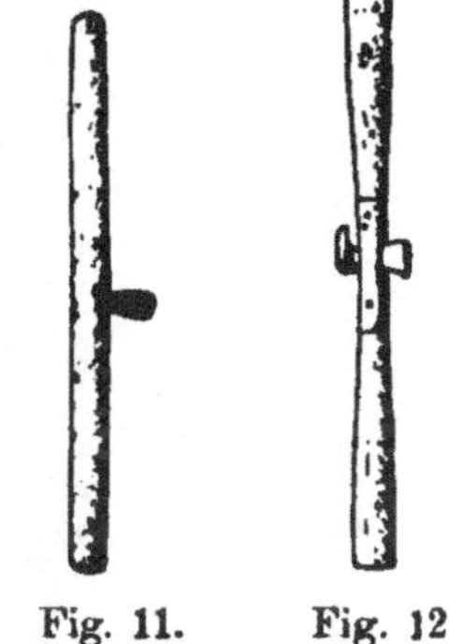

Fig. 11. Ob (Vulpasla-pōγol').

Fig. 12 Sosva.

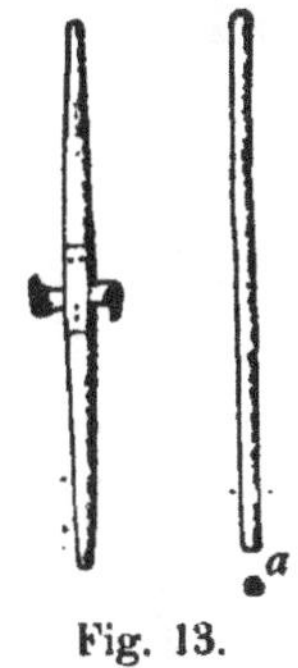

Fig. 13. Vasjugan.

Das Entfernen oder Abkratzen der Unterhaut wird so vollzogen, dass die Schneide des Kratzeisens so nachdrücklich über die

[1]) Vulpasla-pōγol'.

[2]) Xōltti-pōγol'.

[3]) Vas-jugan, Vach, Jugan, Agan.

Innenseite des Fells geführt wird, dass sie kleine Spänchen herausschneidet. Für das Abkratzen wird die Haut auf eine geeignete, ebene Unterlage gelegt, die Bereiterin setzt sich dazu (s. Fig. 14) und schiebt, während sie das Eisen mit beiden Händen an den Stielen festhält, die Schneide von sich fort über die Unterhaut. An der Sosva und am unteren Ob, wo man — wie bemerkt — verschiedenartige Schneiden an den Kratzeisen hat, kratzt man zuerst mit dem geraden Ende des Eisens und greift, erst nachdem der grösste Teil der Unterhaut abgelöst ist, zu dem gekrümmten Ende. In den südlicheren Gegenden, wo man an dem Instrument zwei Schneiden von gleicher Form hat, macht man natürlich in der Benutzung der beiden Schärfen keinen Unterschied, d. h. man kratzt mit der, welche gerade am schärfsten ist. Zu merken ist nur, dass man der Sicherheit halber neben dem Stiel zu einem Knüttel (Fig. 13 *a*) von gleicher Grösse greift, der in die Höhlung der jeweilig ausser Gebrauch befindlichen Hälfte des Schneideeisens gesetzt und zugleich mit dem Stiel an den Enden festgehalten wird.

Fig. 14. Vas-jugan.

Ist die Unterhaut vollständig entfernt, so beginnt man die Haut mit den Händen durchzuwalken, und damit dies mehr Erfolg habe, beschmiert man sie von Zeit zu Zeit mit Fischfett. Schliesslich greift man zum Schabeisen, mit Hülfe dessen die Haut endgiltig aufgeweicht wird. Von dem Schabeisen giebt es verschiedene Arten. Das in Fig. 15 abgebildete ist überaus selten und erscheint wohl nirgends mehr als an den Quellflüssen des Vas-jugan. Jedoch lässt sich vermuten, dass es in älteren Zeiten allgemein im Gebrauch und — neben anderen ebenso ursprüngli-

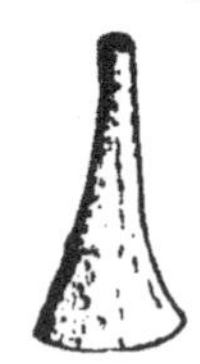

Fig. 15. Vas-jugan.

chen Werkzeugen — das einzige Bereitungsinstrument gewesen sei. Darauf deuten wenigstens drei Thatsachen hin: erstens die Behauptung der Ostjaken am Vas-jugan, das heute allgemein benutzte Schabeisen (s. Fig. 17) sei von den Tungusen gekommen[1]), zweitens die Möglichkeit, dass man das hier in Rede stehende Instrument scharf geschliffen statt des Kratzeisens verwenden kann, und drittens seine sehr ursprüngliche Herstellungsweise. Es ist ein Stück Rentierhorn, das aus dem ganzen Geweih so losgelöst und so zugespitzt ist, dass es die Form einer Schaufel erhält. Eng mit ihm verwandt ist das in Fig. 16 dargestellte Schabeisen. Dieses ist mit einem Schneideeisen mit bogenförmiger Schärfe versehen und hat im Allgemeinen die Form einer Schautel mit gebogenem Stiel.

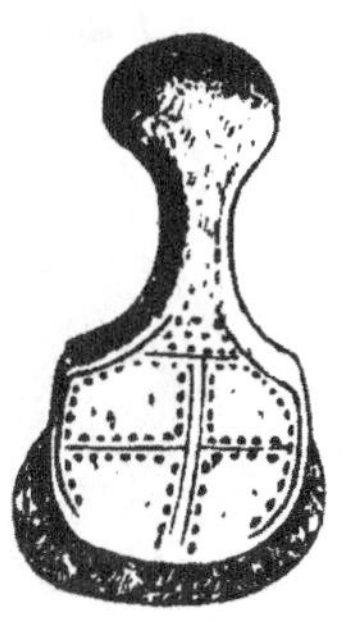

·Fig. 16.
Vas-jugan.

Wir erwähnten bereits, dass das gewöhnlichste Schabeeisen heutigen Tages die Form habe, die in Fig. 17 erscheint. Sein Schneideeisen ist lang und nach innen gebogen, dazu in eine lange, am einen Ende mit einem Loche versehene hölzerne Handhabe von gleicher Form eingefügt.

Fig. 17.
Vas-jugan.

Das Aufweichen oder Schaben wird in der Weise ausgeführt, dass man die Haut kräftig mit den Werkzeugen durchwalkt oder über diese hinreibt. Mit den beiden ersten Instrumenten geschieht dies so, dass man sie mit der rechten Hand hin und her über die Innenseite der aufzuweichenden Haut führt; mit dem letzteren folgendermassen: die Bereiterin sitzt auf der Erde und hält das Werkzeug senkrecht vor sich — das untere Ende zwischen die Füsse gestützt und das obere Ende mit Hülfe einer, durch ein hier angebrachtes Loch gebundenen Seilschlinge unter dem einen Fuss befes-

---

[1]) Mit dem tungusischen Schabeisen soll es sich viel leichter bereiten lassen als mit dem hier behandelten und in Fig. 16 wiedergegebenen, welches die Hände arg ermüdet.

tigt; das eigentliche Aufweichen vollzieht sie so, dass sie die Haut, die sie an beiden Enden festhält, über die Schärfe gegen sich hinzieht, wie Fig. 18 zeigt; bei seiner Bogenform wendet sich natürlich infolge des von aussen kommenden Drucks die konvexe Handhabe des Schabeisens nach der Bereiterin hin und die nach innen gebogene Schneide von ihr ab.

Fig. 18. Jugan.

Nachdem man das Fell mit dem Schabeisen aufgeweicht hat, knetet man es noch in den Händen durch, und ist dieses besorgt, liegt es gebrauchsfertig vor.

Zu dieser Behandlung der einzelnen Punkte, die bei der Bereitung der Elen- und Rentierfelle beobachtet werden, haben wir schliesslich noch zu bemerken, dass nicht nur neue Häute bereitet werden sondern auch schon gebrauchte, wie z. B. Schlafdecken [1]). Was die Kleider angeht, so sind die ersteren Felle, die gute Haare haben, notwendig bei der Anfertigung von Überkleidern, die zum Winterkostüm gehören, wie von Pesken und Schuhen; die letzteren hingegen, deren Haare gewöhnlich stark mitgenommen sind, eignen sich zur Verwendung für Kleider in den wärmeren Jahreszeiten [2]) und im Allgemeinen für Unterkleider [3]). Zu letzterem Zweck lassen sich auch alte Winterkleider benutzen, deren Haare abgetragen sind.

Was die Bereitung der gebrauchten Häute betrifft, so ist sie dieselbe wie bei den neuen. Das wenige Haar, welches noch auf ihnen sitzt, wird mit dem Kratzeisen entfernt, und zwar zur gleichen Zeit, wo die Bereitung vorgenommen wird.

Von der Bereitung der Eichhornfelle haben wir schon einiges bemerkt, als wir von der Trocknung dieser Felle redeten. Das

---

[1]) Sosva (Rakt-jä).

[2]) Schuhe, Mäntel.

[3]) Hemd, Hosen, Schamgürtel der Frauen.

Gesagte berührte zwar nur ihre Bereitung am Vas-jugan, doch ist das, was wir von ihrer Verarbeitung in anderen Gegenden wissen, wo keine Trockenbretter benutzt werden, mit dem Erwähnten in der Hauptsache identisch. Der grösste Unterschied besteht darin, dass man sich statt des Rutenrings eines Schabeisens[1]) oder einer Messerschärfe[2]) bedient. Bevor man mit dem Bereiten beginnt, wird das Fell tüchtig befeuchtet. Beim Bereiten bestreicht man es von Zeit zu Zeit mit Fischfett und knetet es zum Schluss solange mit den Händen durch, bis es weich wird.

Als vierte Fellart, die die Ostjaken und Wogulen am meisten zu eigenem Bedarf verwenden, erwähnten wir das Hasenfell. Dies ist von Natur sehr dünn und bedarf darum keiner grossen Bearbeitung. Die geringe Bereitung, die es erfordert, ist im Grossen und Ganzen dieselbe wie beim Eichhornfell.

Fig. 19. Vas-jugan.

Im Zusammenhang mit der Besprechung der Fellbereitung haben wir auch die Werkzeuge vorzuführen, die bei der Herstellung der Lederriemen Verwendung finden. Es giebt von ihnen zwei verschiedene Formen, die uns die Fig. 19 und 20 darthun. Die eine (Fig. 19) ist ein 60 cm langes Brett, dessen Enden, weil sie in den Händen zu halten sind, schmal zulaufen, und in dessen breiter Mittelpartie sich neben einander drei längliche Ausschnitte befinden. Die andere Form (Fig. 20) ist 37 cm lang, an den Enden rundlich, in der Mitte vierkantig geschnitten, und die Mittelpartie durchqueren auf der einen Seite ein, auf der anderen zwei schmale Ausschnitte. Ausser am Vas-jugan, woher die beiden in den Zeichnungen dargestellten Aufweichewerkzeuge stammen, gebraucht man dieselben im Kreise Surgut und ausserdem möglicherweise auch in gewissen Gegenden ausserhalb dieses Kreises. Die in Fig. 19 abgebildete Form ist die gewöhnlichste[3]).

Fig. 20. Vas-jugan.

---

[1]) Unterer Ob (Xöltti-pöɣol').

[2]) Sosva (Rakt-jä).

[3]) Agan, Jugan, Ob (Ivaškin), Salym (am Salym ist die Form im Ganzen dieselbe, nur finden sich hier 6 Ausschnitte in zwei Reihen).

Das Aufweichen geschieht mit diesen Werkzeugen folgendermassen: Der Riemen, welcher bereitet werden soll, wird durch die Löcher des Weichbretts gespannt und mit den Enden an stützende Gegenstände (z. B. an die Jurtenstangen) gebunden. Nachdem man ihn gehörig mit Fischfett bestrichen hat, beginnt man ihn mit dem genannten Werkzeug durchzukneten, indem man letzteres hin und her über den Riemen führt. Ist das Fett eingezogen, so wird das Bestreichen wiederholt und das Kneten fortgesetzt, bis der Riemen weich und geschmeidig ist. — Die in dieser Weise hergestellten Riemen werden vorzugsweise zu Gürteln und Rentiergeschirren verarbeitet.

2. Die Spinnerei, die Nadeln und die Behälter für das Nähzeug.

Nachdem wir so einen Blick auf die ursprünglichen Bekleidungsstoffe der Ostjaken und Wogulen geworfen haben, erscheint es uns geboten uns auch darnach umzusehen, wie sie ihr Garn herstellen.

Die Stoffe, woraus sie dasselbe heutzutage verfertigen, sind Rentier- und Elentiersehnen, Nesseln, Hanf und Flachs. Die drei ersten sind bei ihnen leichtverständlicherweise, wie bei vielen anderen Naturvölkern, alten Ursprungs und noch jetzt in allen den Teilen ihres Gebietes allgemein im Gebrauch, wo Kleidungen aus Leder genäht werden. Der Hanf ist heute als Handelsware allgemein bekannt, kam aber früher vielleicht nur an der Konda [1]) vor, wo er seit alten Zeiten angebaut wurde. Der Flachs ist weniger bekannt. In allerjüngster Zeit hat man auch ihn an der Konda anzubauen begonnen.

Die Sehnen von Tieren gehören, wie wir eben andeuteten, ohne Zweifel zu den alleräItesten Schnurstoffen, die die menschlichen Wesen benutzt haben. Wie sie einerseits bei dem reichen Wildbestand leicht zu gewinnen waren, zeichneten sie sich andrerseits durch eine vorzügliche Haltbarkeit aus. Diese letztere Eigenschaft ist gerade die Veranlassung dazu gewesen, dass sie sich zum Beispiel bei unseren Völkern, obwohl an vielen Stellen ihres Gebietes Nesseln

[1]) Leušinsk.

wachsen, woraus man Garn herzustellen versteht, und obwohl man von russischen Zwischenhändlern bequem Hanf und Flachs wie auch hieraus verfertigtes Garn kaufen kann, bis auf unsere Tage im Gebrauch erhalten haben. Besonders sind jene als Nähmaterial für Rinde und Fell, die dauerhaftes Garn erfordern, beliebt.

Was das Zwirnen der Sehnenschnur anbelangt, so geht dies in folgender Weise vor sich. Die getrocknete Sehne wird auf eine feste Unterlage gelegt und geklopft, bis sie sich in feine Fasern zerteilt. Der Klopfhammer, der aus einem Stück Holz besteht und einem Stössel ähnelt, ist in Fig. 21 zu sehen. Die Zwirnerin zieht eine Faser aus der Sehne, befeuchtet sie mit den Lippen und entfernt alle Unebenheiten aus ihr. Ist die Faser zu kurz, so nimmt sie eine zweite hinzu und glättet auch diese. Dann befeuchtet sie beider Enden, legt sie nebeneinander und dreht sie, indem sie sie mit der rechten Hand über den rechten Schenkel hin rollt, zusammen, sodass eine zweiteilige Strähne entsteht. Sobald in derselben Weise eine zweite Strähne hergestellt ist, legt sie dieselbe neben die erstere, dreht beide auf dem Schenkel abwechselnd vom einen und vom anderen Ende und zwirnt sie zusammen.

Fig. 21. Sosva.

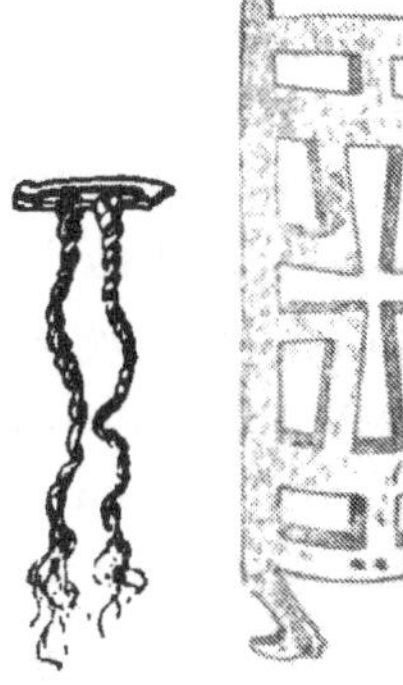

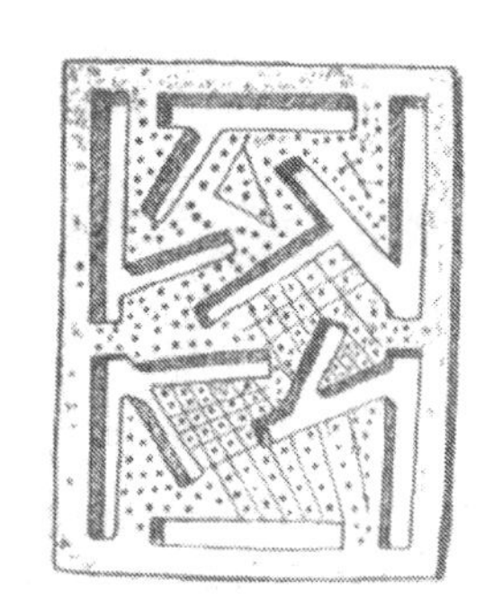

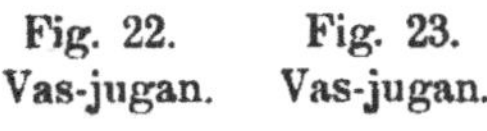

Fig. 22. Vas-jugan. Fig. 23. Vas-jugan. Fig. 24. Vas-jugan.

Die fertigen Schnuren, die im Allgemeinen nicht über einen Meter lang sind, werden für den Bedarf aufbewahrt, entweder in Bündel zusammengeknüpft oder auf für diesen Zweck besonders angefertigten Garnwickeln (Fig. 22—26). Letztere trifft man wohl nur bei den südwestlichen Ostjaken an (Vas-jugan); sie bestehen im Allgemeinen aus Knochen. Die in Fig. 22 abgebildete ist aus der Flügelspeiche eines Auerhahns hergestellt, die in Fig. 23

ist eine Scheibe aus Mammutknochen — mit durchgeschnitzten Verzierungen und zwei Bildern von Köpfen, die an einen Pferdekopf erinnern. Die in den Fig. 24, 25 abgebildeten Garnwickeln sind aus Elentierhorn. Die letzte (Fig. 26) besteht aus Rentierhorn und soll wohl ein Rentier darstellen. Sie ist auch als Spielzeug benutzt worden.

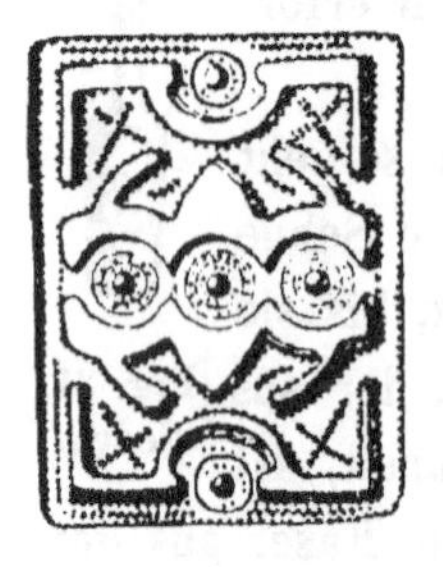

Fig. 25. Vas-jugan.

Aus den Sehnen der Rentiere und der Elentiere entstehen einigermassen verschiedenartige Schnuren: aus den ersteren dünne, geschmeidige, aus den letzteren hingegen im Allgemeinen ein wenig derbere. Daher werden Schnuren aus Rentiersehnen lieber beim Nähen von dünneren Ledergegenständen wie Pelzwaren verwandt. Solche aus Elentiersehnen sind dagegen vorteilhafter bei der Herstellung von Schuhwerk.

Wir erwähnten im Vorausgehenden bereits mit einigen Worten die Nessel sowie die Fertigkeit der Ostjaken und Wogulen, aus dieser Pflanze Garn herzustellen. Die Nessel ist nicht über das ganze Wohngebiet dieser Völker verbreitet. Am Ob und am Irtysch, innerhalb des ostjakischen Gebietes, findet sie sich etwa bis zur Stadt Beresov im Norden oder bis ungefähr zum 65° NB, wird aber dann allmählich seltener und verschwindet schliesslich ganz [1]). An manchen viel südlicher gelegenen Nebenflüssen kommt sie überhaupt nicht vor. Dies betrifft z. B. die Flüsse Pym, Torom-jugan und Agan. In der Quellgegend des Vach soll sie auch fehlen, ja es wird erzählt, sie sei früher auch an der Mündung dieses Flusses nicht vorhanden gewesen und hier erst zu der Zeit erschienen, als die Russen das Eis des Flusses mit Pferden zu befahren anfingen. Am reichsten ist das Wachstum der Nessel am Irtysch, an der Demjanka, Konda und am Salym — wo sich denn auch im Laufe der Zeit eine ganze Webekunst hat entwickeln können. An einigen Flüssen, wie am

Fig. 26. Vas-jugan.

[1]) Oder ist so selten, dass ihr Vorkommen gar nicht besonders erwähnt zu werden braucht.

Vas-jugan, Jugan, Kazym und an der Sosva findet sie sich im Verhältnis spärlicher, wennschon viel reichlicher, als es der Bedarf der Bewohner zur Anfertigung der Stellnetze und Zugnetze erfordert. Eine Nesselkultur in des Wortes eigentlicher Bedeutung ist bei den Ostjaken und Wogulen vermutlich niemals erstanden, doch hat man augenscheinlich wenigstens einigermassen für ihr Fortkommen Sorge getragen. Es ist nämlich zu bemerken, dass sich im grössten Teile des ostjakisch-wogulischen Gebietes die Umgebungen der Winterjurten zum Heim der Nesseln entwickelt haben. Wenn man sich diesen Jurten im Sommer nähert, findet man sie sehr häufig in einem hohen Nesselfeld begraben, welches sie wie ein Ährenmeer umwogt. Es hängt dies wohl vor allem davon ab, dass der Samen der Nesseln, die im Herbst in diesen Jurten verarbeitet werden, ringsum niederfallen, was aber auch mit von den Bewohnern beabsichtigt sein mag. Man hat nämlich dabei verschiedene Vorteile im Auge: die Nesseln sind in der Nähe zu haben, sie werden an offenen Stellen dicker und üppiger als im Walde und — ebenfalls ein wichtiger Punkt! — sie können in Frieden emporwachsen, da im grössten Teil des ostjakisch-wogulischen Gebietes den Sommer über die Winterjurten unbewohnt sind. Der Entwicklung eines regelmässigen Anbaues — sei er nun welcher Art auch immer — haben im Lande der Ostjaken und Wogulen übrigens manche schwerwiegende Hindernisse im Wege gestanden, und so ist es noch heute. Es sei nur der mehr oder weniger beweglichen Lebensweise dieser Völker gedacht, ferner der Minderwertigkeit des Erdbodens und seiner tiefen Lage, sowie der aus letzterer entspringenden hohen und langwierigen Überschwemmungen. Man braucht sich also nicht zu wundern, dass man im grössten Teile des ostj.-wogulischen Gebietes gar keinen regelmässigen Anbau trifft, und dass eine Ausnahme nur die Thäler des Irtysch und der Konda bilden, die sich ihrer relativ südlichen Lage und ihres hohen Bodens wegen in ihrer Bebauungsfähigkeit einigermassen von den übrigen Flussthälern, die diese Völker bewohnen, unterscheiden. Am Irtysch dürften einige ostjakische Stämme schon lange Gerste, ja sogar Roggen, Hafer und auch Weizen [1])

[1]) S. Patkanov, Die Irtyschostjaken. St. Petersbg. 1897.

angebaut haben; an der Konda ist, besonders in der Quellgegend, nach alten Berichten Gerste und — wie wir oben dargethan haben — Hanf bereits in frühen Zeiten gezogen worden. An demselben Flusse hat man später auch Flachs zu kultivieren begonnen.

Was im Besonderen die Verarbeitung der Nessel als Garnstoff angeht, ist zu bemerken, dass sich, obgleich der Hanf — als Handelsware oder angebaut — verhältnismässig stark in Gebrauch gekommen ist, daneben doch die Nessel bis in die jüngste Zeit als Lieferin von Garnstoffen gehalten hat. Dies erklärt sich aus der Verschiedenheit der Haltbarkeit, die die genannten Garnstoffe — der Flachs eingerechnet — an den Tag legen. So, heisst es, fault das Nesselgarn im Wasser schnell, hält aber im Trocknen besser als Hanf und Flachs, die ihrerseits gegen das Wasser widerstandsfähiger sind. Es lässt sich hier die interessante Beobachtung machen, dass die Kondawogulen, die — wie wir aus dem Vorausgehenden wissen — schon seit langem Hanf bauen, ihre Leinwand regelmässig aus Nesselgarn gewebt haben.

Nach diesem kurzen Überblick über die Garn liefernden Pflanzen, die die Ostjaken und Wogulen kennen, gehen wir zur Besprechung der Herstellungsarten des Garnes selbst über und beginnen mit der Verarbeitung der Nessel.

Die Nesseln werden gepflückt, wenn sie fahl zu werden beginnen und hierdurch verraten, dass sie trocken werden; alsdann sammelt man sie und rafft sie zu Bündeln zusammen, die man zum Trocknen unter das Dach, gewöhnlich unter den Traufrand, legt. Ist dies gründlich erreicht, so holt man sie hervor um die Rinde, oder richtiger deren peripherischen Teil zu entfernen, in dem die zur Verarbeitung geeigneten Röhrenstränge liegen. Dies geschieht entweder mit den Fingern oder mit einem besonderen, eigens für diesen Zweck geschaffenen Werkzeug namens *ńimmäḍṣ̌*. Dieses ist ein spitzzulaufender Zapfen aus hartem Tannenholz [1]) oder Knochen —

Fig. 27. Vas-jugan. Fig. 28. Irtysch (Tsingala).

[1]) Jugan (Uut).

im letzteren Fall stets aus einem besonderen Knochen des Vorderfusses eines Elentiers [1]) oder Rentiers [2]) (Fig. 27, 28). Bevor man die Rinde abschält, befeuchtet man die Nesseln gut, damit die Rinde nicht breche. Das Abschälen selbst wird folgendermassen vorgenommen. Man ergreift das Stammende der Pflanze mit der rechten Hand und bricht sie mit der linken Hand in der Weise, dass sie entweder mit dem Daumen dieser Hand oder mit dem in dieser Hand gehaltenen *ńimmäḍš* aufgebrochen wird, während man sie zugleich durch die linke Hand gehen lässt. Nachdem die Nessel gebrochen ist, zieht man sie zum zweiten Male durch die Linke und drückt dabei die Bruchstelle auf. Jetzt beisst man mit den Zähnen in das Mark, reisst es in der Mitte von der Rinde los, zieht die beiden Teile nach entgegengesetzten Seiten auseinander und wirft das Mark weg. Die abgelöste Rinde legt man als gebrauchsfertigen Garnstoff zum Trocknen nieder und knüpft sie, vollkommen trocken, zum Aufbewahren in kleine Bündelchen [3]) zusammen. Zu geeigneter Zeit nimmt man das Weichen der so gesammelten Garnstoffe, d. h. der Nesselrinde, vor. Die Werkzeuge, die dabei benutzt werden, sind das Nessel-*ńimmäḍš*, die Nesselkeule oder der Nesselmörser. Das erstere dürfte man nur stellenweise am Vas-jugan gebrauchen. Man vollzieht damit das Weichen, indem man die Nesselrinde unter ihm herführt, während man es auf das Knie oder irgend einen anderen Gegenstand aufdrückt [4]). Das gewöhnlichste Werkzeug zum Weichen ist die Keule [5]), deren Form wie Handhabung dieselbe ist wie bei der Herstellung der Sehnenschnur, wovon oben die Rede gewesen ist. Mörser (Fig. 29), in denen die Rinde

Fig. 29. Salym.

[1]) Vas-jugan, Jugan (Uut).

[2]) Salym: Hier wird der betreffende Knochen nach dem Instrument *ńämmedš-lŏχ* genannt.

[3]) Jugan (Ūut).

[4]) Möglicherweise kann die Rinde zuvor mit irgendeinem anderen Werkzeug aufgeweicht sein.

[5]) Irtysch (Tsingala), Jugan (Uut), Sygva (Xorom-paul).

begreiflicherweise mit einem Stössel aufgeweicht wird, sind am Salym, Irtysch [1]) und an der Konda [2]) im Gebrauch.

Wenn die Rinde mit dem einen oder anderen von diesen Werkzeugen bearbeitet worden ist, wird sie von den Scheben gereinigt, indem man sie zwischen den Händen reibt oder mit dem Schabmesser (Fig. 30) schlägt, und ist alsdann zum Verspinnen fertig. — Das Schabmesser, ein ca. 70 cm langes, zweischneidiges hölzernes Werkzeug mit Gratflächen, wird, soviel wir wissen, nur am Irtysch gebraucht.

Fig. 30. Irtysch (Tsingala).

Bevor wir über das Spinnen reden, erwähnen wir mit einigen Worten die Zubereitung des Hanfes an der Konda.

Nachdem er aus der Erde gerissen, wird er zwei, drei Wochen in Wasser geweicht, kürzere Zeit jedoch, wenn er zu Netzgarn verarbeitet werden soll; denn aus allzu lange im Wasser gehaltenen Hanf — sagt man — giebt es sprödes Netzgarn. Nach dem Wasserbad und der Trocknung wird der Hanf in Mörsern geklopft und schliesslich durch Reiben zwischen den Händen von den Scheben gereinigt wie die Nesseln.

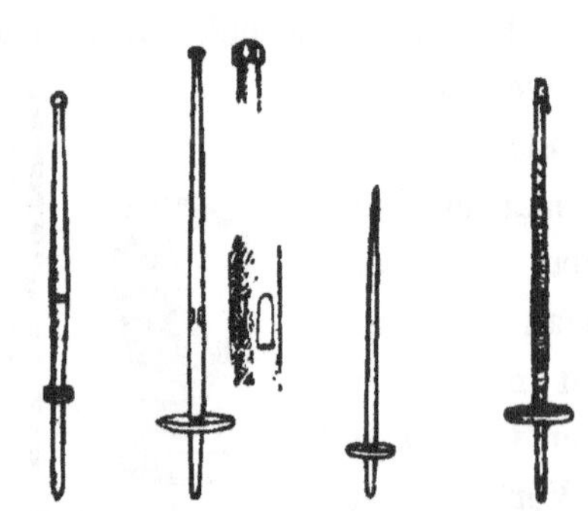

Fig. 31. Irtysch (Tsingala). Fig. 32. Jugan. Fig. 33. Sosva. Fig. 34. Vas-jugan.

Das Spinnen geschicht mit der Spindel. Soviel wir beobachtet haben, ist diese stets mit Wirtel versehen. Wir geben verschiedene Spindelformen in den Fig. 31—34. Die erste [3]) besteht aus einem Stück Holz, in allen übrigen bilden Stiel und Wirtel verschiedene Teile. Der Stiel der ersten und zweiten hat einen knolligen, der der vierten einen hakigen Knopf, damit das Garn besser am Knopfe sitzen bleibe, während sich der Wirtel in der Luft umdreht. Der Stiel der dritten

[1]) Tsingala.

[2]) Leušinsk, Landinsk.

[3]) Tsingala.

Spindel hat einen glatten Knopf. In dem Knopf der zweiten befinden sich Riefen und in der Mitte ihres Stieles Kerben, auf welch letzteren das aufzuwickelnde Garn haften soll. Der Wirtel ist an der zweiten Spindel aus Holz, an der dritten aus Rentier- und an der vierten aus Elentierhorn. Die Wirtel aus Horn, die besonders in den südlichen Gebieten gebraucht werden, sind gewöhnlich verziert. Wie die Figuren 35—38 erkennen lassen, sind die gewöhnlichsten Verzierungen konzentrische Kreise, Punkte und Zackenlinien.

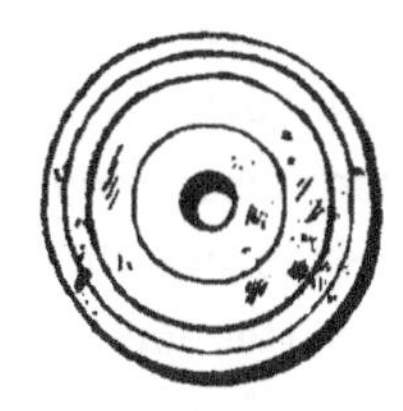

Fig. 35. Vas-jugan.

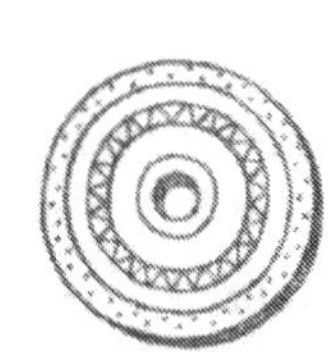

Fig. 36. Vas-jugan.

Fig. 37. Vas-jugan.

Fig. 38. Vas-jugan.

Ausser dem Wirtel braucht man zum Spinnen ein Holz, an welches das Material für das Garn — oder wie es in diesem Falle heisst — die Knocke gebunden wird. Dieses Holz ist bei den Ostjaken wie bei den Wogulen eine lange, gerade Stange[1]), die in senkrechter Stellung befestigt wird, und zwar jenachdem man spinnt, zwischen Diele und Decke der Jurte oder zwischen Schlafbank und Decke. In Abbildung 39 sehen wir ein Ost-

Fig. 39. Vas-jugan.

[1]) In letzter Zeit hat jedoch in den südlichsten Gegenden (Vas-jugan) der russische Spinnrocken langsam Eingang gefunden.

jakenweib beim Spinnen. Sie erledigt ihre Aufgabe gewöhnlich in folgender Weise: Nachdem sie sich knieend neben der Knockenstange niedergelassen hat [1]), ergreift sie mit der Rechten die Spindel und zieht mit der Linken aus der Knocke einige Flausche, die sie an den Spindelstiel bindet. Zugleich beginnt sie zwischen dem Daumen und dem Zeigefinger der rechten Hand die Spindel bei dem oberen Ende des Stieles zu drehen, und während sich der Flausch zwirnt, glättet und zwirbelt sie ihn mit der linken dünner, wobei sie ihn von Zeit zu Zeit mit den Lippen befeuchtet, damit sich die Garnfasern besser mit einander verbinden. In der Gegend von Beresov dreht man die Spindel in einem kleinen Napf, weiter südlich gewöhnlich frei in der Luft, ja mitunter wagt die Spinnerin sogar die Spindel mit gewaltiger Wucht frei wirbeln zu lassen, indem sie sie an dem sich zwirnenden Faden hinwirft. Sobald der Flausch genügend gezwirnt, d. h. zu Garn geworden ist, wickelt die Spinnerin dasselbe um den Stiel der Spindel und setzt ihre Arbeit fort, bis der Stiel der zur Verfügung stehenden Spindel voll ist. Alsdann vertauscht sie die alte Spindel mit einer neuen oder wenigstens mit einem neuen Spindelstiel.

Das Garndrehen kommt nur bei der Herstellung von Garn für Zugnetze in Frage, während die anderen Garne, wie die für kleinere Netze [2]), Nähgarn und Stoffgarn, meistenteils einfadig bleiben.

Übrigens ist die Fertigkeit im Garndrehen bei allen Ostjaken und Wogulen verbreitet, und zwar sogar bei denen von den ersteren [3]), in deren Gebieten keine Nesseln wachsen, die also — wenigstens allgemein — keine Spinnerei kennen. Diese Thatsache erklärt sich aus dem Umstand, dass die bezeichneten Ostjaken, die ihr Garn anderswoher zu beschaffen haben, dasselbe für Zugnetze nicht fertiggedreht sondern einfadig gesponnen kaufen, sei es nun als wirkliches Garn oder in der Form von Leinwand, die sie dann

---

[1]) Am unteren Ob (Sore-pŭγor) pflegt die Spinnerin vorher der Bequemlichkeit halber den rechten Ärmel über die rechte Hand, mit der sie die Spindel handhabt, zurückzustreifen.

[2]) An der Konda werden sie allerdings gedreht, doch versucht man sie so dünn wie nur möglich herzustellen.

[3]) Unterer Ob (Xŏltti·pŏγoľ, Tun-ᵗlor-kōr).

zu Garn zerdröseln. Letzteres, d. h. das Leinwandgarn ist bei einem Teil der Ostjaken, wie bei den obdorskischen und vachischen (früher auch bei den aganischen) sehr beliebt, und sie halten es für dauerhafter als Zugnetz- und *važan*-Garn [1])

Das Garn wird im Allgemeinen doppelt gedreht — dreifach nur aus aufgedröselter Leinwand. Das Drehen geschieht meistenteils folgendermassen. Man wickelt das Garn, das gedreht werden soll, von den Spindeln zu gleicher Zeit auf einen Knäuel, der befeuchtet oder in ein Gefäss [2]) gelegt wird, in das man Wasser gegossen hat. Dies aus dem Grunde, damit sich das Garn leichter winden lasse. Darnach sucht man die Garnenden aus dem Knäuel hervor, bindet sie an den Stiel der Spindel, lässt das Garn durch einen in das Dach geschlagenen Haken [3]) oder Ring [4]) laufen und beginnt mit dem Drehen. Es geschieht dies in der Hauptsache ebenso wie das Spinnen: indem man den Stiel der Spindel rotieren lässt, zwirnen oder drehen sich die Schnuren zusammen. Hat man eine gewisse Menge gedrehtes Garn fertig, so wickelt man es auf den Stiel der Spindel.

Die Drehspindel ist der Form nach im Allgemeinen dieselbe wie die Spinnspindel, nur gewöhnlich etwas grösser als die letztere. Seiner Grösse wegen ist der Wirtel meistens aus Holz.

Wir hätten nunmehr einige Worte über die Nadeln zu sagen. Sie sind heute und sind schon seit langen Zeiten wenigstens grösstenteils von internationaler Art, d. h. aus Metall gewesen und als Handelsware ins Land gekommen. Es giebt aber Plätze, wo man sich noch der ursprünglichen ostjakischen Nadeln erinnert — ja es giebt sogar solche, wo man sich ihrer bis zu dem Grade entsinnt, dass man sie noch anzufertigen versteht. So verhält es sich an den Quellen des Vach und am Agan, wo sie aus dem Wadenbein (fibula) des

[1]) Siehe FUF I, 2, s. 21.

[2]) Salym, Jugan (Ūut).

[3]) Salym.

[4]) Unterer Ob (Tun-ᵗlor-kōr).

Hinterbeins des Eichhorns hergestellt werden. (Fig. 40; natürliche Grösse; im Öhr Sehnengarn). Am Agan weiss man ausserdem aber auch von solchen Nadeln, die aus einem neben dem Schenkelknochen des Hinterbeins eines Rentiers, direkt über dem Knie liegenden Knochens von ca. 10 cm Länge und 2—3 mm Dicke gearbeitet waren [1]).

Fig. 40. Vach.

Bei Gelegenheit der Nadeln bemerken wir zugleich einiges über die Gegenstände, in denen die Nadeln und das Nähzeug aufbewahrt werden. In Fig. 41 haben wir ein Nadelkissen vom Vas-jugan. Es ist ein länglichrundes, schwarzes Stück Tuch, das doppelt zusammengeklappt ist und dessen Enden an zwei Stellen zusammengenäht sind. Als Verzierungen sind dreieckige und längliche Läppchen von weissem Stoff aufgenäht und an ihm hängt an einem Lederriemchen ein mit Löttropfen von Messing verzierter eiserner Bügel, welcher tungusische Arbeit ist.

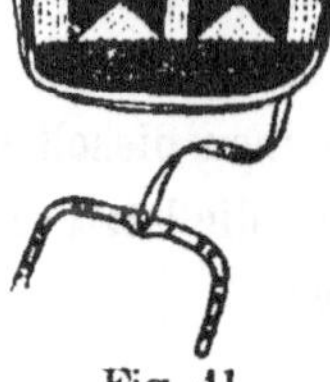

Fig. 41. Vas-jugan.

Die Behälter des Nähzeuges sind jetzt bei den nördlichen Ostjaken und Wogulen nach samojedischem Stil aus Pelz gearbeitete Beutel, bei den südlicheren Körbe. Früher waren vielleicht hölzerne Behälter von der Form, die Fig. 42 darstellt, über das ganze nördliche Gebiet verbreitet. Zuletzt kamen sie bei den Sosvawogulen vor. Ihre Mittelpartie bestand aus einem mit Deckel versehenen kleinen Kasten. Die dünnen Endpartien waren mit losen Holzzäpfchen verziert. Pelzbeutel stellen die Zeichnungen 43—46 dar. Sie sind alle im ganzen einerlei Arbeit. Wir erklären daher nur die Herstellung des ersten genauer. Er ist in der Weise aus Rentierfell gemacht, dass zwischen zwei breite — am einen Ende abgerundete, am anderen gerade —

Fig. 42. Sosva.

[1]) Der betreffende Knochen heisst noch heute *jüntöp'-tlox* = Nadelbein.

Fellstücke, ausser an den geraden Enden, ein schmales Fellstück genäht ist. Die Öffnung des so entstandenen Beutels kann mit einem Schnürriemen zugezogen werden. An der ganzen Oberpartie sind die Haare abgeschnitten, die Seitenflächen des Beutels dagegen sind aus Pelz hergestellt. Die Figuren auf den Seitenflächen heissen *vit-ui* (Biber), die an den Randflächen *oxsar-kon-toul* (Ellenbogen des Fuchses). Zur Verzierung sind in den Nähten und an den Seitenflächen des Beutels kurze Fellstreifen befestigt. Von den übrigen hier gegebenen Beuteln sei nur erwähnt, dass die Ornamente auf den Seitenflächen des Beutels in Fig. 44 mit grünen, roten und blauen Tuchstreifen umrändert, dass an dem Beutel in Fig. 45 beide Seitenflächen sowie die Bodenfläche aus Tuch- und verschiedenfarbigen Pelzstücken zusammengesetzt, dass die unbehaarten Partien auf der einen Seite desselben rotgefärbt sind, und dass der halbfertige Beutel in Zeichnung 46 aus der Fusshaut eines Schwanes und aus rotbemalten Rentierfellstücken genäht ist.

Nähkörbe sehen wir in den Fig. 47—49. Sie sind aus Birkenrinde hergestellt ausser dem in Fig. 47 wiedergegebenen, dessen Rand aus Tannenrinde besteht, und von dem nur der Deckel aus Birkenrinde ist. Die in den Zeichnungen 48, 49 erscheinenden Formen sind wenigstens am Vas-jugan, Vach und Agan anzutreffen. Von dem Korb in Fig. 49 ist der Rand rund, in 48 länglichrund. Beide sind mit Ornamenten geschmückt [1]). Der Korb in Zeichnung 48 ist mit Schliessbändern versehen, mit denen der Deckel so verschlossen wird, dass in die an dem einen langen Öffnungsrand befestigte Schlinge ein an dem entgegengesetzten Rand des Korbes an einer Schlinge befestigter Holzpflock gesteckt wird. Der Korb vom Vach (Fig. 49) ist gleichfalls mit Schliessriemen versehen, doch wird derselbe in der Weise verschlos-

Fig. 48. Vas-jugan.

Fig. 49. Vach.

[1]) Die Figuren werden auf der rötlichbraunen Innenseite der zur Zeit des Saftflusses geschälten Birkenrinde mit der Messerspitze eingekratzt.

sen, dass das eine der beiden Lederbänder, die an verschiedenen Stellen auf der einen Seite des Randes befestigt sind, durch eine, mit den Enden an entsprechenden Stellen auf der anderen Seite des Randes befestigte Schlinge gesteckt und mit dem anderen Lederband zusammengeknotet wird. Ebenso werden am Vach die Körbe mit länglichen Rändern verschlossen. Der Korb vom Jugan (Fig. 47) hat einen runden Rand und ist ebenfalls mit Schliessbändern versehen, die wie an den Körben vom Vach zugemacht werden. Sein Rand und sein Deckel sind verziert. Die Ornamente auf dem ersteren Teil, die die Farbe der Rinde haben, erscheinen auf dem Grund mit Ocker rotgefärbt, die auf dem Boden sind eingekratzt.

Wir schliessen unsere Schilderung der Nähgerätschaften mit der Besprechung des in der Gegend von Obdorsk gebräuchlichen Nähbretts (Fig. 50). Dasselbe ist seiner Form nach gewölbt und der mittlere Teil der konvexen Seite ist dünner zugeschnitten als die Enden, die mit Buckeln und Quadraten ausgeziert sind. Es wird besonders beim Nähen von Fellsachen, aber auch beim Kratzen kleinerer Hautstücke verwandt. Beim Nähen kommt die Hohlseite des Brettes auf den Oberschenkel zu liegen.

Fig. 50. Obdorsk.

---

3. Weberei.

Wir gehen nun zur Weberei über. Oben haben wir bereits erwähnt, dass diese Kunst bei den Ostjaken und Wogulen nur in den südwestlichsten Wohngebieten bekannt sei, oder genauer präzisiert, an den Flüssen Salym, Irtysch, Demjanka und Sosva sowie am Ob vom südlichen Teil des Kreises Beresov bis in die Gegenden, wo der Salym in diesen einmündet. Aus dem Vorhergehenden wissen wir auch, dass die Nessel gerade an diesen Flüssen am reichlichsten vorkommt.

Wir haben zuvor über die Garnspinnerei gehandelt. Nunmehr schliessen wir eine Schilderung der Herstellung der Gewebe aus Garn an.

Zum Weben verwendetes Garn wird immer einfadig hergestellt. Nachdem es gesponnen ist, wird es geweift, und die Weifen werden in Aschenlauge [1]) gekocht, um das Garn weisser zu bekommen. Getrocknet werden die Weifen auf die Garnwinde gesetzt, von wo sie am Salym in ein Knäuel, am Irtysch [2]) und an der Sosva [3]) dagegen auf die Haspel gewunden werden. Die Weife [4]), mit der das Weifen vorgenommen wird, hat eine allgemeine Form: der Stiel ist verästet und gewöhnlich aus einem Stück. In den Fig. 51, 52 finden wir zwei Garnwinden. Die eine (Fig. 51) stammt vom Jugan, die andere (Fig. 52) vom Irtysch. Der Fuss der ersten ist eine gerade Holzstange, die in den Erdboden gesteckt wird, der Fuss der anderen ein dreizinkiges Stammstück. Eine Haspel sehen wir in Fig. 53. Dieselbe ist eine ausgehöhlte Rolle, die mit den an den Enden eingezogenen Querleistchen an einem in die Wand geschlagenen Nagel oder Pflock befestigt ist, und die man mit dem am einen Ende angebrachten Lederstückchen dreht.

Fig. 51. Jugan.

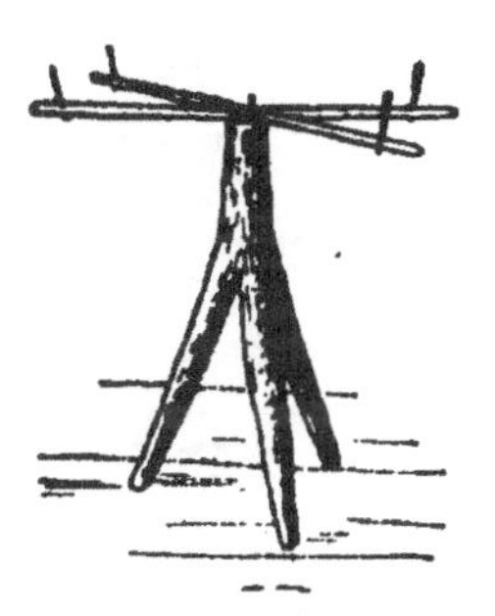

Fig. 52. Irtysch (Tsingala).

Ist das Garn aufgewickelt oder gehaspelt, so sind alle Vorbereitungen getroffen, und das Anscheren des Gewebes kann beginnen. Die Knäuel oder Haspeln

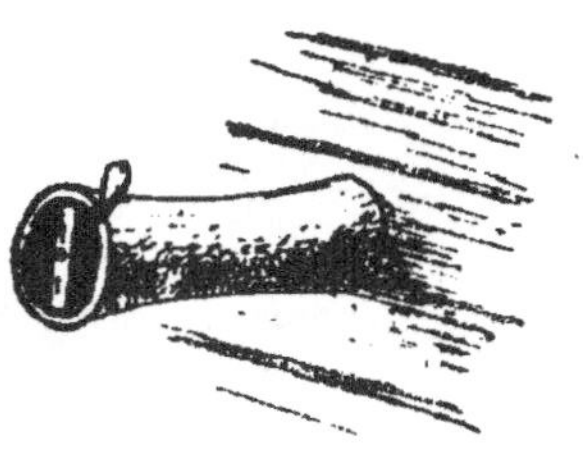

Fig. 53. Irtysch (Tsingala).

---

[1]) Irtysch (Tsingala).

[2]) Tsingala.

[3]) Landinsk.

[4]) Salym, Irtysch (Tsingala), Konda (Landinsk). — Am Jugan und Ob (wenigstens im Kreise Surgut; Ivaškin) benutzt man die Garnwinde beim Knäueln von Zugnetzgarn. In Ermanglung der Weife geschieht das Weifen derart, dass man, auf der Erde sitzend, das Garn mit der rechten Hand durch die Linke von der Zwirnspindel hinter dem einen Fuss hervor einhalt.

werden auf die Diele gebracht — die letzteren aufrecht hingestellt. Von beiden bedient man sich nur zweier. Das Anscheren wird an der Wand vollzogen (Fig. 54). Die Garnenden werden hervorgesucht, durch einen in der Decke befestigten Ring[1]) gezogen und an dem Zapfen *a* festgebunden. Dann führt man beide Fäden nebeneinander unter dem Zapfen *b*, über *c*,

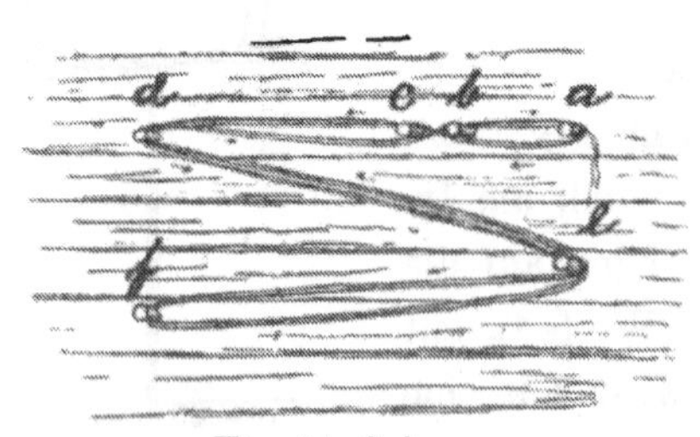

Fig. 54. Salym.

Fig. 55. Salym.

links an *d*, über *e* und rechts über und links an *f* her — darauf unter *e* und rechts davon zurück, unter und links von *d*, unter *c*, über *b* und über und rechts von *a* — immer in der Richtung der Pfeile, bis die Fäden zu Ende gehen und die Ketten geordnet oder — wie man sich ausdrückt — das Gewebe angeschert ist.

[1]) Irtysch (Tsingala).

Um beschreiben zu können, wie die Ketten (Längsfäden, Zettel) auf dem Webstuhl angebracht werden, müssen wir den letzteren zunächst etwas eingehender betrachten. Wie aus der Zeichnung 55 ersichtlich wird, sind seine Teile die folgenden: die Pfosten, die das Pult tragen und in der Mitte mit Löchern versehen sind; das Pult (Fig. 56) in dem sich eine lange Furche befindet und in dessen einem, dicken Ende zwei Löcher vertikal zu einander angebracht sind; die Weberblätter (Fig. 57), zwei an den Enden durch Stege miteinander verbundene Bretter mit geschwungenem Rücken und zwischen ihnen in Riefen der Kamm mit Holzzähnen; zwei Weberschäfte, an deren ober- wie unterseitigen Stöcken Lederschleifen (Augen) befestigt sind (zu ihrer Herstellung siehe Fig. 58); die Schafthalter, aus Holz gemacht und mit losen Zäpfchen verziert (Fig. 59); zwei Trittbretter, die an nach unten hängenden Schlingen befestigt sind; zwei Webersprossen, die die Kettenfäden vor dem Verfitzen bewahren; der Webstuhlpfahl und schliesslich das grosse bootförmige, spitzzulaufende und langgestreckte Weberschiff, in dem die Spule liegt (Fig. 60). Der Webstuhl wird so aufgestellt, dass die Pfosten mit Nägeln an einer niedrigen Jurtenbank befestigt, die Schäfte mit den an der Oberseite angebrachten Augen an die Schafthalter gehängt werden, die ihrerseits an Stricken an der Decke hängen, und der Pfahl in einigem Abstand hinter den Schäften in die Diele gesteckt wird. Nimmt man die Kettenfäden von der Wand ab, so wird zuerst das Ende losgelöst, das an dem Zapfen *f* sitzt. Ist es durch Festbinden vor dem Verwickeln gesichert, so wird es in laufenden Maschen bis dicht an den Zapfen *c* gefädelt. Dann werden die Ketten vor den Zapfen *c* und *b* abgenommen und zugleich die Sprossen zwischen sie an die Stelle der Zapfen gesteckt.

Fig. 56. Salym.

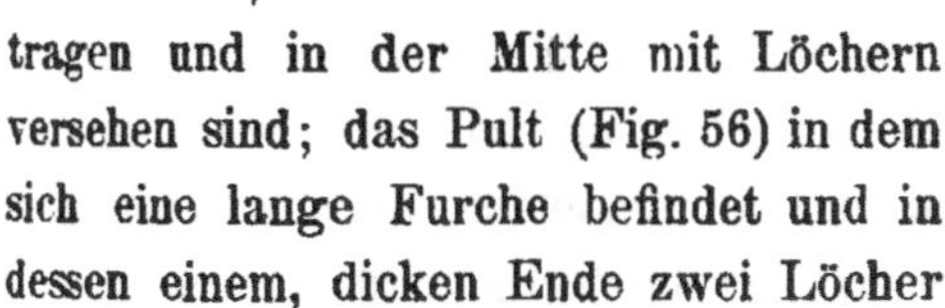

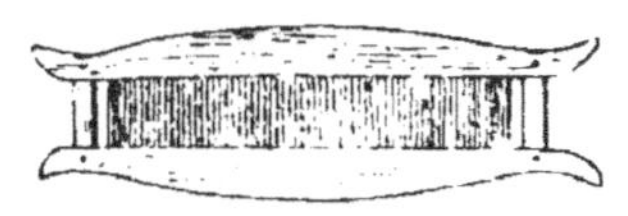
Fig. 57. Salym.

Fig. 58. Salym.

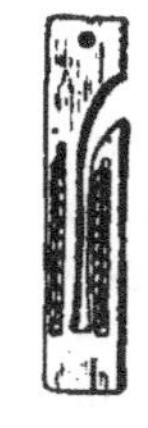
Fig. 59. Salym.

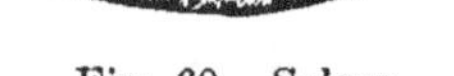
Fig. 60. Salym.

Schliesslich wird das auf dem Zapfen *a* sitzende Ende abgehoben. Nunmehr wird der gemaschte Teil der Ketten an den Pfahl gebunden und ihre freigelassenen Enden erstens durch die Schäfte und dann durch den Kamm gefädelt. Ist alles dies besorgt, so werden dieselben Enden in der Furche im Pult befestigt und das Gewebe wird festgespannt, indem man die Ketten dichter an den Pfahl bindet. Das Weben geht in der gewöhnlichen Weise vor sich. Die Weberin sitzt auf der Bank vor dem Pult und tritt den Webstuhl in den Brettchen, die an nach unten hängenden Lederschlingen der Schäfte befestigt sind. Was an Gewebe fertig wird, wickelt sie auf das Pult, das durch Löcher an dem dünneren Ende des linken Pfostens befestigt wird.

Die Herstellung der Spulen wird mit einer besonderen Spindel erledigt. Wie wir aus der Fig. 61 entnehmen können, ist die Spule mit einer langen Nabe und einem Stiel versehen, dessen oberes Ende rund und dessen Stammende vierkantig und mit quadratischen Figuren verziert ist. Beim Spulen dreht man den runden Teil des Stiels mit der rechten Hand auf dem Oberschenkel und führt den Faden mit der linken Hand auf die Nabe.

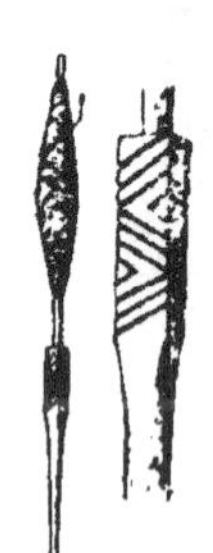
Fig. 61. Irtysch (Tsingala).

Wie aus dem Dargestellten hervorgeht, ist die Weberei der Ostjaken und Wogulen sehr ursprünglich und nicht über die Herstellung der einfachsten Leinwand hinausgekommen. Und bei diesen Anfängen ist sie definitiv stehen geblieben. Selten dürfte die heutige Generation diese Kunst mehr pflegen, wenn sie es überhaupt noch irgendwo thut. Als Erinnerung an die Voreltern fand sich auch der Webstuhl aufbewahrt, den wir in unserer Abbildung sehen. Selbstgewebte, grobe Leinwand ist immer seltener geworden und an ihre Stelle ist russisches Fabrikat eingedrungen. Nicht allzu lange mehr, und auch die Reste, die heute noch übrig sind, werden als Hüllen der Toten in das Grab gesunken sein.

Wo aber ist der Ursprung der ostjakischen und wogulischen Weberei zu suchen? Diese Frage erhebt sich für den Forscher mit um so mehr Grund, als er weiss, wie überaus ursprünglich die Lebensweise dieser Völker noch vor einigen Jahrhunderten gewesen ist, und da ihm bekannt ist, welche Menge aus Häuten verfertigter Kleider auch in solchen Gegenden vor einiger Zeit und sogar noch jetzt gebraucht werden, wo die Einbürgerung der Webekunst auf dem Boden einer schon bekannten Spinnerei nicht ganz unmöglich gewesen wäre. Den nördlichen und östlichen Nachbarn der Ostjaken und Wogulen, den Samojeden und Tungusen, ist die Weberei unbekannt. Dasselbe gilt von den viel südlicher wohnenden Mongolen [1]). Dagegen trifft man sie bei dem Volke, das in der Nachbarschaft der Ostjaken und Wogulen, welche die Webekunst verstehen, gelebt hat, d. h. bei den Tataren. Bei denen von Tobolsk ist dieselbe Webeart und derselbe Webstuhl in Gebrauch gewesen wie bei den Ostjaken und Wogulen. Vom ethnographischen Standpunkt steht also nichts der Annahme entgegen, dass die Entlehnung von seiten der letzteren Völker gekommen sei. Was die Sprachwissenschaft anbelangt, so bietet diese einige positive Beweise, die für die Entlehnung zu sprechen scheinen. In seiner Untersuchung „Ueber die Kulturwörter der Obisch-ugrischen Sprachen“ giebt Ahlqvist als tatarische Lehnwörter die wogulischen *sierä* (tat. *šürü*) „Spule“ und *sisa* (tat. *susa*) „Weberschiff“. Tatarischen Ursprungs scheint auch ostj. (Tsingala) *tuŕek* (tat. *tubak;* Tobolsk) „Haspel“ zu sein. Beachtung verdient ausserdem noch der Umstand, dass wenigstens die Ostjaken im Kreise Surgut [2]) (also auch die am Salym, wo die Weberei bekannt ist) das Gewebe *taγte* [3]) nennen, was ursprünglich „Haut“ bedeutet.

---

4. Die Herstellung von Bändern und Matten.

Im Zusammenhang mit der Tuchweberei haben wir nunmehr von einigen anderen Arten Handarbeit zu sprechen, die mit der Weberei nahe verwandt sind. Wir meinen die Herstellung von Bändern und Matten.

---

[1]) Nach einer mündlichen Mitteilung des Herrn G. J. Ramstedt.

[2]) Salym, Ob (Kreis Surgut, Ūre-puγoľ).

[3]) taγte: Ūre-puγoľ; taγti: Xoltti-pòγoľ.

Bänder giebt es zwei Arten: Finger- und Kammbänder. Die ersteren (Fig. 62) sind, soviel wir bemerkt haben, wenigstens bei den südlicher wohnenden Ostjaken[1]) und Wogulen, die letzteren (Fig. 63) ziemlich allgemein im Gebrauch[2]). Die Fingerbänder werden geflochten, die Kammbänder, wie der Name schon andeutet, mit dem Kamm hergestellt. Der letztere hat zwei verschiedene Formen: der Lochkamm (Fig. 64), in dem nur Löcher sind, und der Furchenkamm (Fig. 65), in dem zwischen je zwei Löchern ein Ausschnitt ist. Mit dem ersteren, dessen man sich am Vach bedient, ist die Herstellung viel mühsamer als mit dem letzteren, woraus wir schliessen können, dass er eine ursprünglichere Form ist als dieser. Die Löcher verlaufen in ihm in zwei Reihen, die so zueinander liegen, dass dem Loch in der einen Reihe ein Zwischenraum zwischen zwei Löchern in der anderen entspricht. Der Kettenfaden wird nun so hergestellt, dass man einen Faden durch jedes Loch fädelt und die Enden der Fäden mit einem gemeinsamen Knoten zusammenbindet. Das Weben wird in derselben Weise besorgt wie beim einfachsten Stoff mit dem Webstuhl. Der Einschlag, gewöhnlich Nessel- oder Hanfgarn, wird zwischen die Ketten gefädelt und darnach mit einer hölzernen Nadel[3]) bis in den Knoten am anderen Ende der Ketten gedrückt. Alsdann werden die Ketten niedergezogen, d. h. es werden mit derselben Nadel die Ketten der unteren Löcherreihe hinaufgerückt und die der oberen hinunter und wiederum Einschlagsgarn dazwischengefädelt. Sonach wird wieder niedergezogen — oder mit anderen Worten: man lässt die Ketten in ihre frühere

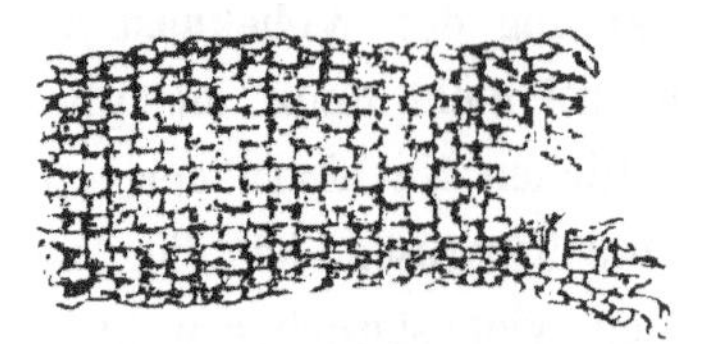
Fig. 63. Vach.

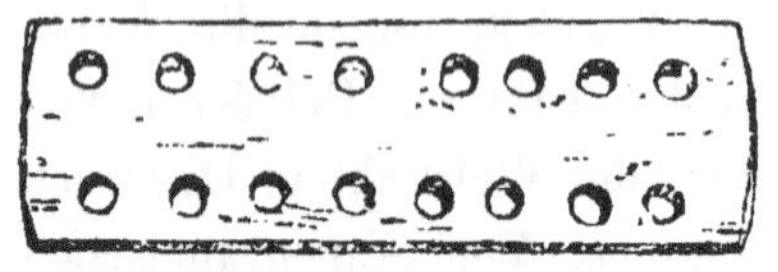
Fig. 64. Vach.

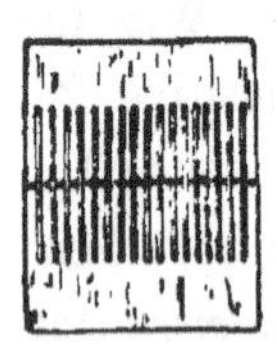
Fig. 65. Sosva.

[1]) Irtysch, Konda, Vas-jugan.

[2]) Sosva (Petkäs), Salym und Vach.

[3]) Salym.

Lage zurückgehen, indem man straff spannt. Wieder fädelt man den Einschlag dazwischen. Dies wird fortgesetzt, bis das Band fertig ist. Das Weben mit dem Furchenkamm geht ganz ebenso vor sich. Der einzige merkliche Unterschied, der sich von der Eigenart des Kammes herschreibt, ist nur scheinbar und äussert sich in dem verschiedenartigen Ziehen, das bei der Benutzung des Furchenkamms leichter vonstatten geht, weil die Ketten sich dadurch heben und senken, dass man die in den Furchen liegenden Ketten in diesen nach Bedarf über oder unter die in den Löchern befindlichen schiebt.

Die Herstellung von Bändern hat, soviel wir Gelegenheit hatten zu beobachten, verhältnismässig wenig praktische Bedeutung. Nichtsdestoweniger ist sie überaus allgemein — ja sogar in solchen Gegenden vorzufinden, wo nicht einmal Nesseln wachsen und wo aus diesem Grunde die Spinnerei entweder ganz unbekannt ist oder nur sehr wenig getrieben wird. Wegen dieser und ferner der Thatsache, dass die Kettenfäden von Bändern stets aus Wollgarn sind, das die in Frage stehenden Völker nicht selbst spinnen und zu dem das Material, die Wolle, in ihrem eignen Gebiet auch nicht zu haben ist, liegt die Annahme nahe, dass die Fertigkeit Bänder herzustellen von einem Wollspinnerei treibenden Nachbarvolk erlernt sei. Eine Art Andeutung dafür, dass die nordöstlichsten Ostjaken und Wogulen die in Rede stehende Kunstfertigkeit von den Syrjänen erhalten haben, zu denen sie seit frühen Zeiten in Handelsbeziehungen gestanden und von denen sie hierdurch noch vieles andere Lehngut erhalten haben, dürfen wir wohl in der Thatsache sehen, dass z. B. die Wogulen an der Sosva ihr Band aus Garn herstellen, das sie aus den Strümpfen aufzwirnen, die sie von den Syrjänen gekauft haben.

Wir gehen nun zu den Matten über. Ihrer giebt es drei Arten, die alle als Unterlagen für die Schlafstätten gebraucht werden, welche in den ursprünglichen ostjakischen und wogulischen Wohnungen [1]) meistens aus Erde bestehende Bänke sind und daher zum

[1]) In den Wohnungen der nördlichen und östlichen Ostjaken und der Sosva-Wogulen. Dieselben haben zwei Hauptteile: eine in die Erde gegra-

Schutz vor übermässiger Feuchtigkeit für den Schlafenden eine Matte als Unterlage sehr nötig haben.

Die ursprünglichste der drei Mattenformen ist die in Fig. 66 (nur zu einem Teil) abgebildete, die aus Calamagrostis Halleriana [1]) hergestellt wird, indem man dünne Bündelchen dieses Gra-

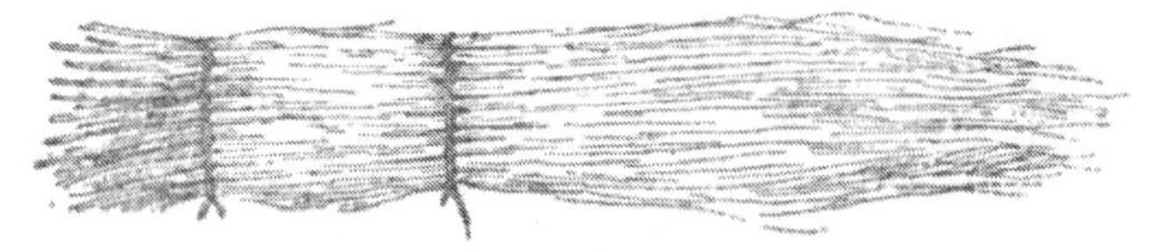

Fig. 66. Ob (Tun-ᵗlor-kǫr).

ses mit Schnüren aus Weidenbast zusammenbindet. Sie ist sehr gewöhnlich bei den Ostjaken, die nördlich von Beresov am Ob wohnen. In diesem selben Gebiet, aber auch südlicher am Ob, finden wir eine Mattenart, welche in Fig. 67 abgebildet ist. Diese ist aus Juncus conglomeratus [1]), in derselben Weise wie die Fingerbänder in 6 cm breiten Streifen geflochten, die zusammengenäht werden. Einige von den Streifen werden bunt eingelegt, wobei man neben den Gräsern Weidenbast gebraucht, der in der Moorerde am Seeufer schwarz geweicht ist. Sonst ist die Matte mit rotgefärbter Aalraupenhaut gesäumt. Die dritte Mattenform (Fig. 68) findet sich im Kreise Surgut [2]) sowie wenigstens im Süden des Kreises Beresov. Sie wird an einer be-

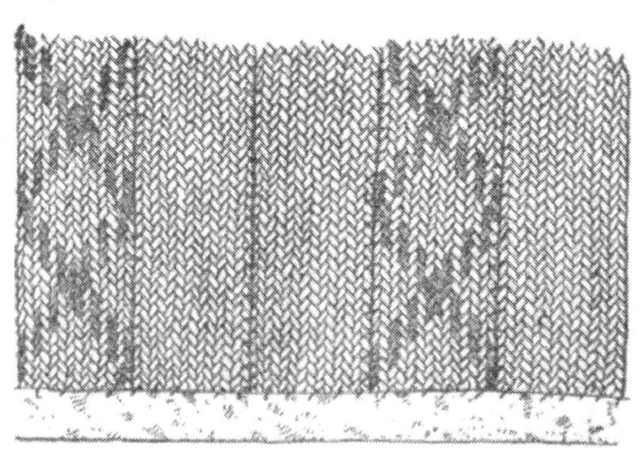

Fig. 67. Ob (ᵀlor-voš).

bene, 2—3 Fuss tiefe Grube und die darüber errichteten Wände mit dem Dach. Beim Graben der Grube lässt man an einigen Wänden die Erde als Schlafstätten unberührt. Diese letzteren werden gewöhnlich mit Brettern bedeckt und um dem Zerfallen vorzubeugen, mit Balken oder Brettern bekleidet.

[1]) Von Prof. A. O. Kihlman bestimmt.

[2]) Jugan, Salym.

sonderen Stange (Fig. 69) aus Simsen (scirpus) geflochten. Diese, die je nach der Breite der Matte länger oder kürzer gemacht wird, ist mit querüber laufenden Riefen versehen und wird von in die Erde gerammten gegabelten Stützhölzern getragen. Zu den Flechtgerätschaften gehören auch die aus einem dünnen Baumstamm gesägten kurzen Klötzchen, die als Gewichte gebraucht werden. Diese werden paarweise an die Enden einer und derselben Schnur gebunden[1]). Das Flechten beginnt,

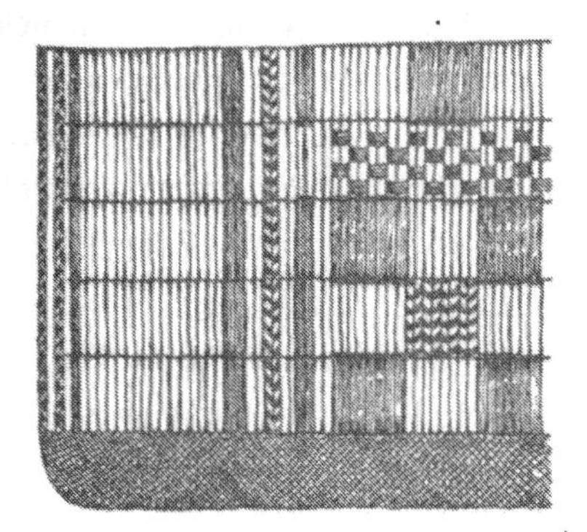

Fig. 68. Jugan.

Fig. 69. Jugan.

nachdem in jede Riefe der Stange eine Schnur mit den Gewichten gelegt ist, in der Weise, dass auf die Stange (längs mit derselben) — also auf die Fäden — ein Bündel Simsen gesetzt wird, und die Gewichte, die paarweise an beiden Seiten der Stange herabhängen,

[1]) Manche von ihnen haben in der Seite ein kleines Loch zum Durchfädeln der Schnur. Oft werden sie mit einer Schnur darumgebunden.

über diese auf die entgegengesetzte Seite gehoben werden. Hierdurch wird das Simsenbündel bei jeder Riefe mit Schnur umwunden. Darauf legt man ein neues Bündel neben das erste auf die Stange und versetzt die Gewichte wieder in der angegebenen Weise. Damit sind zwei Bündel mit einander vereinigt. So fährt man fort, indem man an das letzte Bündel jedesmal ein neues fügt, bis die Matte die erwünschte Länge besitzt. Schliesslich werden die freigebliebenen Enden der Simsenbündel ebenso zusammengeflochten wie die Streifen der Matte Fig. 67. Die in unserer Zeichnung dargestellte Matte ist bunt gemacht, indem hie und da Simsenbündel mit schwarz geweichter Weidenrinde bedeckt sind.

5. Die Färbekunst.

Nachdem wir so die verschiedenen in das Gebiet der Weberei fallenden Handarbeiten besprochen haben, dürfte es geboten sein noch einen Blick auf die Farben zu werfen, mit denen die in Rede stehenden Volker ihre Kleiderstoffe und Anzüge zieren.

Farblos ist die Natur im hohen Norden den grössten Teil des Jahres. Dieser Umstand dürfte zu seinem Teil bewirkt haben, dass bei den Naturvölkern, die in dieser Farblosigkeit leben, sowohl die Färbekunst wie auch der verschiedene Farben ausdrückende Wortschatz im Allgemeinen wenig entwickelt ist. So verhält es sich bei den Ostjaken und Wogulen wie überhaupt bei allen Urbewohnern Sibiriens, und so ist es seiner Zeit auch bei uns Finnen und den finnischen Völkerschaften im Ganzen gewesen. Nehmen wir den Wortschatz vor, so bemerken wir, dass z. B. alle Ostjaken — weiss und schwarz ausgenommen — nur das Rot und Grün mit einem Worte zu benennen wissen [1]). Diese Thatsache, d. h. die Armut an

[1]) Die in das Dialektgebiet des Irtysch fallenden Ostjaken benennen das Gelb und Grün mit einem gemeinsamen Namen, weil der Farbstoff (Lycopodium complanatum; siehe im Folg.), dessen Effekt dieser Name andeutet, seiner Hauptnüance nach je nach der Mischung stets entweder gelb oder grün ist.

farbenbezeichnenden Wörtern, ist einigen Forschern überaus beachtenswert erschienen und hat sie zu manchen Erklärungen veranlasst. So hat Schiefner vermutet, der Grund für obiges Faktum liege in der geringen Übung, die der Naturmensch in der Unterscheidung von Farben hat, und Middendorf giebt als Erklärung partielle Achromatopsie oder Farbenblindheit an. Während wir Schiefner vollkommen beistimmen können, was die Mangelhaftigkeit der Farbenbenennungen angeht, müssen wir Middendorfs Behauptung für übereilt ansehen. Wir haben nämlich Gelegenheit gehabt zu beobachten, dass z. B. die Ostjaken sehr wohl verschiedene Farbenüancen zu unterscheiden und einander zu erklären imstande sind — zwar Mangels eines Namens nicht mit einem Worte, sondern durch Umschreibung. Wir geben einige Beispiele dafür. Ein Ostjake aus dem Quellgebiet des Vach, wo die Bewohner im Allgemeinen auf einer recht ursprünglichen Entwicklungsstufe verblieben sind, sagte auf Befragen, der grüne Kragen eines Jagdrockes habe dieselbe Farbe wie die Fischgalle *(kʿul-lüi-kurūsovʳ)*, und die graue Sarsche des Jagdrockes habe eine Färbung zwischen schwarz und weiss *(pöγetä-kütövʳlĕr)*. Einer grünlichblauen Schachtel gab er die Farbe des Himmels *(tōrom-våx-kurūsovʳ)*. Hellgrün definierte er als von der Farbe des jungen Grases *(ńārēʿ-pām-kurūsovʳ)*, und graubraun als von der Farbe des Birkenbasts *(sūγmŏʿ-kʿăr-kurūsovʳ)*. Ein hellgrünblauer Lampenfuss hatte für ihn die Farbe der Aalraupengalle *(seγʿ-lüi-kurūsovʳ)*, ein anderer dunkelblauer Gegenstand die Farbe des Eichhornrückens *(läŋke-ḍṣönḍṣ-kurūsovʳ)* ein dritter hellgelber, Lehmfarbe *(saγe-kurūsovʳ)*. Aus diesen Beispielen dürfte mit genügender Deutlichkeit hervorgehen, dass die Ostjaken die verschiedenen Farbenüancen wohl sehen, wennschon sie keine speziellen Namen dafür besitzen.

Ihre Farbstoffe verschaffen sich die Ostjaken wie auch die Wogulen direkt aus der Natur. Wir können ihrer zwei Arten unterscheiden: solche, die ausschliesslich zum Färben von Leder, und solche, die zum Färben von Garn [1]) verwandt werden. Die ersteren

---

[1]) Wir sehen in diesem Zusammenhang von einer Besprechung der Netzfarben ab.

erhält man aus einem, an einem Nebenfluss der Sygva, Manjä, vorkommenden Lehm sowie aus der Rinde der Lärche und aus einer Birkenknollenart [1]). Des Lehms bedient man sich im Allgemeinen an der Sosva und zum wenigsten in den Teilen des Obthales, die nahe bei der Mündung der Sosva gelegen sind. Die beiden letzteren, die immer zu gleicher Zeit, also zur selben Farbe [2]) verwandt werden, benutzt man im Allgemeinen im Kreise Surgut [3]). Die aus all den genannten Stoffen gewonnene Farbe ist rot und eigentlich als Anstreichfarbe zu bezeichnen ist, da der zu färbende Gegenstand mit ihr bestrichen wird. Man verwendet sie u. a. beim Malen der Ornamente, die man an Kleidungsstücken von Pelz wie Kaftans und Schuhwerk anbringt.

Garn färben unsere Völker hauptsächlich nur zum Nähen von Ornamenten und zum Weben von Bändern. Es ist interessant zu beobachten, dass erstere nur in den Gegenden hergestellt werden, in denen auch die Webekunst bekannt ist, und dass auch das Färben des Garns nirgends anders geübt wird als gerade in diesen Gegenden.

Die Stoffe, die zum Färben verwandt werden, sind die Wurzeln des Labkrauts (galium) und eine Spezies Bärlapp (lycopodium complanatum). Die ersteren sondern rote Farbe ab; aus dem letzteren erhält man Rot oder Gelb, jenachdem man die Mischung vornimmt. Beide werden getrocknet, in Mörsern zu Pulver zerstossen und vor dem Gebrauch durchgesiebt. Darauf werden sie eine Stunde, bevor man das Garn in die aus ihnen hergestellte Farbflüssigkeit thut, in Aschenlauge gekocht [4]). Andere Farben, die zum

---

[1]) Die Ostjaken benutzen zwei verschiedene Arten Birkenknollen, die eine als Farbstoff, die andere als Heilmittel.

[2]) In Larjatskoe am Vach wird sie so zubereitet, dass man auf getrocknete Rindenstücke des Lärchenbaums kochendes Wasser giesst und in die Masse als Bindemittel Birkenknollen, zu Kohle gebrannt und zu Asche zermahlen, thut.

[3]) Vach (Larjatskoe), Ob (Ivaškin), Jugan, Agan.

[4]) In seinem Werke „Die Irtyschostjaken" beschreibt S. Patkanov die Herstellung der Bärlappenfarbe folgendermassen: Die Pflanze wird zuerst 1—2 Tage in warmes Wasser gelegt. Beginnt die Mischung ein we-

Färben der Fäden benutzt werden können, verstehen unsere Völker nicht selbst herzustellen. Blau, das sich in ihren Stickornamenten neben Rot, Gelb und Grün und sogar neben dem ersten als Hauptfarbenton findet, bekommen sie fertig in den russischen Dörfern, weshalb es auch einen russischen Namen *sīńä-kraska* trägt. Wenn man nicht annehmen darf, sie hätten das Blaufärben vergessen, so scheint es, als hätte Blau früher in ihren Stickornamenten gefehlt.

Labkrautwurzeln und Bärlapp werden als Farbstoffe bei sehr vielen Völkern finnischen oder tatarischen Ursprungs gebraucht, ja auch bei den Russen, die inmitten jener Völker oder in ihrer Nachbarschaft wohnen. Den finnischen Völkern, die wir eben erwähnten, d. h. den Ostjaken und Wogulen, können wir anschliessen die Mordwinen, Syrjänen, Wotjaken, Lappen und Finnen, bei welch letzteren (den Kareliern) sie noch vor einigen Jahrzehnten im Gebrauch gewesen sind. Die aufgezählten Farbstoffe treffen wir in Sibirien auch bei einigen solchen Tatarvölkern, die vielleicht samojedischen Ursprungs sind. Sind dieselben doch bei den Russen im Gouvernement Jenissei in Verwendung. Auf Grund dieser Verbreitung spricht Patkanov in seinem Werke „Die Irtyschostjaken" die Vermutung aus, die in Rede stehenden Farbstoffe seien im Altaigebirge, in der vermutlichen Urheimat der ural-altaischen Völker, erfunden worden, und von hier habe sich ihre Verwendung bei der Zersplitterung der zahlreichen Zweige jener Völker nach den verschiedenen Richtungen hin verbreitet. Jedoch, solange noch unerklärt ist, in welchem Grade jene Farbstoffe unter noch anderen als den ural-altaischen Völkern verbreitet sind — ein Moment, auf das Patkanov gar nicht eingegangen ist — müssen wir die erwähnte Annahme noch für übereilt ansehen.

---

nig zu gähren, so legt man die Fäden ein und lässt sie 7 Tage darin. Nach demselben Verfasser dient die Bärlappenfarbe auch als Grund für Rot, sodass sogar die Wolle, die rot zu färben ist, zuerst 2—3 Tage in gelber Farbe gekocht wird. Die Wurzeln des Labkrauts werden vor dem Gebrauche einen Taglang gekocht.

6. Die Herstellung von Bändern aus Pflanzenstoffen.

Die Bänder aus Pflanzenstoffen haben bei den Ostjaken und Wogulen bis auf unsere Tage hinsichtlich der Art der Herstellung eine grosse Ursprünglichkeit bewahrt. Die Stoffe, die zu ihrer Herstellung immer noch verwandt werden, sind hauptsächlich[1]) der Faulbeerbaum, die Wurzeln der Zirbeltanne (pinus cembra), der Weidenbast und die Nessel. Die drei ersten lassen sich in Splitter gespalten oder in Streifen geteilt gebrauchen. Aus der Zirbeltannenwurzel und dem Weidenbast kann ausserdem Schnur gesponnen werden. Die Nessel wird natürlicherweise nur als Schnur verwandt.

Der Faulbeerbaumstamm, aus dem die zu Bändern zu verarbeitenden Splitter gespalten werden, soll am liebsten ganz astlos und ca. 2 m lang sein. Das frische Holz wird mit einem Messer in einige grobe Stücke geteilt, welche dann in dünne, platte Splitter zerschlitzt werden. Diese Splitter werden, in zwei Lagen gelegt, in Bündel zusammengebunden, von denen man sie bei Bedarf als fertige Bänder abnimmt[2]).

Die Zirbeltannenwurzeln sammelt man im Sommer oder überhaupt zur Zeit, wo die Erde frei von Eis und Schnee ist, und hebt sie an einem feuchten, schattigen Ort auf. Man wählt sie ungefähr fingerdick. Die Streifen werden mit einem Messer abgehoben[3]), und werden sie ungleichmässig, so beseitigt man später

---

[1]) Wir lassen hier die Herstellung der Hanfschnur beiseite.

[2]) Agan.

[3]) Man zerteilt die Wurzeln zuerst gewöhnlich in vier Stücke, indem man in das Ende mit Hülfe des Messers kreuzweise einschneidet, worauf man mit den Händen die Teile nach entgegengesetzten Richtungen auseinander zieht. Das Zerschlitzen zu Streifen, welches mit dem Messer vorgenommen wird, beginnt man von aussen nach der Oberhaut. Die letztere wird nicht abgezogen, falls man das ganze Viertel nicht auf einmal nötig hat, da sie die Wurzel vor dem Vertrocknen schützt.

die überflüssigen Fasern. Bevor sie gebrauchsfertig sind, müssen sie noch geglättet werden. Hierfür bedient man sich eines Instrumentes, welches in Fig. 70 dargestellt ist. Dasselbe ist ein ca. 35 cm langes [1]) und 4,5 cm breites Brettchen, an dessen einem Ende (der breiteren Seite) ein niedriger sattelartiger Steg stehen gelassen ist. Das Glätten vollzieht man so, dass man die Streifen durch die Rinne des Steges nach dem Stiel des ganzen Werkzeuges hinzieht, während man sie zugleich mit der an den jenseitigen, äusseren Rand des Steges angedrückte Messerschärfe niederpresst. Damit das Instument während der Arbeit festsitzt, setzt man sich auf den Stiel oder hält es unter dem Knie oder dem Schenkel festgeklemmt. Die fertigen Bänder werden in Bündel zusammengeschnürt (Fig. 71), wovon man sie bei Bedarf abnimmt.

Fig. 70. Sosva.

Fig. 71. Sosva.

Die Weidenrinde, deren innere Schicht der Weidenbast ist, wird in langen Striemen abgezogen, und zwar zur Zeit des Saftflusses, am liebsten im Juli [2]), wo sie am kräftigsten ist. Noch während sie frisch ist, entfernt man von ihr den periphärischen Teil als unnütz; der Teil ums Fleisch, d. h. der Weidenbast, wird dagegen als eigentlicher Bandstoff in Verwahrung genommen. In solcher Form taugt er schon als Band.

Natürlich sind alle hier erwähnten Bänder — die Faulbeerbaum- und Wurzelsplitter wie die Weidenbaststreifen — um dem Brechen vorzubeugen vor dem Gebrauch einzuweichen, wenn sie nach der Herstellung schon wieder trocken geworden sind. Man verwendet sie hauptsächlich zur Herstellung von Jagd- und Fischereigeräten sowie bei vielen anderen Gelegenheiten.

Zu stärkerem Band eignen sich Weidenbast und Wurzelspleissen jedoch nur gezwirnt, d. h. als Schnur. Bevor wir die Herstellung dieser schildern, erklären wir zunächst die zur Sache gehöri-

[1]) Oft sind sie merklich länger.

[2]) Vas-jugan (Kalganakij).

gen Werkzeuge [1]). Von denselben giebt es zwei Arten: Klammerhölzer und Spindeln. Die ersteren, die am oberen Ende mit einer, noch einmal besonders eingespaltenen Gabel versehen und am unteren Ende zugespitzt sind um in den Erdboden gesteckt werden zu können (Fig. 72, 74), haben den Zweck die Schnur beim Zwirnen fest zu halten; auf die letzteren [2]), die an den Enden mit Querleisten versehene Stöcke sind (Fig. 73, 74), wickelt man zur Verfertigung der Schnur die fertiggezwirnten Stränge. Von den in unseren Zeichnungen dargestellten Klammerhölzern ist das ohne Querleiste (Fig. 72) die gewöhnliche Form; mit Querleiste versehene (Fig. 74) dürften nur im Kreise Beresov (in dessen nördlichen Teilen) benutzt werden.

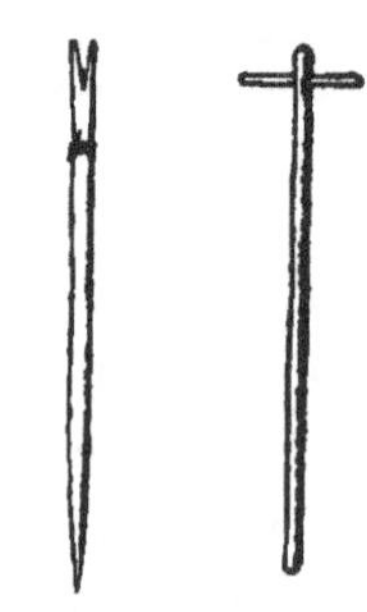

Fig. 72. Ob (Sore-pəɣor). Fig. 73. Vas-jugan.

Vor dem Beginn des Zwirnens ist der Weidenbast einzuweichen, damit er recht elastisch und zäh werde, und noch während des Zwirnens lässt man ihn in einem Napf mit Wasser liegen. Zwirnverfahren giebt es mehrere. Zu den einfachsten Arten gehört die folgende [3]): Die Zwirnerin [4]) steckt das Klammerholz (Fig. 72) senkrecht in die Erde,

Fig. 74. Ob (Xölti-pōɣol').

[1]) Auf die Herstellung der Schnur mit der Weife (s. Fig. 75), ein Verfahren, das augenscheinlich durch fremden Einfluss in die südlichen Wohngebiete unserer Völker eingedrungen ist, gehen wir hier nicht ein.

[2]) Am unteren Ob (Xöltti-pōɣol') hat man an beiden Enden der Spindel eine Querleiste.

[3]) Vas-jugan (Kalganakij) und Sygva (Štšekurjä).

[4]) Das Schnurzwirnen besorgen vor allem die Frauen, das Schlagen dagegen bisweilen auch die Männer; diese befolgen alsdann die in der Abbildung 75 dargestellte Art und Weise.

setzt sich daneben, dreht einige nebeneinander gelegte Baststreifen zu einem Strähnenendchen zusammen und befestigt dies dann an der Gabel des Klammerholzes. Indem sie neue Streifen zu dem schon fertigen Strähnenteil hinzufügt und -dreht, lässt sie die Strähne immer länger werden. Hat sie eine Länge von einem oder einem halben Meter erreicht, legt sie sie doppelt, bringt das Ende wieder an dem Klammerholz an und schlägt die Strähnenhälften zusammen, indem sie die eine um die andere windet. Dann fügt und windet sie wiederum, aber zu beiden Strähnen, neue Streifen und schlägt die Strähnen abermals zusammen. Dies wiederholt sich, bis die Schnur genügend lang ist. Während die Länge zunimmt, bringt sie die Menge der fertiggestellten Schnur hinter dem Klammerholz an, damit das Zwirnen leichter von statten geht, wenn die Zwirnerin dem Holze näher sitzt. Soll die Schnur dreifadig werden, so dreht man auf die zweisträhnige Schnur hinterher noch eine dritte Strähne, die vorher verfertigt oder erst während des Schlagens gedreht worden sein kann. Während des Schlagens wird sie in die schon fertige Schnur eingeschaltet.

Gewöhnlicher dürfte das Verfahren sein, dass man schon vor dem Schlagen wenigstens eine oder sogar gleich alle für die herzustellende Schnur notwendigen Strähnen zwirnt. An der Sosva [1]) zwirnt man zuerst eine Kernsträhne von der Länge der Schnur, befestigt diese oder einen Teil davon zwischen zwei Klammerhölzern und zwirnt die zweite Strähne erst später, und in dem Masse, wie diese fertig wird, schlägt man sie um die gespannte Kernsträhne [2]). Nicht fern von der Mündung des Ob [3]) zwirnt man beide Strähnen zu einer zweifadigen Schnur im voraus fertig, wobei man sich des Klammerholzes in Fig. 74 bedient. Der Anfang der Strähne wird in der oben geschilderten Weise an der Gabel des Holzes befestigt, und wie die Länge der Strähne wächst, wickelt man diese um die Kreuzung des Holzes. Ist sie zweimal so lang geworden, als die Schnur werden soll, wickelt man sie mit

[1]) Rakt-jā.

[2]) Der zwirnenden Frau steht häufig eine zweite bei, die ihr Baststreifen reicht, wenn solche nötig werden.

[3]) Xoltti-pōγoľ.

beiden Enden gleich lang um zwei Spindeln. Die Mitte, die zwischen den Spindeln bleibt, wird nun in der Gabel des Klammerholzes befestigt, und das Schlagen beginnt. Die eine Spindel legt die Zwirnerin, die sich neben das Holz setzt, unter ihren einen Fuss, zieht zugleich die auf dieser Spindel befindliche Strähne straff an und schlägt beide Strähnen zusammen, indem sie die andere Spindel mit ihrer Strähne um die angespannte Strähne dreht. (S. Fig. 74). Ebenso verfährt man, wenn die Schnur dreifadig werden soll.

Das Verfahren [1]), welches besonders die Männer beim Schlagen beobachten, veranschaulicht Abbildung 75. Rechts finden wir

Fig. 75. Vas-jugan.

das Klammerholz in die Erde gesteckt, links einen Pfahl, dessen oberes Ende in eine weite Gabelung ausläuft. In Arbeit ist eine zweisträhnige Schnur. Beide Strähnen sind auf Spindeln gewickelt. Die eine von ihnen, der Kernfaden, ist mit dem Ende in die Gabel des Klammerholzes gespannt und läuft von hier durch die Gabel des Pfahls zur Linken auf die Erde nieder. Die andere

[1]) Vas-jugan (Kalganakij), Sosva (Rakt-ja).

[2]) Vas-jugan (Kalganakij).

Strähne wird gerade von dem einen Mann um die Kernsträhne geschlagen. Damit er nicht auf die Spindel seiner Strähne achtzugeben braucht, sondern seine Arbeit pünktlich vollziehen könne, d. h. gleichmässige Windungen erziele, ist ihm als Hülfe ein Mann beigegeben, der zu gleicher Zeit, wo er selber schlägt, die Spindel um die Kernsträhne dreht. — Die dreisträhnige Schnur wird nach ganz demselben Prinzip hergestellt.

Aus der Zirbelkieferwurzel gezwirnte Schnur wird wohl in den Kreisen Surgut und Beresov gebraucht. Die Herstellung ist in der Hauptsache dieselbe wie die auf demselben Gebiete bei der Weidenbastschnur beobachtete.

Aus Nesseln fabrizierte Schnur dürfte nicht sonderlich zu anderen Zwecken verwandt werden als zu Bogensehnen und Schlingen an verschiedenen Fischereigeräten wie Fischgarnen und Zugnetzen. Nachdem heute der Hanf als Handelsware immer gewöhnlicher geworden ist, erscheint die Nesselschnur nunmehr verhältnismässig selten. Sie wurde zumeist zweisträhnig hergestellt. Die Nesseln, oder eigentlich die Nesselrinde, woraus man sie verfertigte, wurde in derselben Weise geweicht, wie es bei der Garnbereitung geschah. Beim Zwirnen liess man den Stoff ebenso aus der Knocke laufen wie beim Spinnen, das Drehen und Schlagen aber wurde mit den Händen vollzogen. Damit sich der Rohstoff besser zu Strähnen drehen liess, wurde er beim Zwirnen hin und wieder mit den Lippen angefeuchtet. Was das Zwirnverfahren schliesslich anlangte, so wurde es im Allgemeinen in derselben einfachen Weise betrieben wie bei der zuerst beschriebenen Art des Zwirnens der Bastschnur.

7. Die Bereitung der Birkenrinde.

Alle Birkenrinde, die bei den Ostjaken und Wogulen gebraucht wird – sei es nun als Material für Wände in Sommerjurten, für Gefässe oder Verzierungen — wird vor der Benutzung gekocht, damit sie dadurch geschmeidiger und zäher, d. h. lederartig werde.

Beim Abschälen — das natürlicherweise zur Saftzeit geschieht, wo sich die Rinde am leichtesten ablöst — wird sie zur Aufbewahrung in Rollen (Fig. 76) gewickelt. Im Falle des Bedarfs lässt man sie alsdann aufkochen. Das Innere des Kessels wird mit Tannenrinde ausgelegt, die Rollen werden dicht nebeneinander aufrechtstehend eingepackt (Fig. 77), und Wasser wird dazu gegossen. Damit die Birkenrinde beim Kochen besser gebäht werde, werden die Rollen mit Moos verhüllt und die Stücke Tannenrinde, mit denen der Kessel ausgelegt worden war, werden wie ein Deckel mit einer Schnur zusammengebunden (Fig. 78). Das Kochen dauert einen Tag.

Fig. 76. Sosva.

Fig. 77. Sosva.

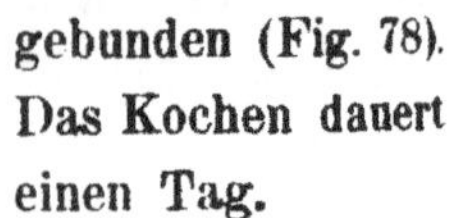

Fig. 78. Sosva.

8. Die Herstellung des Leims.

Den Leim braucht man zu verschiedenen Zwecken, wie zur Zusammenfügung der Teile des Bogens und der Musikinstrumente, zur Befestigung der Fellstücke auf der Schneeschuhsohle, zum Härten der Bogensehnen und der Instrumentensaiten u. s. w. Die gewöhnlichsten Stoffe, woraus er zubereitet wird, sind die Schwimmblase des Störs und des Sterlets, die Augen des Rotauges und der

Karausche, die Schuppen des Rotauges, der Rogen des Hechts und die Hörner und Sehnen des Rentiers.

Aus den Schwimmblasen des Störs und des Sterlets wird Leim hauptsächlich nur am Ob [1]) und Irtysch [2]) hergestellt. In den übrigen Flüssen des ostjakisch-wogulischen Gebiets trifft man diese Fische nicht an. Bevor die Blasen zu verwenden sind, wird die äussere Schicht von ihnen entfernt, und darauf werden sie getrocknet: teilweise aufgeschnitten, mit Gras ausgefüllt und in die Sonne gehängt. Bei Bedarf werden sie im Wasser aufgeweicht, im Munde weichgekaut und ohne Zusatz von Wasser über dem Feuer geschmolzen.

Aus den Augen des Rotauges und der Karausche fabriziert man den Leim an der Sosva [3]). Sie werden beim Ausnehmen in besondere Gefässe gesammelt und in Birkenschüsseln oder auf Brettern den Sonnenstrahlen zum Trocknen ausgesetzt. Hat man Leim nötig, kocht man sie ca. einen halben Tag in Wasser, d. h. bis alles Wasser verdunstet ist. Das trübe Dekokt ist gebrauchsfertiger Leim.

Der Schuppen des Rotauges und des Hechts bedient man sich für unseren Zweck im Kreise Surgut [4]). Auch diese Ingredienzien werden vorher getrocknet. Die Herstellungsweise ist mit der an der Soswa befolgten identisch.

Aus dem Hechtrogen kocht man den Leim am Irtysch [5]) und verwendet ihn zum Befestigen des Fells unter den Schneeschuhen. Nach dem Ausnehmen trocknet man den Rogen und zerstampft ihn in einem Mörser zu feinem Pulver. Dieses Pulver thut man in kaltes Wasser und löst es auf, bis sich Klebstoff bildet. Das Kochen soll der Rogen nicht vertragen können. — Alte Leute erzählen, man habe früher das Fell unter den Schneeschuhen direkt mit Karpfenrogen befestigt.

---

[1]) Xòltti-pōγoľ.

[2]) Tsingala.

[3]) Rakt-jā.

[4]) Ob (Ivaškin), Salym.

[5]) Tsingala.

Horn vom Rentier — oder lieber vom nichtkastrierten Rentierochse — gebraucht man zur Herstellung von Leim vielleicht allgemein im ganzen Gebiet der Ostjaken und Wogulen [1]. Dasselbe wird zu der Zeit, wo es noch zart ist, abgeschnitten und vor dem Gebrauch gründlich getrocknet, darauf in Stücke zerhackt und kleingestossen. Das Pulver wird in einer geringen Quantität Wasser gekocht, bis dieses trübe wird, sich in Leim verwandelt hat. Auch die Sehnen des Ren- und Elentiers, ja sogar Abfälle von ihren Häuten, dienen dem gleichen Zweck.

Fig. 79. Unterer Ob (Xòlti-poγol').

Will man Leim aufbewahren, so lässt man ihn nach dem Kochen entweder in dem Gefäss gerinnen oder giesst ihn zum Hartwerden auf ein Brett. In beiden Fällen zerschneidet oder zerbricht man ihn in Stücke und hebt ihn in dieser Form auf.

Als Gefäss, in dem der fertige Leim erhitzt wird, fungiert im allgemeinen [2] eine Düte aus Birkenrinde, die am einen Rand der ganzen Tiefe nach in einen langen Spalt an dem Stiele eingezwängt ist (Fig. 79). Beim Erhitzen wird die Leimdüte samt Inhalt in der Weise beim Feuer angebracht, dass man den Stiel, dessen freies Ende zugespitzt ist, senkrecht in die Erde steckt.

9. Schmiedekunst und Giesserei [3].

Die Sagen wissen zu berichten, dass die Schmiedekunst aus uralten Zeiten stammt. So erzählen die Greise von dem „roten

[1] Sosva (Rakt-jä), Salym.

[2] Ob (Xòltti-poγol', Ivaškin), Sosva, Vach.

[3] Von diesem Zweig der Handarbeit können wir kein hinlänglich genaues Bild geben, da wir auf unseren Reisen, zu deren Erträgen auch die vorliegende Skizze zählt, keinem einzigen Schmied von Beruf begegnet sind.

Metall", aus dem ihre heidnischen Vorfahren, die vorzeitlichen Helden der Gesänge, allerlei Geräte herzustellen verstanden: Messer, Beile, Eishauen, Kessel u. m.[1]). Sie zeigen uns noch Hügelchen, auf denen die Ambosse der Helden gestanden haben sollen — ja, sie lenken unser Auge auch auf Baumstümpfe, die nach ihrer Aussage uralt sind und seinerzeit das Amt von Ambossstöcken versehen haben. Erst durch Jermaks Eroberung erlitt die Schmiedekunst nach ihren Sagen einen schweren Schlag; „der Zar hatte den Befehl erlassen, dass ihnen ihre Schmiedewerkzeuge konfisziert würden" [3]).

In den letzten Zeiten ist die Schmiedekunst merklich zurückgegangen. Nur sehr selten finden wir noch Schmiede von Beruf, und auch von diesen vermögen nur wenige grössere Eisengegenstände [4]) wie Äxte und Hohlbeile zu schmieden. Die Schmiedewerkzeuge kauft man fertig bei den Russen. Bemerkenswert ist, dass manche einzelnen Leute für den Hausbedarf kleine Stahlgeräte wie Messer, Hobel, Schabeisen, Bohrer, Pfeilspitzen u. dgl. m. herzustellen wissen. Doch beginnt heutigen Tags der Bedarf an Metallgegenständen, und zwar sogar an solchen von ostjakisch-wogulischen Modellen durch die Hände der Russen und Syrjänen auf dem Wege des Handels immer mehr befriedigt zu werden.

Die gewöhnlichsten Schmiedeutensilien sind der Hammer, die Zange und der Amboss [5]). Zum Anfachen des Feuers gebraucht man vielerorts den Blasebalg. Dieser, ein kleines, mit der Hand in Betrieb gesetztes Instrument, mag früher ganz unbekannt gewesen sein, wenn wir daraus Schlüsse ziehen dürfen, dass er an den Quellen der Sosva niemals verwandt geworden ist. Das Eisen wird entweder an Holzfeuern [6]) auf dem Hofe oder in Herdöfen [7]) erhitzt. Als Amboss bedient man sich stellenweise auch eines

---

[1]) Vas-jugan (Aippalov).

[2]) Vas-jugan (Kalganak).

[3]) Vas-jugan (Aippalov).

[4]) Angeblich am unteren Ob (Xöltti-poγol') geschmiedet.

[5]) Siehe das Wörterverzeichnis.

[6]) Sosva.

[7]) Mittlerer Ob (Ivaškin).

Steins [1]. Besteht er aus Eisen, so befestigt man ihn auf einem Klotz.

Fig. 80. Mittlerer Ob (Ivaškin).

Die Ostjaken und Wogulen von heute verstehen nur Blei und Zinn zu schmelzen. Aus dem ersteren stellen sie Kugeln her, aus dem letzteren Zugangelhaken [2], Zieraten für Weiberkleider [3] und für Gegenstände wie die Griffe der Dolchmesser (Fig. 90), aus beiden mythologische Bilder, wie z. B. solche der heiligen Tiere. Alle diese machen sie in besonderen Giessformen. Eine solche für Verzierungen an Weiberkleidern geben wir in Fig. 80 wieder. Sie ist aus der Rinde einer Pappelart (populus alba) geschnitzt. Beim Giessen bedeckt man die Giessform mit Birkenrinde, die man mit einem glatten Stück Holz festdrückt. Dazwischen lässt man eine kleine Öffnung, durch die man das flüssige Zinn in die Giessform einlässt.

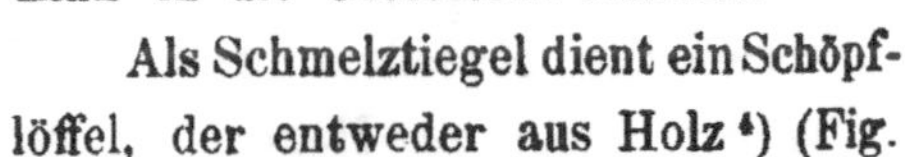

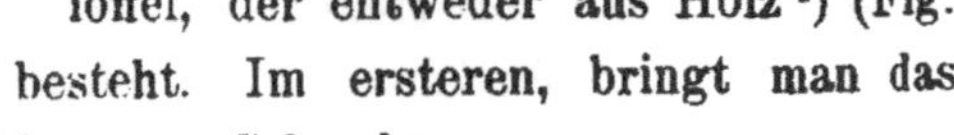

Fig. 81. Jugan (Uut).

Als Schmelztiegel dient ein Schöpflöffel, der entweder aus Holz [4] (Fig. 81) oder aus Eisenblech besteht. Im ersteren, bringt man das Metall über glühenden Kohlen zum Schmelzen.

10. Die allgemeinen Werkzeuge.

Wir betrachten schliesslich den Keil, das Beil, das Messer das Hohlbeil, das Krummesser, die Hobel, die Pfrieme und die Bohrer, d. h. die Werkzeuge, die, bei manchen verschiedenartigen Arbeiten benutzt, ihrer Natur nach sozusagen allgemein sind.

[1] Sosva (Petkäs).

[2] Vach.

[3] Unterer und mittleler Ob (Ivaškin).

[4] Jugan (Ūut).

Die Keile verwendet man beim Zerspalten der Stämme in Balken sowie beim Zerteilen geradfaseriger Kiefern in Spleissen für Fischwehr- und Reusenwände. Sie werden entweder aus harzigem Tannenholz oder aus Rentierhorn (Fig. 82) hergestellt, an dem zur Schärfe bestimmten Ende platt zugeschnitten und mit runder oder gerader Schärfe versehen. In den Baum werden sie mit Hilfe einer Keule eingetrieben. Gilt es einen dicken Baum zu spalten, benutzt man ihrer den Baum entlang mehrere auf einmal.

Die Beile, die bei Bau- und gröberen Schnitzarbeiten Verwendung finden, verbreitern sich nach der Schärfe hin, sind auf dem Rücken etwas nach

Fig. 83. Obdorsk.

Fig. 82. Sosva. (Pетkäs).

Fig. 84. Unterer Ob (Vulpasla-pöγol).

Fig. 85. Konda (Leušinsk).

hinten gestreckt, haben dreieckige Stiellöcher und einen nach unten geschwungenen Bart. Das Beispiel in Fig. 83, das uns als typisch gilt, fanden wir auf einem Begräbnisplatz nahe beim Dorfe Obdorsk, welcher schon in heidnischer Zeit — also schon vor der Eroberung, d. h. vor dem 17. Jahrhundert, benutzt worden sein soll. Ob das Beil aus ebenso alten Zeiten stammt, ist unmöglich zu sagen, da der Begräbnisplatz auch im letzten Jahrhundert noch als solcher gedient hat.

Messer geben wir hier in zwei Formen, von denen man das eine (Fig. 84) selber hergestellt, das andere (Fig. 85) als Handelsware von russischer Seite erhalten hat. An dem ersteren, das sich in den am weitesten abseits gelegenen Gegenden [1]) erhalten hat, wird gewöhnlich das linke Blatt (vom Rücken aus gesehen) flach und das rechte meisselartig geschmiedet resp. geschliffen, d. h. so, dass die beiden Flächen zwischen Rücken und Schärfe einen stumpfen Winkel bilden. Diese Schmiedeart wird durch die Möglichkeit bedingt, dass man das Messer ausser zum Schnitzen auch zum Glätten, d. h. als Hobel verwenden will. Die russischen Messer [2]) erkennt man leicht an ihrer verhältnismässig beträchtlichen Breite und dem nach der Spitze zu gekrümmten Rücken sowie an der gleichartigen Schleifung aller beiden Blätter.

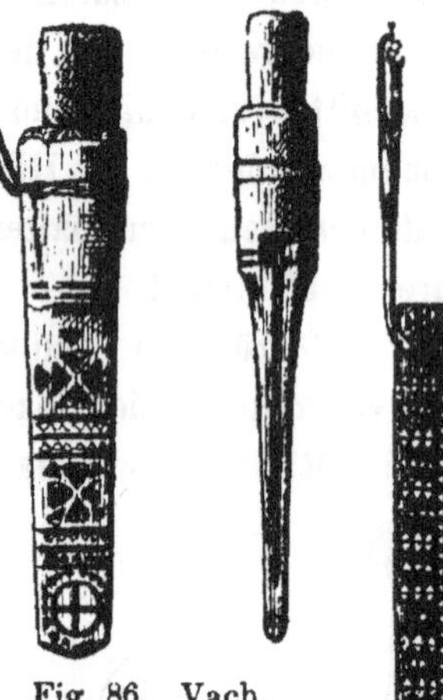

Fig. 86. Vach.

Fig. 87.

Das Heft des Messers stellt man der Festigkeit halber gern aus Maserholz oder Horn, ja sogar aus Mammutknochen (Fig. 91) her. Mitunter — und zwar vor allem, wenn man ein Weibermesser unter den Händen hat — bekleidet man es mit Leder, das man mit Perlen und Kupferzwekken verziert (Fig. 89), oder belegt es mit dünnem Zinnguss (Fig. 90).

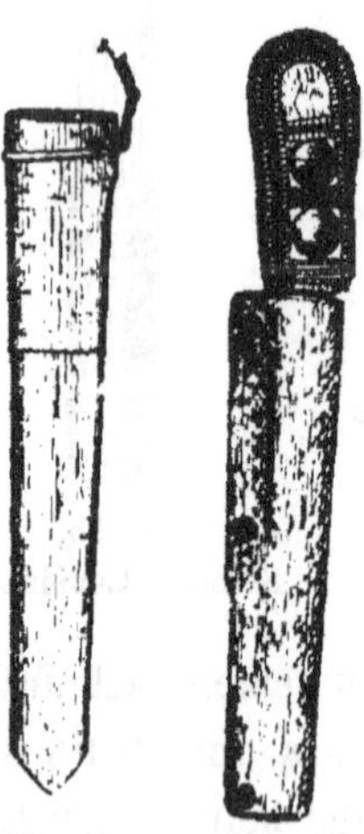

Fig. 88. Vach.

Fig. 89. Sosva.

Die Scheiden bestehen immer aus Holz — entweder aus einem [3]) oder aus zwei [4]) Teilen. Im ersteren Falle höhlt man dieses teils von dem Ende aus, wo man das Messer später hineinsteckt, teils von der Seite aus, wohin sein Rücken zu liegen kommt (Fig. 86). Fabriziert man sie aus zwei Stücken, schneidet man in beiden einen Raum für das Messer und verbindet die Teile durch Lederriemchen

[1]) Agan, Jugan, unterer Ob.

[2]) Irtysch, Konda, Salym.

[3]) Konda (Lenšinsk), Vach.

[4]) Salym, Sosva.

und Nägel (Fig. 87). Bisweilen bekleidet man die Scheide mit Birkenrinde (Fig. 88) oder Leder (Fig. 89), und verziert letzteres dann oft mit schmalen Blechstückchen, die man wie einen Reif um die Scheide legt und mit der Seite, auf der sich die Schärfe befindet, vernietet (Fig. 90, 91). Scheiden, die man in dieser Weise unbekleidet lässt. werden gewöhnlich mit Schnitzereien versehen (Fig. 86, 87).

Man trägt das Messer stets am Gürtel auf der linken Seite. Bei den nördlichen Ostjaken und Wogulen hängt man die Scheide an mehrere Lederriemen oder Messingketten und giebt diesen ein klein

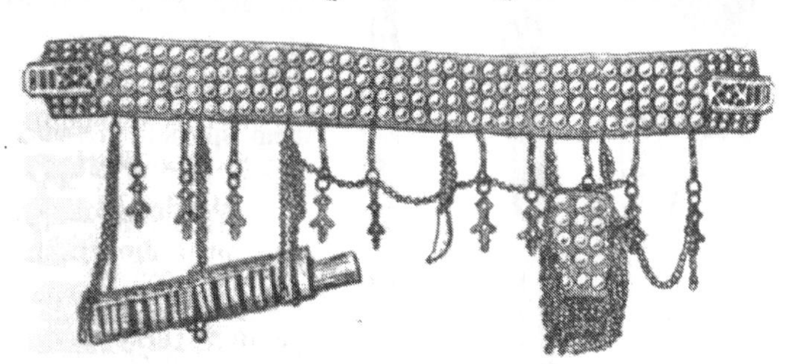

Fig. 91. Unterer Ob.

Fig. 90.

wenig verschiedene Längen, damit das Messer in eine schiefe Lage kommt, d. h. das Heft nach oben und das Schneideeisen nach unten gerichtet ist (Fig. 91). Prächtige Gürtel verstehen besonders die nördlichen Ostjaken und Wogulen wie auch die nördlichen Samojeden herzustellen. Der, den wir in Fig. 91 sehen, ist aus Leder, mit rotem Zeug bekleidet und mit Messingzwecken verziert; an seinem unterem Rand hängen an Perlenschnuren Messingzieraten, die an einen Vogel erinnern, der Hauzahn eines Bären, an Messingketten das Messer nebst Scheide und ein kleiner, mit Perlenschnüren und Messingknöpfchen verzierter Beutel, in dem der Wetzstein steckt.

Hohlbeile verwendet man beim Hohlschnitzen von Nachen und grösseren Holzgefässen, wie Näpfen und Schüsseln. Sie treten in zwei Formen auf: entweder wird der Stiel in eine besondere Röhre [1]) eingesetzt (Fig. 92) oder er wird in einem Loch befestigt (Fig. 93).

[1]) Vas-jugan, Salym, Irtysch, Kazym.

In beiden Fällen ist die Schneide gekrümmt. Das Hohlbeil mit Röhre ist besser als das mit Loch, weil man das Schneideeisen leicht nach der Richtung drehen kann, die die Arbeit verlangt. So ist es zum Beispiel beim Schneiden der Ränder eines hohlen Gefässes gut, wenn die Schneide der Richtung des Stiels folgen kann. Für Hohlbeile mit Röhre stellt man den Stiel gewöhnlich aus einem kräftigen Aststück her, an dem ein Stück Stamm stehen gelassen ist um in der Röhre befestigt zu werden. — Jedes der beiden Hohlbeile wird stellenweise mit einem speziellen Namen bezeichnet (siehe das Wörterverzeichnis).

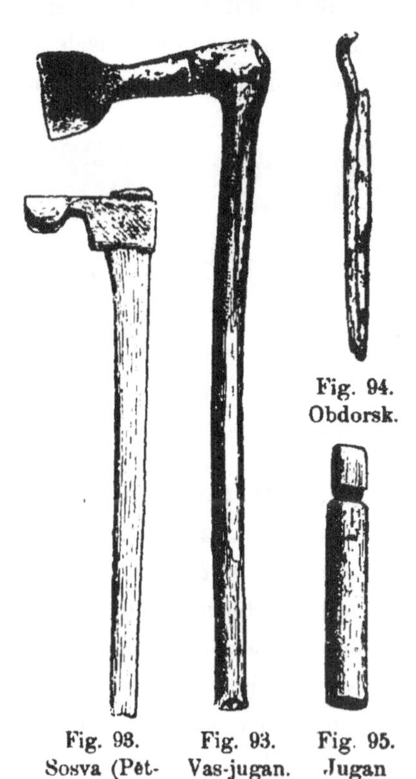

Fig. 93. Sosva (Pet-käs). Fig. 93. Vas-jugan. Fig. 94. Obdorsk. Fig. 95. Jugan (Üut).

Mit den Krummessern schneidet man die Höhlungen kleiner Gefässe, wie Kellen und Fischnäpfe. Ihrer Gestalt nach erinnern sie an ein Messer, dessen Klinge einen starken Knick macht. Wir geben von ihnen zwei Abbildungen. Das in Fig. 94 dargestellte ist auf dem oben genannten obdorskischen Begräbnisplatz gefunden (sein Heft besteht aus Horn), das aus Fig. 95 ersichtliche ist von Jugan (sein Heft besteht aus Holz).

Hobel, die dazu bestimmt sind, Holzflächen zu glätten, finden wir zwei verschiedene Arten.

Wir haben im Vorhergehenden bemerkt, dass das Messer als solches auch als Glättwerkzeug verwendet wird. Beim Hobeln von runden Flächen, wie Ladestöcken für Flinten, Pfeilschäften und Treibstacheln (für Zugrentiere) benutzt man neben ihm meistens ein Werkzeug namens *soγorteᴜr*. Dieses ist eine aus Holz oder Horn hergestellte kleine Hülse, die mit einem oder zwei gewöhnlich schief und querliegenden Löchern versehen ist und deren Krümmungsgrösse von dem Umfang des jeweilig zu hobelnden Holzes abhängt. Das Hobeln geht so vor sich, dass der Hobelnde die Klinge seines Messers in das Loch des *soɣortevᴦ* (bei zwei Löchern in das, welches sich in dem Ende nach ihm zu befindet) setzt und die Messerschärfe mit der rechten Hand über das Holz, das er in der Linken hält, in der Richtung auf sich zu führt (Fig. 96). Das Loch ist so klein, dass die Schärfe nur eine kleine Wenigkeit nach innen hineinragt, so werden bloss die unebenen Stellen entfernt und das Holz hierdurch allmählich geglättet. Das *soɣortevᴦ* in Fig. 97 ist aus Holz, hat nur ein Loch und

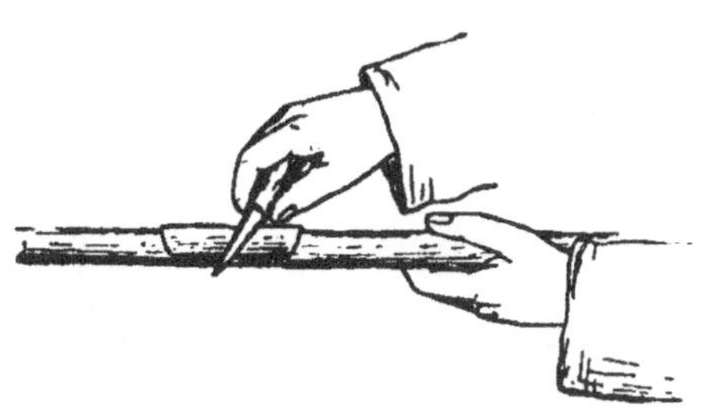

Fig. 96. Vas-jugan.

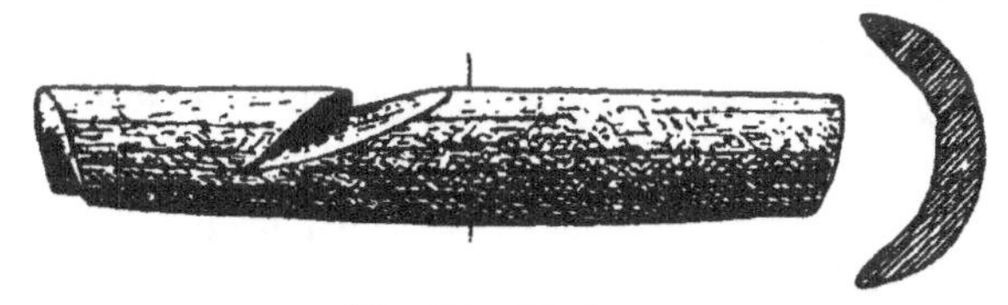

Fig. 97. Vach.

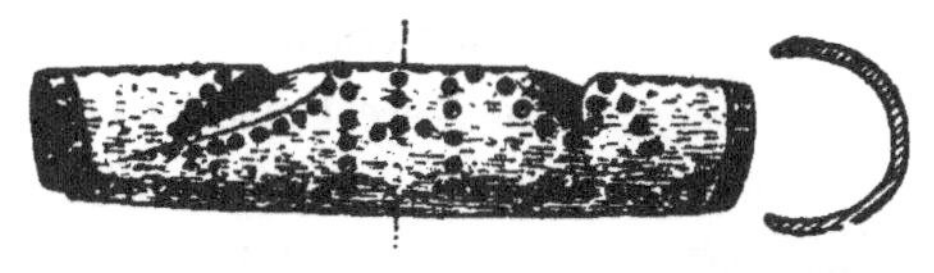

Fig. 98. Vas-jugan.

Fig. 99. Jugan.

wird zum Glätten von Treibstacheln verwandt (Länge 13,3 und Breite 4,1 cm), das in Fig. 98 ist aus Elentierhorn, hat zwei Löcher, ist mit punktierten Ornamenten versehen und dient zum Hobeln von Pfeilschäften (Länge 10,7 und Breite 2,7 cm). Nach F. R. Martin [1]) geben wir in Fig. 99 eine von diesen merklich abweichende Form, die nur am Jugan vorkommen dürfte: sie besteht aus Holz, ist ganz kurz und mit zwei Löchern versehen. In Fig. 100 sehen wir dieselbe mit dem Messer zusammen.

---

[1]) Sibirica. Ein Beitrag zur Kenntnis der Vorgeschichte und Kultur Sibirischer Völker. Stockholm 1897.

Besonders zum Glätten von grösseren Gegenständen, von Schlitten, Trögen, Deichseln und Schneeschuhen verwendet man ein Werkzeug, das den Namen *voltouv* oder *pantjor* trägt. Es ist dies ein dünnes, krumm gebogenes Schneideeisen, das mit den Enden in einem Holzschaft befestigt ist, der zwei verschiedene Formen haben kann: die eine [1]) ist an den Enden schmäler, brettartig, ein wenig nach unten gebogen, während in der Mittelpartie ein rundes Loch angebracht ist (Fig. 101), die andere [2]) mit einem breiten Vorsprung und mit zwei in dieser Richtung gebogenen schmalen Griffen versehen (Fig. 102). Die erstere Form ist selten: die letztere hingegen ist allgemein im Gebrauch und entwickelter als jene. Während man das in Fig. 101 veranschaulichte Instrument beim Hobeln unausgesetzt mit den Händen regieren muss, kann man das in Fig. 102 abgebildete bei der Arbeit auf seinen Vorsprung stützen, d. h. mit diesem lässt es sich sicherer glätten als mit dem ersteren. Das Schneideeisen der Form in Fig. 101 hat oft zwei Schärfen (es ist nämlich gleichgültig, nach welcher Rich-

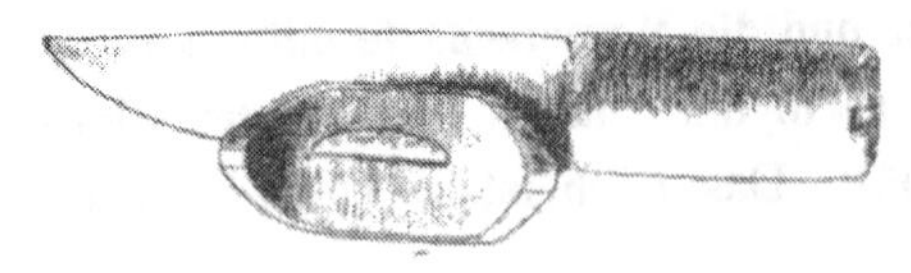

Fig. 100. Jugan.

Fig. 101. Vach.

Fig. 102. Vas-jugan.

[1]) Vach, Sosva.

[2]) Vas-jugan, mittlerer Ob (Ivaškin), Agan, Salym, Irtysch (Tsingala), Konda (Leušinsk).

tung man den Hobel in den Händen hält), das der Formen in Fig. 102 immer nur **eine** Schneide, die in der Weise eingesetzt ist, dass sie nach dem **Vorsprung** hin gerichtet ist. — Stellenweise [1]) hat dieser Hobel ostjakischen Modells bereits dem modernen („russischen") Werkzeug weichen müssen.

Pfriemen [2]) verwendet man zu verschiedenen Zwecken: um beim Fabrizieren von Birkenrindengefässen und beim Umhüllen der Senksteine des Netzes mit Rinde Löcher zu stechen, beim Verbinden der Seitenwände des Nachens um die Wurzelstreifen in die schon fertigen Löchern

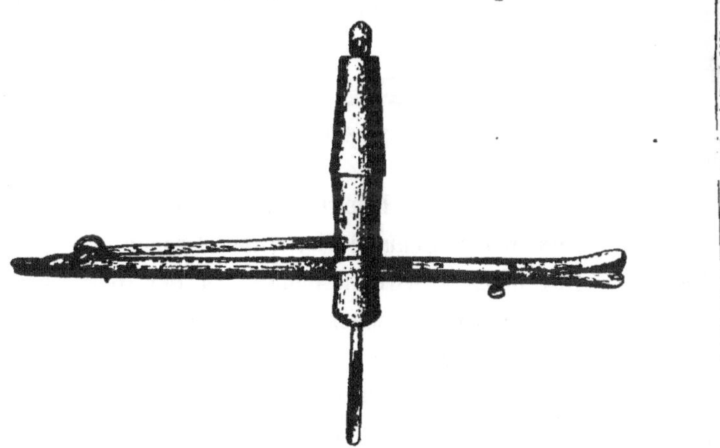

Fig. 104. Sosva (Pētkäs).

Fig. 103. Sosva.

einzufädeln u. s. w. Wenn aus Knochen hergestellt, werden sie gewöhnlich aus dem Ristknöchel (des Vorderbeins) des Elentiers gewonnen. Das in Fig. 103 dargestellte ist am dickeren Ende mit einem Loch versehen um aufgehängt werden zu können.

Bohrer finden wir zwei Arten: Bogenbohrer und Näber. Die ersteren werden am Agan *k'anta-por*, d. h. ostjakische Bohrer genannt, eine Bezeichnung, welche wohl darauf hindeutet, dass sie für national angesehen werden. Die Näber hingegen sollen am selben Fluss erst später durch die Russen in Gebrauch gekommen sein. Stellenweise [3]) kennt man sie auch heute noch nicht.

[1]) Salym, Irtysch, unterer Ob (Xõltti-põγoľ).

[2]) Sosva, unterer Ob.

[3]) Unterer Ob (Kušewat).

Einen Bogenbohrer stellen wir in Fig. 104 dar. Sein Schneideeisen ist gekrümmt. In dem dicken, ein wenig gekrümmten

unteren Teil des Griffs befindet sich ein Loch, durch das ein Lederriemen gefädelt ist, während am oberen Ende eine bewegliche Rolle sitzt. Der Riemen, an dessen Enden der Bogen befestigt ist, wird beim Gebrauch ein paar Mal um den unteren Teil des Schafts gewickelt. Indem man nun mit der linken Hand die Rolle festhält und mit der rechten den Bogen hin und

Fig. 105. Vas-jugan.

Fig. 106. Jugan.

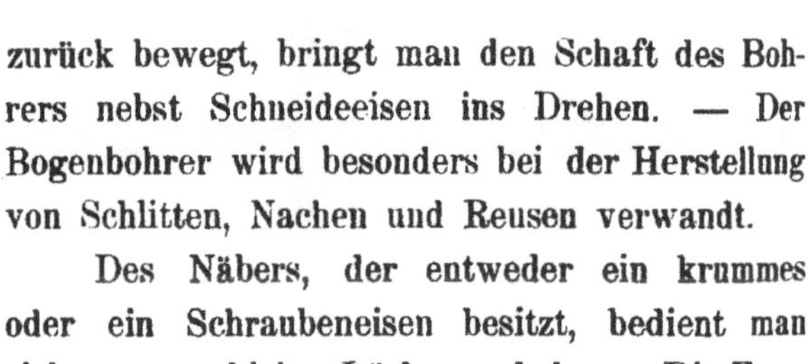

zurück bewegt, bringt man den Schaft des Bohrers nebst Schneideeisen ins Drehen. — Der Bogenbohrer wird besonders bei der Herstellung von Schlitten, Nachen und Reusen verwandt.

Des Näbers, der entweder ein krummes oder ein Schraubeneisen besitzt, bedient man sich nur um kleine Löcher zu bohren. Die Form mit krummem Eisen ist die gewöhnlichere; wir finden sie in Fig. 105 wieder.

Fig. 107. Sosva.

Zum Schluss geben wir ein paar Bilder von Wetzinstrumenten. In dem einen (Fig. 106) sehen wir den Wetzstein in einer viereckigen Öffnung am Ende eines Holzschaftes befestigt, in dem andern (Fig. 107) steckt er in einer mit Messingknöpfchen verzierten Scheide. Im Vorgehenden haben wir schon in Fig. 91 einen Beutel zum Aufbewahren des Wetzsteins gesehen.

Wörterverzeichnis.

Um auch die sprachlichen Beiträge zu geben, die sich auf die im Vorstehenden behandelten Arten von Handarbeiten beziehen, fügen wir zum Schluss ein Verzeichnis der Termen an, die wir aufgezeichnet haben. Um grössere Fehler und Inkonsequenzen zu vermeiden, die uns bei der Wiedergabe der Wörter hätten unterlaufen können, da unser Programm nur die ethnographische, nicht die linguistische Seite der ostj.-wogulischen Kultur umfasste, haben wir bei der Bezeichnung der Laute die sog. gröbere Transskription [1]) (wennschon kursiv) gebraucht.

1. Die Fellbereitung.

Ostjakisch.

Fell, Haut: *taɣte* Ob (Ūrje-pūɣol); *taxti* Ob (Xōltti-pōɣol); — Bereitetes Fell ohne Haare: *na-um-taxti* Ob (Xōltti-pōɣol); *ōl* Vach (Larjatskoe).

Instrument, Fig. 10: *mūrep* Agan.

Kratzeisen: *ōl* Ob (Ivaškin), Jugan (Ūut); *ol* Agan, Vas-jugan (Aippalov); *jodläpsä* Kunevat; *jödlapsi* Ob (Vulpasla-pōɣol); *jotlapša* Ob (Keü-lor-kōr); *jätlapsäŋ* Ob (Xōltti-pōɣol); *kakräp* Salym; *nolstot* Kazym; — Knüttel des Kratzeisens: *ōl-jūx* Ob (Ivaškin); *ōl-kat-łintep-jux* Jugan (Ūut); *ol-kātle-ilttä-jux* Vas-jugan (Aippalov).

[1]) Siehe Finnisch-ugrische Forschungen B. I h. 1. S. 49, 50. In dem Texte haben wir vor der Zusammenstellung des Wörterverzeichnisses eine feinere Transskription versucht.

Schabeisen Fig. 16: *muror* Vach, Vas-jugan.

„ „ 17: *tätläst-kärti* Ob (Keu-lor-kōr); *täntläs-kärti* Kazym; *täntlästi-kärti* Kunevat; *täntlästi-kōrti* Ob (Xōltti-pōγol); *tenlexsenta-vax* Vas-jugan (Aippalov); *jūtep-jūx* Jugan (Ūut); *jouxtäp-jūx* Salym; *jōtōp-jūx* Ob (Ivaškin); *joutop-jux* Agan; *jūγotov-jūx* Vach (Oxti-urje).

Trockenbrett: *piäla* (aus dem Samojedischen) Ob (Xōltti-pōγol); *tutep-jūx* Irtyš (Tsingala); *tuhtäp-jūx* Salym; — für Eichhornfelle: *läŋkä-pērtäŋ-jux* Vas-jugan (Aippalov); — für Fuchsfelle: *vuaxsār-tutep-jux* Irtyš (Tsingala); *vōka-pōγtov-pērt* Vach (Larjatskoe); — für Hermelinfelle; *sās-pōuγtiv-jux* Vach (Tārax); *näγe-sās-pōγtiv-pērt* Vach (Larjatskoe); — für Marderfelle: *ńorom-sās-pōγtiv-pērt* Vach (Larjatskoe); — für Otterfelle: *vuonter-pūlttä-pärt* Jugan (Ūut); *kōlov-pōγtov-pērt* Vach (Larjatskoe); — für Zobelfelle: *ńoγos-pūlttä-pärt* Jugan (Ūut).

Werkzeug für Lederriemen (Fig. 19, 20): *ńūr-tänttä-jūx* Salym; *ńur-tanälttä-jux* Vas-jugan (Kalganak); *ńūr-tenlte-jūx* Ob (Ivaškin), Jugan (Ūut); *ńūr-tenltte-jūx* Agan; *ńur-sēγättö-jux* Vas-jugan (Aippalov).

Wogulisch.

Fell, Haut: *tōvuľ* Sygva.

Kratzeisen: *noutop* Sosva (Rakt-jā, Pētkäs, An-jā).

Schabeisen: *xartilaxten-kēr* Sosva (Rakt-jā); *xartilaxten-kēr* Sosva (An-ja).

Trockenbrett: *uōrtne-pārt* Sosva (Rakt-jā); — für Fuchsfelle: *oxsar-tōslän-pārt* Sosva (Pētkäs); — für Hermelinfelle: *šołši-tōslän-pārt* Sosva (Pētkäs); — für Zobelfelle: *ńoxs-pārt* Konda (Landinsk).

2. Die Spinnerei, die Nadeln und die Behälter für das Nähzeug.

Ostjakisch.

Beutel für Nähzeug: *jant-kŷra* Vas-jugan (Aippalov); *ur-kyr* Ob (Tun-lor-kōr).

Garn: *sūγom* Vach, Vas-jugan.

Garnwickel: *panne-sāsī-lox* Agan; *panā-sāsin-lox* Vach, Vas-jugan.

Garn drehen: *jäžä* Agan; *sūγum pižetäi* Salym; *sūum jädlī* Jugan (Ūut).

Hanf: *rut pōlon* (russischer Hanf) Vas-jugan.

Klopfhammer: *joppi* (?) Jugan (Ūut).

Knockenholz: *jiŋtän-jux* Vas-jugan (Kalganak).

Korb für Nähzeug: *jeŋŋäl* Jugan, Vach, Vas-jugan; *jäŋŋäl* Ob (Tun-lor-kōr, Kešeitäm): *jeŋŋät* Salym; *jiŋäl* Vach, Vas-jugan, Ob (Tun-lor-kōr, Lor-voš), Kazym; *jiŋŋät* Irtyš (Tsingala).

Mörser: *ker* Salym, Irtyš (Tsingala); — Stössel des Mörsers: *ker-vei* Salym; *kär-voi* Irtyš (Tsingala); *kör-väi* Salym; *keuvi* Agan; *moŋke* Jugan (Ūut).

Nadel: *jentäp* Ob (Xöltti-pōγol); *jintäp* Salym.

Nadelkissen: *nāmät* Vas-jugan (Varganančen).

Nähbrett: *jäntas-sāγol* Ob (Vulpasla-pōγol).

Nesselringe: *pōlon* Vas-jugan; *kanža-pōlon* (ostjakischer Hanf) Vas-jugan; *kanta-pōtn* (ostjakischer Hanf) Salym.

Sehne: *lōn* Kunevat.

Sehnenschnur: *pana* Vas-jugan; *lōn-sōγon* Kunevat.

Schabmesser: *nārep* Irtyš (Tsingala).

Spindel: *jēŋŋät* Ob (Belogorje); *jēŋät* Irtyš (Tsingala), Kazym; *jōŋŋät* Ob (Xöltti-pōγol); *juŋot* Vas-jugan; *jäŋŋot* Ob (Ivaškin); *jäŋŋöž* Jugan (Ūut); *jäŋŋuöd* Jugan (Ūut); *jäuŋöt* Agan; *jäu-ŋet* Salym; — Drehspindel: *jēŋät* Ob (Tun-lor-kōr); *jäže-väi* Jugan (Ūut); *jäžä-väi* Jugan (Ūut); *jäže-jäuŋŋet* Salym; *jäžä-jäuŋŋot* Agan; — Haken (der Spindel): *ńulol* Vas-jugan (Kalganak); — Stiel (der Spindel): *veijel* Vach, Vas-jugan; *jäuŋŋöt-vei* Agan; — Wirtel der Spindel *jēŋät-vax* Irtyš (Tsingala); *jäuŋŋet-vax* Salym; *joŋŋät-sāγol* Ob (Xöltti-pōγol); *jēŋŋät-läk* Ob (Belogorje); *jäŋŋät-jūx* Salym; *jeŋŋät-jux* Irtyš (Tsingala) *jeŋŋät-pōγol* Kazym.

Spinnen: *jäuŋŋötli* Agan; *jäŋŋuödlī* Jugan (Ūut); *jēŋŋättäi* Jugan (Ūut).

Werkzeug, Fig. 27, 28: *ńāmäš* Salym; *ńēmäš* Irtyš (Tsingala);

ńimmež Jugan (Ūut); *ńimmäž* Ob (Ivaškin); *pōlon-kärttä-nimōž* Vas-jugan; — *ńämmež-tōx* (Siehe Anmerk. 2 S. 23).

Wogulisch.

Beutel für Nähzeug: *tutsaŋ-xūryx* Sosva (Pētkäs).
Klopfhammer: *mouur-sup* Sygva (Xorom-paul).
Knockenholz: *ponal-vuārne-jiuv* Sosva (Lobomos).
Mörser: *saŋkep* Sosva (Pētkäs); *suaŋkep* Konda (Landinsk).
Nadel: *juntop* Sosva (Pētkäs).
Sehnenschnur: *tān* Sosva.
Spindel: *nal* Sosva (Lobomos); *ponal-vuārne-nal* Sygva (Loski); *jent* Konda (Landinsk); — Drehspindel: *pešt-kätne-jent* Konda (Landinsk); — Wirtel der Spindel: *nal-potāli* Sygva (Loski); *nal-potali* Sosva (Lobomos); *jent-kēr* Konda (Landinsk).

3. Weberei.

Ostjakisch.

Anscheren: *taγte kōγottä* Salym.
Einschlag: *ūtte-sūγum* Salym.
Garnwinde: *pöŋŋes-jūx* Salym; *pöŋäs-jux* Irtyš (Tsingala); *peŋŋäs-jūx* Salym; *sūom-lēkiti-jūx* Ob (Ivaškin); *sūum-lēküti-jūx* Jugan (Ūut); — Fuss der Garnwinde: *taxūra* Irtyš (Tsingala).
Haspel: *tuŕek* Irtyš (Tsingala).
Kamm: *kunžpäŋ-jūx* Salym; — Zahn des Kamms: *kunžpäŋ-jūx-päŋk* Salym.
Kattun: *sūi-taγte* Ob (Ūrje-pūγol).
Ketten: *taγte-sūγum* Salym.
Knäuel: *puŋ* Ob (Tun-lor-kōr); *pöŋ* Irtyš (Tsingala); *pöŋäk* Salym.
Leinwand (grobe): *neuvvi taγte* (weisses Tuch) Ob (Ūrje-pūγol); *šōper* Salym.
Pfosten des Pultes: *āŋket* Salym.
Pult: *āt-jūx* Salym; *at-jux* Irtyš (Tsingala).
Schafthalter: *viŋkle* Salym.

Spule: *žīr* Salym (nach PAASONEN türkisches Lehnwort; siehe FUF B. II,2 s. 136).
Spulenspindel: *žīr-vārtte-jūx* Salym.
Tuch: *tayte* Salym.
Weben: *tayte vērta* Salym.
Weberblätter: *kunžpuŋ-jūx-ōŋet* Irtyš (Tsingala).
Weberschäfte: *tunžep* Salym; *tań-tēp* Irtyš (Tsingala).
Weberschiff: *kummol* Salym; *sasā* (nach PAASONEN türkisches Lehnwort; siehe FUF B. II,2 S. 129) Irtyš (Tsingala).
Webersprosse: *xūlo-jūx* Irtyš (Tsingala).
Webstuhl: *tayte-vuärt-ōttet* Salym; *jun* Irtyš (Tsingala).
Weife: *läk-jux* Irtyš (Tsingala); *löukes-jūx* Salym.
Weifen: *sūyum-lōŋkeitä* Salym.
Zaspel: *sūmi-lēk* Jugan (Ūut); *suhme-lāk* Irtyš (Tsingala); *sūhme-lōuk* Salym.

Wogulisch.

Anscheren: *tōr rāsām* Konda (Landinsk).
Garnwinde: *sētep-peštlänne-jiuv* Konda (Landinsk).
Haspel: *sētep-mańne-kuršil* Konda (Land.).
Kamm: *ārap* Kond. (Land.); — Zahn des Kammes: *ārap-päŋk* Kond. (Land.).
Knäuel: *sētep-mańtä* Kond. (Land.).
Leinwand (grobe); *tōr; šouel* Kond. (Land.).
Pfosten des Pults: *tōrlyx-jiuv* Kond. (Land.).
Pult: *māt-jiuv* (Leber-holz) Kond. (Land.).
Schafthalter: *lal-jiuv* Kond. (Land.).
Spule: *žēr* Kond. (Land.) (nach AHLQVIST und PAASONEN türkisches Lehnwort; siehe FUF B. II,2 S. 136).
Trittbrett: *lal-pāt-pārt* Kond. (Land.).
Tuch: *saran toul* („syrjänisches Fell").
Weberschäfte: *tantäp* Kond. (Land.).
Weberschiff: *sos* (nach AHLQVIST und PAASONEN türkisches Lehnwort; siehe FUF B. II,2 S. 129) Kond. (Land.).
Webersprosse: *sētep-xal-jiuv* Kond. (Land.).
Webstuhl: *tōr-jiuv* Kond. (Land.).
Weife: *sētep-rāsne-jiuv* Kond. (Land.).

4. Die Herstellung von Bändern und Matten.

Ostjakisch.

Kamm: *änttöv-teïttä-jux* Vach (Oxti-ūrje); *nīpättä-teijtte-jūx* Salym.
Matte, Fig. 66: *jērem-pam* (gebundenes Gras) Ob (Xōltti-pōγol); *torn-taγūr* Ob (Tun-lor-voš).
" " 67: *nori* Ob (Lor-voš).
" " 68: *jākän* Salym (nach Munkácsi und Paasonen türkisches Lehnwort; siehe FUF B. II,2 s. 117).
Stange, an welcher die Matte geflochten wird: *jäkki-värttä-nir* Jugan (Ūut); — Stützholz der Stange: *jäkki-ṫy̆x* Jugan (Ūut); — Klötzchen *jäkki-mäx:* Jugan (Uut).

Wogulisch.

Kamm: *küalyx-säγne-pärt* Sosva (Rakt-jā, Pėtkäs).

5. Die Färbekunst.

Ostjakisch.

Farbe: *ńöl* Ob (Xōltti-pōγol); *kär-jiŋk* (Rindenwasser) Vach (Larjatskoe).
" , blaue: *sīńä-kraska* Irtyš (Tsingala).
" , gelbe, grüne: *vuasta-terrä* (grüne, gelbe Wurzel) Irtyš (Tsingala); *vuoste-lärre* Salym.
" , rote: *verttä-kär-jiŋk* Vach (Larjatskoe).
" , aus der Rinde der Lärche: *lūkop* Agan; *lūkop-jiŋk* Ob (Ivaškin); *lūγ-vax* Vas-jugan (Pjonorov); *lux-va-kar* Vas-jugan (Aippalov).
Grün: *vuosti* Ob (Xōltti-pōγol).
Rot: *verttä* Vach (Larjatskoe); *vurt* Ob (Xōltti-pōγol).
Schwarz: *puti* Ob (Xōltti-pōγol).
Weiss: *näuvi* Ob (Xōltti-pōγol).

Wogulisch.

Farbe: *nērp* Konda (Landinsk); *nārap* Sosva (Rakt-jā).

„ aus Man-jā-fluss-lehm: *man-jā-nārap* Sosva (Rakt-jā).

Grün: *vuošram* Sosva (Rakt-jā).

Rot: *vy̆r*.

Schwarz: *sāmel* „ „

Weiss: *jāŋk* „ „

6. Die Herstellung von Bändern aus Pflanzenstoffen.

Ostjakisch.

Bast (Weidenbaststreifen): *seńt* Irtyš (Tsingala); *sēnt-kūr* Ob (Ivaškin); *sińt* Salym; *tevūr-sīnt* Vas-jugan; *lāpät-sis* Ob (Xōltti-pōγol); *sūγal-sis* Ob (Xōltti-pōγol); *siŋk* Vach.

Faulbeerbaumsplitter: *kösvä* Vas-jugan; *kāšpä* Agan; *käspu* Ob (Ivaškin); *ńūt* Irtyš (Tsingala), Salym; *łöi* Jugan (Ūut); *jōm-jux-palāl* Kazym.

Klammerholz: *pies* Ob (Xōltti-pōγol); *tau-jūx* Ob (Ivaškin); *täuve-jūx* Agan; *żonżox-säuγte-jūx* Jugan (Ūut); *kel-seüti-peš* Sore-pūγor.

Spindel: *viŋkäle* Vach; *väŋlä* Nazym; *köriv* Vas-jugan (Kalganak); *kuol-seüti-jux* Ob (Xōltti-pōγol); *kēlt-seutti-jēŋät* Kazym; *żonżō-jōγort-jux* Vas-jugan (Kalganak).

Strähne: *żonżox-pȳż* Vach.

Werkzeug, Fig. 70; *łär-täntte-jūx* Jugan (Ūut).

Wurzelspleisse (Wurzel): *lēr* Ob (Xōltti-pōγol, Keü-lor-kōr); *lär* Kazym; *łär* Jugan (Ūut); *łort* Ob (Ivaškin); *tēr* Irtyš (Tsingala); *tär* Salym.

Wogulisch.

Bast (Weidenbaststreife): *sūlt* Štšekur-jā; *tip-sūlt* Sosva (Rakt-jā); *šēlt* Konda (Leušinsk).

Faulbeerbaumsplitter: *keš* Konda (Leušinsk); *pālal* Štšekur-jā; *ľūm-jiuv-tār* Sosva (Lobomos).

Klammerholz: *pāsop* Sosva (Rakt-jā).

Spindel: *kuāly-saγne-juv* Sosva (Rakt-jä); *kuāly-tāratan-jiuv* Sosva (Pētkäs).

Werkzeug, Fig. 70: *tār-osγen-jiuv* Sosva (An-jā); *tār-oγän-jiuv* Sosva (Lobomos).

Wurzelsplitter: *tār* Sosva (Lobomos), Štšekur-jā; *oľpa-tār* Štšekur-jā; *tat-tār* Konda (Leušinsk).

7. Die Bereitung der Birkenrinde.

Ostjakisch.

Birkenrinde: *tonti* Ob (Xōltti-pōγol); *tuntto* Vach, Vas-jugan; *tuntä* Salym, Irtyš (Tsingala).

Wogulisch.

Birkenrinde: *sās* Sosva (Rakt-jā); *suās* Konda (Leušinsk).

8. Die Herstellung des Leims.

Ostjakisch.

Leim: *eijem* Ob (Ivaškin), Vas-jugan; *äijem* Salym; *äjem* Irtyš (Tsingala); *xane* Ob (Xōltti-pōγol); — Fischleim: *kuľ-ēijem* Vach (Larjatskoe); — Sterletleim: *kore-eijem* Vas-jugan (Pjonorov).

Leimdüte: *ēijem-pūt:* Vach (Larjatskoe); — (Leim-) Schaufel: *pālenttiv* Vach (Larjatskoe).

Wogulisch.

Leim: *ēľem* Sosva (Rakt-jā); *īľem* Konda (Leušinsk).

Leimdüte: *ēlem-put* Sosva (Pētkäs).

9. Schmiedekunst.

Ostjakisch.

Amboss: *ült* Ob (Ivaškin); *nakovaĺna* Irtyš (Tsingala).

Blasebalg: *päγe* Ob (Pōkkor, Ivaškin); *miex* Irtyš (Tsingala).

Blei: *lolpi* Ob (Xōltti-pōγol); *łolpȳ* Ob (Ivaškin); *pextä-totpa* Salym; *ülen* Irtyš (Tsingala).

Eisen: *vax* Ob (Ivaškin), Salym, Irtyš (Tsingala); *päγlen-vax* Vas-jugan (Timolgin); *kārti* Kazym; *kōrti* Ob (Xōltti-pōγol).

Giessen: *okkatellī* Agan.

Giessform: *kantāl* Ob (Ivaškin).

Gold: *jim-vax* (gutes Eisen) Irtyš (Tsingala); *saŕniox* Ob (Xōltti-pōγol); *sorńe-vax* Salym; *sorni-vax* Ob (Ivaškin).

Hammer: *kēγe* Ob (Ivaškin); kēvγi Ob (Pōkkor); *kūve* Irtyš (Tsingala).

Härten: *jiŋka panli* (ins Wasser legen) Ob (Ivaškin).

Kupfer: *peter-vax* Irtyš (Tsingala), Konda (Puškinsk); *pūt-vax* Vas-jugan; *put-vax* Ob (Ivaškin); *virtä vax* (rotes Eisen) Salym; *patarox-kōrti* (auch Messing) Ob (Xōltti-pōγol); *kanton-vax* Ob (Ivaškin).

Messing: *jorne* Vas-jugan (Timolgin); *vax* (?) Konda (Puškinsk); *pāγor-vax* Ob (Ivaškin); *vuaste-vax* (grünes Eisen) Irtyš (Tsingala); *vuoste-vax* Salym.

Schmelztiegel für Kugeln: *ńūl-ōoltä-souγli* Jugan (Ūut).

Schmied: *kusnets* Irtyš (Tsingala); *pāilti-xui* Ob (Xōltti-pōγol); *päγelku* Vas-jugan (Kalganak); *päγeltäko* Ob (Pōkkor); *päγelttäko* Ob (Ivaškin).

Schmieden: *seŋtäi* Irtyš (Tsingala).

Silber: *mańēt* Irtyš (Tsingala); *māńet* Salym; *sielox* Ob (Xōltti-pōγol); *jim-vax* (gutes Eisen) Ob (Ivaškin).

Zange: *kot* Ob (Ivaškin); *päγelt-kot* Ob (Pōkkor).

Zinn: *ser-olna* Vach (Larjatskoe); *tatpä* Irtyš (Tsingala); *totpa* Salym; *näue-lolpi* (weisses Blei) Ob (Xōltti-pōγol); *kantax-łolpȳ* Ob (Ivaškin).

Wogulisch.

Amboss: *ālep* Konda (Leušinsk); *kēr-ratne-axtas* (Eisen-schmiedestein) Sosva (Pētkäs).

Blasebalg: *pūop* Sosva (Rakt-jā); *poup* Konda (Leušinsk).

Blei: *atvus* Štšekur-jā; *peskän-uātkös* (Flinten-Zinn) Konda (Leušinsk).

Eisen: *kiēr* Štšekur-jā; *kēr* Konda (Leušinsk).

Gold: *sorni* Štšekur-jā; *sureń* Konda (Leušinsk).

Hammer: *vōŋxop* Sosva (Pētkäs); (nach Gombocz und Paasonen, siehe FUF B. II,2 S. 134, türkische Lehwörter:) *kēr-šāk* Sosva (Rakt-jā); *šuāx* Konda (Leušinsk).

Kupfer: *mańs-kēr, äryen* Konda (Leušinsk).

Messing: *aryin* Štšekur-jā.

Schmied: *kēr-vārnā-xum* (Eisen-macher-mann) Štšekur-jā; *kösnenš, köstenš* Konda (Leušinsk).

Schmieden: *puöxteltäy* Konda (Leušinsk).

Silber: *ōlon* Konda (Leušinsk); *śāly-oln* Konda.

Zange: *kēr-kāt* (eiserne Hand) Sosva (Pētkäs, Rakt-jā); *puöxtelkuāt* Konda (Leušinsk).

Zinn: *ānox* Štšekur-jā; *mańs-uātkös* (wogulisches Zinn) Konda (Leušinsk).

10. Die allgemeinsten Werkzeuge.

Ostjakisch.

Beil: *jājem* Vas-jugan; *lājem* Ob (Xöltti-pōyol, Keū-lor-kōr), Kunevat, Kazym; *lājem* Vach; *łājem* Jugan (Ūut); *łājem* Ob (Ivaškin), *tājem* Irtyš (Tsingala).

Bogenbohrer: *jauylaŋ-por* Jugan (Ūut); *jer-por* Nazym; *por* Ob (Xöltti-pōyol), Kazym, Agan, Vach; *pur* Ob (Ivaškin), Vasjugan; — Bogen des Bogenbohrers: *jauyol* Ob (Ivaškin), Agan. Jugan; *jōyot* Nazym; *por-jōyol* Kazym, Vach (Larjatskoe); *porjuoyol* Ob (Xöltti-pōyol); — Handhabe des Bogenbohrers: *pornal* Ob (Xöltti-pōyol); *por-vei* Kazym, Agan; *veix* Vach; *vei*

Nazym; *por-väi* Jugan (Uut); *pur-väi* Ob (Ivaškin); — Riemen des Bogenbohrers: *ńür* Nazym; *por-ńūr* Vach, Agan, Jugan; *pur-ńūr* Ob (Ivaškin); *por-kēl* Kazym; *por-kuol* Ob (Xōltti-pōγol); — Rolle am Griff des Bogenbohrers: *kūm* Agan; *por-kūm* Jugan; *por-kūt* Vach (Larjatskoe); *pur-kūt* Ob (Ivaškin); *por-sījä* Ob (Xōltti-pōγol); — Schneideeisen des Bogenbohrers: *por-karti* Kazym; *por-kōrti* Ob (Xōltti-pōγol); *por-vax* Ob (Ivaškin).

Griff des Wetzsteins: *sūut* Jugan (Ūut).

Hobel, Fig. 101, 102: *volttip* Ob (Ivaškin); *vuoltīp* Jugan (Ūut); *vuoltop* Ob (Keü-lōr-kōr); *voltop* Kazym; *voltap* Kunevat; *vualtäp* Agan; *volttov* Vach, Vas-jugan; *volttouv* Vas-jugan (Kalganak); *kūt-vottep* (Hand-hobel) Salym; *vuattäp* Konda (Puškinsk); *vottop* Nazym; *vualžan* Irtyš (Tsingala).

Hobel, Fig. 97—99 (Hohlhobel): *volšän* Irtyš (Tsingala); *souγert* Salym; *soγor* Ob (Ivaškin); *ńal-vei-soγortev* (Pfeilschaft-hohlhobel) Vach; *soγortiuv* Vas-jugan (Kalganak).

Hohlbeil: *ker-an* Ob (Xōltti-pōγol); *kēr-ūn* Kunevat; *xōp-vērti-ker-ūn* (Nachen-bau-hohlbeil) Ob (Keü-lor-kōr); *kūr* Vach (Larjatskoe); *sūγol* Agan, Ob (Ivaškin); *sūul* Jugan (Uut); — Hohlbeil mit Loch (Fig. 93): *sūγuöt* Salym; *sōxot* Irtyš (Tsingala); — Hohlbeil mit Röhre (Fig. 92): *ńottestä-vax* Salym; *vuaŋxop (vuonkop)* Kazym.

Keil: *luŋk* Ob (Xōltti-pōγol, Keü-lor-kōr); *tuŋk* Ob (Ivaškin), Agan, Jugan (Ūut).

Keule: *kūγi* Vas-jugan; *seŋkēp* Irtyš (Tsingala).

Messer (Dolchmesser): *kēsi* Ob (Xōltti-pōγol); *kēši* Ob (Keü-lor-kōr), Kazym, Kunevat; *kēžä* Irtyš (Tsingala); *kēže* Nazym; *käžä* Salym; *kožex* Ob (Ivaškin); *köžex* Jugan (Ūut), Agan; *kōžox* Vach (Kolek-jōγon); — Scheidenmesser: *sūtvöŋ-kōžöγ* Vach (Larjatskoe); — -blatt: *poŋlel* Ob (Ivaškin), Jugan (Ūut); *puŋŋol* Agan; *pöŋŋuöt* Salym; *pet-pöŋtet* Irtyš (Tsingala); — -heft: *nal* Ob (Xōltti-pōγol, Keü-lor-kōr), Kunevat, Kazym; *nūl* Agan, Jugan (Ūut); *nōl* Vach (Kolek-jōγon); *net* Irtyš (Tsingala), Salym; *voi* Nazym; *väi* Ob (Ivaškin); — -rücken: *ūγož* Agan; *auγož* Salym; *aužel* Jugan (Ūut); *ōγož*

Vach (Larjatskoe), Vas-jugan (Kalganak); *ženž* Irtyš (Tsingala); *žänž* Nazym; *šaš* Ob (Keü-lor-kör), Kazym, Kunevat; *sas* Ob (Xöltti-pöγol); *požel* Ob (Ivaškin); — -schärfe: *enēl* Vach (Larjatskoe); *īnel* Vach (Kolek-jöγon); *intl* Ob (Xöltti-pöγol); *īntl* Agan; *īnet* Salym; *īntlel* Ob (Ivaškin); *iŋkkel* Jugan (Ūut); *jētl* Ob (Keü-lor-kör); *jänl* Kazym; *väńäm* Nazym; *väijnem* Irtyš (Tsingala); — -schneideeisen: *kārti* Ob (Keü-lor-kör); *kōrti* Ob (Xöltti-pöγol); *vax* Jugan (Ūut), Salym, Vach (Kolek-jöγon); — -spitze: *tai* Ob (Xöltti-pöγol, Keü-lor-kör), Kunevat; *tei* Irtyš (Tsingala), Salym; *tīj* Kazym; *tī* Nazym; *töi* Agan; *töijel* Ob (Ivaškin); *tüix* Vach; — -zapfen: *vietlys* Kazym.

Näber: *nā-por* Ob (Keü-lor-kör), Kunevat; — Näber mit Hohlschneide: *komlaŋ-por* Salym; — Näber mit Schraubenschneide: *nā-pär* Salym; *päŋeŋ-par* Nazym.

Schabmesser: *ńour-an-vax* (Fleischtrog-eisen) Jugan (Ūut).

Scheide (des Messers): *sättep* Jugan (Ūut); *sättäp* Ob (Ivaškin); *sātop* Ob (Xöltti-pöγol); *sättöp* Agan; *sōtep* Irtyš (Tsingala); *sōtop* Ob (Keü-lor-kör), Kazym, Nazym; *sötöp* Salym; *sättov* Vach (Larjatskoe), *sättuv* Vach (Kolek-jöγon); — Scheidenschlinge: *sättov-pūγol* Vach (Larjatskoe).

Wogulisch.

Beil: *sāγrap* Sosva (Rakt-jä); *šāγrep* Konda (Landinsk).

Bogenbohrer: *pāsγ̄lap* Sosva (Pētkäs); *pāsγlop* Sosva (Rakt-ja); *pāsγ̄γlöp* Štšekur-jä; — Bogen des Bohrers: *jōut* Štšekur-jä, Sosva (Pētkäs); *joute* Sosva (Rakt-jä); — Handhabe des Bohrers: *nale* Sosva (Pētkäs, Rakt-ja); — Riemen des Bohrers: *kuāli* Sosva (Rakt-jä); *kuālγx* Sosva (Pētkäs); *kuālγe* Sosva (Rakt-jä); — Rolle des Bohrers: *kolle* Sosva (Pētkäs); — Schneideeisen des Bohrers: *kēr* Sosva (Pētkäs); *kēre* Sosva (Rakt-jä).

Hobel, Fig. 101, 102: *jor* Sosva (Rakt-ja); *mūriŋ-jor* Sygva (Xaŋlapaul); *mańs-juär* Konda (Landinsk); *pant-jor* Sosva (Pētkäs); *kourop* Konda (Leušinsk).

Hobel, Fig. 97—99 (Hohlhobel): *voltop* Sosva (Pėtkäs); *voltup* Sosva (Lobomos); *vuoltop* Konda (Landinsk).

Hohlbeil: *pōrna* Štšekur-jā; *xūp-vuārne-pōrna* (Nachenbau-hohlbeil) Sosva (Rakt-jā); *pornä* Sosva (Pētkäs); — Hohlbeil mit Loch (Fig. 93): *pōrn'* Konda (Leušinsk); — Hohlbeil mit Röhre (Fig. 92): *unten* Konda (Leušinsk).

Keil: *saŋkr* Sosva (Pētkäs); *saŋku* Sosva (Lobomos).

Keule: *mor* Sosva (Pētkäs); *mouur* Sosva (Rakt-jä).

Knochenpfriem: *lū-sol'* Sosva (Pėtkäs).

Messer (Dolchmesser): *kāsai* Štšekur-jā; *kāssai* Sosva (Rakt-jä); *kāsi* Konda (Leušinsk); — -blatt: *pok* Konda (Leušinsk); — -heft *nal* Štšekur-jā, Sosva (Rakt-jā), Konda (Leušinsk); — -rücken: *ses* Konda (Leušinsk): *sis* Štšekur-jā, Sosva (Rakt-jā); -schneide: *ēlmi* Štšekur-jä; *ālmite* Sosva (Rakt-ja); *īlem* Konda (Leušinsk); — -spitze: *tāl'ax* Štšekur-jä; *tāl'ek* Konda (Leušinsk); *tōl'ax* Sosva (Rakt-jä).

Näber: *mań-nāpar* (kleiner Bohrer) Sosva (Rakt-jā); — Näber mit Hohlschneide *pūsilāp* Konda (Leušinsk); — Näber mit Schraubenschneide: *napārje* Konda (Leušinsk).

Scheide (des Dolchmessers): *sepel'* Konda (Leušinsk); *šīpal'* Štšekur-jä; *sīpal'* Sosva (Rakt-jä); — Messingkette (an der die Scheide hängt): *arγin-koālix* Štšekur-jā.

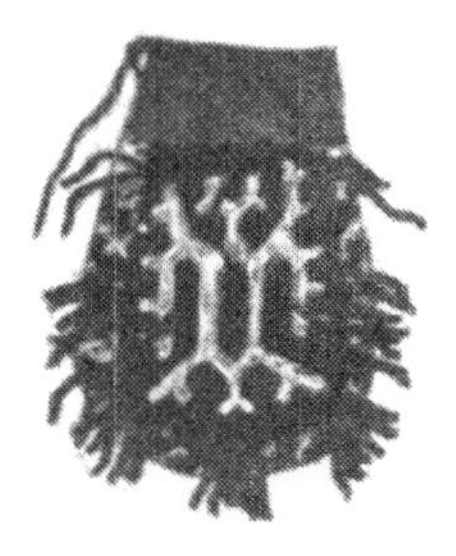

Fig. 43. Sosva.

Fig. 44. Ob (Vulpasla-pōγol').

Fig. 45. Ob (Tlor-voš).

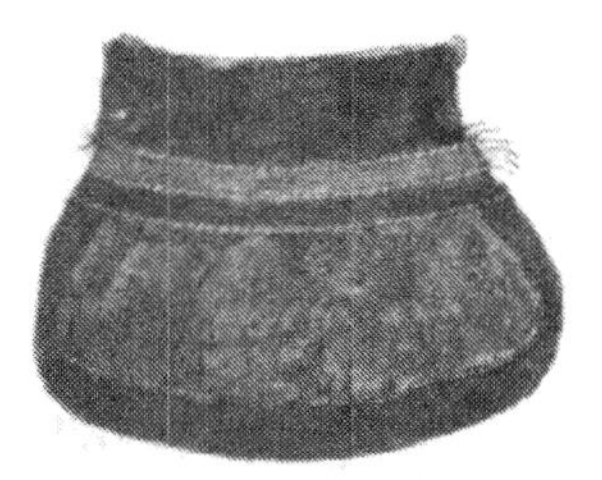

Fig. 46. Ob (Tlor-voš).

Fig. 47. Jugan.

Fig. 62. Vas-jugan.

Bemerkungen über die tverischen Karelier.

Die Vertreter des karelischen Stammes in Russland jenseits der Grenzen des Grossfürstentums Finland belaufen sich nach den Angaben aus verschiedenen Jahren der letzten zwei Dezennien des verstrichenen Jahrhunderts auf 260 Tausend, und zwar in den Gouvernements St. Petersburg (5—6 Tausend), Olonetz (63 Tausend), Archangelsk (20 Tausend), Novgorod (40 Tausend) und Tver (132 Tausend).

Die *ingermanländischen Karelier* wohnen auf der Grenze gegen Finland in den Kreisen St. Petersburg und Schlüsselburg. Nach KÖPPEN waren es ihrer i. J. 1848 3,660 Seelen, sodass sie — das natürliche Wachstum der Bevölkerung in Betracht gezogen — heutigen Tages auf 5 bis 6 Tausend zu schätzen sind. Bei der von dem Gouvernements-Semstvo 1881—1885 bewerkstelligten Zählung nach Gehöften hatten sich die Karelier nicht von den mit ihnen verwandten Äyrämöiset und Savakot geschieden, deren in den beiden genannten Kreisen ca. 29 Tausend gerechnet werden. Die ingermanländischen Karelier bilden eine natürliche Fortsetzung der finnischen, haben die Literatur der letzteren und sind insgesamt Lutheraner. Manche Gelehrten rechnen den Kareliern den Stamm der „Ižoren“ zu, die sich im Gouv. St. Petersburg auf 20 Tausend belaufen. Die Ižoren oder Inkerikot wohnen in den Kreisen Peterhof, Jamburg, St. Petersburg, Zarskoje Selo und Schlüsselburg; sie sind stark verrusst und sämtlich rechtgläubig.

Die *olonetzischen Karelier* nehmen den nördlichen und nordwestlichen Teil des Kreises Pověnec, den nordöstlichen des Kreises Petrosavodsk und fast den ganzen Kreis Olonetz ein, ausserdem begegnen Spuren der Karelier fast allenthalben in dem Gouvernement; sie sind auf 63 Tausend Seelen zu schätzen.

Die *archangelschen Karelier* wohnen ausschliesslich in dem Kreise Kem, woselbst sie den grössten Teil der Bevölkerung — ca. 20 Tausend — bilden.

Die olonetzischen und kemischen Karelier — Ureinwohner des Landes, haben bis in die Gegenwart ihre Sprache und Sitten bewahrt. Eigenes Schrifttum besitzen sie nicht und ihr Glaube ist der orthodoxe. Mit ihrem eigenen Namen nennen sich die nördlichen Karelier „Ливгиляйне", die Schnellsprechenden, zum Unterschied von ihren finländischen Stammesbrüdern, die langsamer sprechen. Die olonetzischen und kemischen Karelier haben — dadurch vor ihren südlicher wohnenden Stammesgenossen ausgezeichnet, eine Menge Sagen und Märchen erhalten. Das Element des Wassers unschliesst den Bewohner der Onega-Gegend von allen Seiten; kein Wunder daher, dass der olonetzische Karelier sogar auch Land und Berge aus dem Wasser hat hervorgehen lassen, eine Vorstellung von der Erschaffung der Welt, die er in folgender Legende zum Ausdruck bringt: „Im Anfang war in der Welt nur Wasser und Wind; der Wind wehte, das Wasser wogte und rauschte; sei nunermüdliches Murren drang zum Himmel empor und beunruhigte gewaltig Gott. Schliesslich verdross es diesen gar sehr; erzürnt befahl er mit einem Wort den Wellen zu Stein zu werden. Wie sie waren, so blieben die Wellen stehen, wurden zu Stein, verwandelten sich in Berge; zerstäubendes Wasser wurde zu Steinen und Erde; dank dem Regen bildeten sich in den Vertiefungen zwischen den Bergen Seen und Flüsse; die ursprüngliche Wellenform verloren die Berge dann allmählich."

Im *Gouvernement Novgorod* belaufen sich die Karelier auf 40 Tausend. Sie wohnen in kleineren Inseln in den Kreisen Kirillov, Čerepovec, Ustjužna, Tichvin, Boroviči, Krestcy, Valdaj und Demjansk.

Im *Gouvernement Tver* giebt es, wie bereits erwähnt, über 132 Tausend Karelier. In den unten folgenden Erörterungen wird ausführlicher von ihnen die Rede sein, hier sei nur bemerkt, dass sie hauptsächlich auf die nordöstliche Hälfte des Gouvernements konzentriert sind.

Wie die novgorodischen sind auch die tverischen Karelier rechtgläubig, aber die Sektirerei (besonders die Sekte der Priesterlosen, беэпоповщина) ist unter ihnen stark verbreitet; Literatur besitzen sie keine; in ihre Sprache übersetzte Evangelien sind mit russischen Buchstaben gedruckt. Die Sprache der novgorodischen und tverischen Karelier ist eine finnische Mundart mit starker Beimischung russischer Wörter. Im allgemeinen ist unter ihnen mehr als unter ihren nördlichen Stammesbrüdern ein Zusatz des grossrussischen Elements zu beobachten: nicht selten begegnet man Kareliern mit dem für die Grossrussen charakteristischen krausen Haar, dichtem rötlichen Bart und dunkelbraunen oder grauen Augen. Sogar der Gesichtswinkel beträgt bisweilen bis zu 70°, d. h. er ist dem Moskauer gleich. Der finnische Typus verrät sich vielleicht in der Eckigkeit des Gesichts und der plattgedrückten Nase. Die finnische Herkunft äussert sich in der Beharrlichkeit, die bis zum Starrsinn geht, sodass sich unter den Russen die Redensart gebildet hat: „Zünde einen Karelier an – er brennt in drei Jahren nicht nieder.“ Im allgemeinen zeichnen sich die Karelier durch Arbeitsamkeit und Ehrlichkeit aus.

Ausser den genannten Gruppen des karelischen Stammes, die ihre Nationalität noch nicht verloren haben, begegnen in Russland Reste dieses Volksstammes, wie in den Gebieten der aufgeführten Gouvernements, so in den folgenden Gegenden: 1) im Kreise Gžatsk, Gouv. Smolensk, auf der Grenze gegen das Gouv. Tver; 2) im Kreise Medyń, Gouv. Kaluga, wo die Karelier als leibeigene Bauern durch ihren Gutsherrn aus dem Kreise Gžatsk angesiedelt wurden (i. J. 1859 zählte man ihrer hier 1,396 Seelen); 3) im Gouv. Jaroslavľ, wohin viele Karelier bereits im 17. Jahrhundert übersiedelten (gleichzeitig mit den tverischen, von denen unten die Rede sein wird). Im Kreise Mologa am Flusse Siť wohnen russifizierte Karelier (ungefähr 100 Familien), die bis auf den heutigen Tag den Namen „сипкари“ tragen. 4) Im Gouv. Vladimir, in der Stadt Perejaslavľ ist die Vorstadt Rybackaja zum Teil von Nachkommen der Karelier (ungefähr 300 Seelen) bewohnt, die von Kaiser Peter I.

angesiedelt wurden. Ausserdem giebt es in dem nämlichen Gouvernement ein Kirchdorf Karel'skoe im Kreise Perejaslavl' und ein Dorf (слобода) Karel'skaja im Kreise Suzdal', deren Einwohner finnischer Herkunft sind. 5) Im Gouv. Tambov, 5 Werst von der Stadt Moršansk, liegt ein grosses Kirchdorf Kareli (4,000 Einwohner), aus dem nach den Akten ein Teil der karelischen Bevölkerung i. J. 1734 nach dem Kreis Kozlov in demselben Gouvernement übergesiedelt war. 6) Im Gouv. und Kreis Wologda, auf der Grenze gegen den Kreis Kirillov (Gouv. Novgorod) finden wir drei Dörfer, deren Einwohner unstreitig karelischer Abstammung sind.

Die Karelier der Gouvernements St. Petersburg, Olonetz und Archangelsk gehören, wie oben gesagt wurde, zu den Ureinwohnern der Gegenden, die sie innehaben; die Karelier von Novgorod und Tver hingegen stellen ein eingewandertes Element dar, ebenso wie die Karelier der anderen genannten Gouvernements, in denen sie bereits geschwunden oder vollständig mit der russischen Bevölkerung verschmolzen sind. Die Übersiedelung der Karelier nach den Tiefen Russlands ist in historischer Zeit erfolgt, und darüber besitzen wir durchaus glaubwürdige Nachrichten. Da aber die Hauptmasse dieser zugewanderten Völkerschaft sich in dem tverischen Lande niedergelassen hat, gehen wir zur Betrachtung der Nachrichten über, die uns über die tverischen Karelier zur Verfügung stehen.

Bevor wir die Frage erörtern, wann die Auswanderung der Karelier nach Russland im allgemeinen und nach dem tverischen Land im besondern stattgefunden hat, müssen wir an die historischen Bedingungen erinnern, unter denen das Mutterland Karelien stand, als die Verbindungen seiner Bewohner mit dem alten Russland sich anspannen. Die Karelier erscheinen zum ersten Male auf den Blättern der russischen Geschichte im Jahre 1143, wo, nach den Worten des Chronikschreibers, „die Karelier gegen die Em' [einen anderen finnischen Stamm] zogen". Im Jahre 1149 werden Karelier in den Heeren der russischen Fürsten Izjaslav und Rostislav Mstislavič, welche die Novgoroder in ihrem Kampf mit dem Fürsten Georgij Vladimirovič von Suzdal' unterstützten, erwähnt. In demselben Jahre bekriegten sie zusammen mit den Novgorodern die Em' aufs neue. Von der Taufe der Karelier auf den orthodoxen Glauben heisst es in der Chronik: „In demselben Jahre (6735 oder 1227) liess der Fürst Jaroslav Vsevolodovič eine grosse Anzahl Karelier, fast sämtliche, taufen.“ Es sind Gründe vorhanden zu der Annahme, dass viele von ihnen schon vorher von den Novgorodern getauft worden waren; so werden in einer Verordnung Svjatoslavs, des Fürsten von Novgorod, aus dem Jahre 1134 unter den Tributpflichtigen zu Gunsten des Bischoffs von Novgorod (des Hauptes der novgorodischen Kirche, der im Leben dieser alten russischen Republik zugleich auch eine politische Rolle spielte) Kirchspiele in der Onega-Gegend (im heutigen Gouv. Olonetz) mit karelischen Namen (Juskola u. a.) erwähnt; offenbar wohnten also hier getaufte Karelier. Ebenso i. J. 1241 im Heere des Fürsten Alexander Nevskij, wo sich auch Karelier befanden. „Im J. 6786 (d. h. 1278) verheerten der Fürst Dimitrij und die Novgoroder mit dem ganzen unterwärts liegenden Lande Karelien und nahmen die Einwohner gefangen.“ I. J. 1284 kamen die Deutschen (d. h. Schweden) unter der Führung Trundas zu Schiff auf der Neva und über den Ladogasee nach Karelien um die Bewohner des Landes sich tributpflichtig zu machen, wurden aber von dem novgorodischen Posadnik (oberste Magistratsperson) Simeon geschlagen. I. J. 1291 begannen die Angriffe auf Karelien von seiten der Schweden, die Viborg (1293), Kecksholm (1295) und Landskrona (an der Stelle der heutigen Vorstadt von St. Petersburg Bolšaja Ochta, i. J. 1300) gründeten. I. J. 1301 zerstörten die Novgoroder Landskrona und machten im folgenden Jahre im Bunde mit den Kareliern einen Einfall in Norwegen. I. J. 1323 traten die Novgoroder im Frieden von Nöteborg einen grossen Teil Kareliens an Schweden ab; i. J. 1350 bekehrte der Bischoff Hemming von Upsala viele Karelier zum Katholizismus. Um diese Zeit ging das novgorodische Karelien oder die Karelskaja Zemlja, nördlich von der Neva gelegen, in den Bestand der „Votskaja Pjatina“ ein; hier waren einige Städte, unter denen häufig eines Karelsk gedacht wird; nach einem „Revisionsbuch“ (переписная книга) des 15. Jahrhunderts gab es „in Korela in der Vorstadt Häuser von Landleuten, gemeinen Leuten, besseren Fischern und jüngeren Frohnpflichtigen 188 und in diesen 232 Menschen; an Zins waren auf sie 10 1/2 Rubel gelegt." Im Kampfe zwischen Novgorod und Schweden hielten sich die Karelier je nach den Umständen zu dieser oder jeder Partei, was oft von ihrer schlechten Verwaltung abhing; unter den novgorodischen Statthaltern war ihnen besonders der tverische Bojar Boris Konstantinovič verhasst, der von dem Grossfürst Michail Jaroslavič von Tver, zugleich auch Fürst von Novgorod, über Karelien gesetzt war. Mit dem Verfall der Selbständigkeit von Novgorod-Velikij ging Karelien zugleich mit anderen novgorodischen Gebieten an Moskau ab. I. J. 1505 fiel „das Karelische Land nebst Loṕ[1] auf Grund des Vermächtnisses des Zars Ivan III. dessen älterem Sohne Vasilij zu. Durch friedliche Übereinkunft mit Schweden kam 1595 die Stadt Korela an Russland, wurde jedoch 1610 ungeachtet des Widerstrebens der Einwohner abermals den Schweden übergeben. Die beständige Gemeinschaft der Karelier mit Ruś (älterer Name Russlands) stellte zwischen ihnen beiden eine wirtschaftliche, zum Teil auch religiöse Verbindung her. Eine Masse von Kareliern kamen, wenn sie auch nicht beständig innerhalb der russischen Grenzen lebten, dahin doch auf Verdienst, besonders auf die grossen Güter der novgorodischen Klöster und Bojaren; und unter Zar Ivan dem Schrecklichen sehen wir Karelier schon endgültig in russische Gebiete übergesiedelt; eine Massenauswanderung derselben erfolgte im 17. Jh. unter folgenden Umständen. Die „Unruhezeit" von 1584—1613, die sie begleitenden Kriege und Angriffe fremder Völkerschaften („die litauische Verheerung") auf das moskovitische Reich und auch die zu Anfang des 17. Jahrhunderts ausbrechende Pest verheerten das Land sehr, besonders zu dieser Zeit hatte das tverische Land hart zu leiden; die Bevölkerung verringerte sich in dem Masse, dass viele Dörfer vollständig verschwanden, die Felder blieben Jahrelang unbebaut, die Städte verödeten: so waren in Tver selbst (das zu dieser Zeit eine bedeutende Stadt war und 10,000 Einwohner zählte) i. J. 1626 11 Kirchen verlassen und 1450 Häuser entleert, von Bewohnern aber waren nur übrig „Zins-

---

[1] Jetzt der nördliche Teil des Gouv. Olonetz.

pflichtige, Landstreicher und Häusler", d. h. arme Teufel, im ganzen 275 Seelen männlichen Geschlechts. Um dieselbe Zeit, im Frieden von Stolbova (1617) ging ein Teil von Karelien an Schweden ab und die Bewohner dieses Territoriums, besonders die, welche teils durch den Glauben, teils durch verschiedentliche wirtschaftliche Bande mit Russland verknüpft waren, begannen nach Russland überzusiedeln. Die moskauische Regierung zog, um die Reihen der stark dezimierten Bevölkerung einigermassen zu ergänzen, in die Gebiete der heutigen Gouvernements Novgorod, Tver und teilweise Jaroslavľ Karelier aus den in schwedische Gewalt gelangten Bezirken; sie zog die arbeitsamen karelischen Ackerbauer gern heran und kargte darum auch nicht mit dem Versprechen sie mit guten Ländereien und zeitweiser Abgabenfreiheit zu bedenken. Die Übersiedelung vollzog sich langsam: die Emigranten mit ihren Familien waren, bevor sie die Plätze der Kolonien erreichten, gezwungen viele, mitunter über zehn Jahre hauptsächlich in den Gebieten des heutigen Gouvernements Novgorod herumzuwandern und sich ihren Unterhalt durch Arbeit zu verdienen. Viele von ihnen liessen sich denn auch hier nieder. Die Bruchstücke einer alten Handschrift aus dem Jahre 1666[1] geben erstens eine schöne Charakteristik dieser Wanderungen der karelischen Emigranten und zweitens die Anzahl der Kolonisten, die sich im tverischen Lande niederliessen. So heisst es zum Beispiel in einem der Bruchstücke: „Seńka Trofimov und seine Brüder Ivaška und Eroška sagten im Verhör (bei der Revision), sie seien vor dreizehn Jahren aus den lopischen Kirchspielen (wahrscheinlich im Gebiet des heutigen Gouvernements Olonetz) ausgezogen, seien in der Gegend des zarischen Wohnorts herumgewandert und hätten auf den Klostergütern gearbeitet, Verpachtungsscheine[2] hätten sie mit niemandem aufgesetzt, und im verflossenen Jahre 7173 (d. h. 1665) seien sie nach der Slobode Tolmači (heute das Kirchdorf Tolmači, in der Gemeinde Tol-

---

[1] Siehe Beilage III „Quellen".

[2] = „Порядная грамота" — ein Vertrag zwischen einem Gutsbesitzer und einem Bauern, wonach der letztere sich auf dem Grund und Boden des ersten niederlässt und diesen Boden bearbeitet.

mači, Kreis Běžeck; siehe die beigelegte Karte unter N:o 24) auf dem Ödland (пустошь) Bor (heute das Dorf Bor in derselben Gemeinde) gekommen. Ein Haus hätten sie nicht gebaut, das Land sei nicht aufgepflügt, eine Stadtabgabe[1] sei von ihnen nicht erhoben worden". Die Ansiedelung der Auswanderer im Lande Tver begann 1646 und dauerte in den Jahren 1663, 1665, 1666, 1669 und 1678 fort. I. J. 1669 zählten die Karelier in den Gebieten der heutigen Kreise Běžeck, Veśegonsk, Vyšnevoločok und Novotoržok erst 2000 Höfe (jetzt in denselben Kreisen ungefähr 23,000 Häuser). Die Regierung zählte alle karelischen Ansiedler dem „приказъ большаго дворца", der Kanzlei des Allerhöchsten Zarischen Hofes zu; unter diesen Bedingungen kamen sie auch in das Land, worüber wir in derselben Handschrift folgende Angaben des Ältesten Grigorij Davydov, des Gehülfen Jakov Stepanov, des Hundertmanns Ivan Filippov, der Zehntmänner und Bauern aller Dörfer (der Gemeinde Tolmači) vom Jahre 1731 finden: „In den verflossenen Jahren, seit 70 und mehr Jahren, kamen ihre (d. h. der Urheber der Angaben) Grossväter und Väter aus karelischen Städten jenseits der schwedischen Grenze und erschienen in Gross-Novgorod (= Novgorod) und empfingen von der Krone Unterstützung und verpflichteten sich, damit allzeit in den Hofbezirken zu leben, und jene ihre Grossväter und Väter wurden verteilt sich im Kreis Novgorod (nach der Territorialeinteilung der Zeit), in der Gemeinde Tolmači auf unangebautem Lande niederzulassen und bezahlten alle Reichssteuern und Hofeinkünfte aus 99 Gehöften und waren hinsichts der Verwaltung der Kanzlei des zarischen Hofes unterstellt u. s. w." Dasselbe ersehen wir aus den erhaltenen Anordnungen der Regierung aus dieser Zeit. So erhellt aus dem bojarischen Entscheid vom 23. Februar 1698 (Полное собраніе законовъ III, N:o 1619), dass 1662 dem Fedor Aksakov vorgeschrieben worden war: „über die Karelier, die in den vergangenen Jahren von jenseits der schwedischen Grenze ausgezogen, ein Verzeichnis anzufertigen und sie als von

[1] = Городовое дѣло — Naturalabgabe der Bevölkerung auf Grund der Erhebung der Städte und befestigten Plätze; seit dem 16. Jahrhundert konnte dieselbe bisweilen in eine Geldabgabe umgewandelt werden.

dem Herrscher abhängig einzutragen." Solche Aufträge erhielten 1665 Nikifor Polěnov, 1666 Osip Licharev und 1669 Danilo Tjutčev.

Ungeachtet der Verordnungen der Regierung gerieten viele von den karelischen Ansiedlern in leibeigene Abhängigkeit von Privatpersonen und Magnaten. Wie dies kam, lässt sich erstens vermuten aus der Aussage eines solchen Auswanderers, die in der obenzitierten Handschrift vom Jahre 1666 vermerkt ist, und zweitens aus einer Bittschrift der Ansiedler aus dem Jahre 1697. Der Ansiedler von 1666 sagte im „Verhör", der Djak (Vorsänger, hier wohl = Schreiber) habe von ihm bei der Volkszählung „гривны"[1] verlangt, im widrigen Fall, drohte er, werde er ihn „въ кабалу" eintragen (d. h. als leibeigen von einem privaten Grundbesitzer abhängig), worauf der Ansiedler erwiderte: „woher soll ich die Grivna nehmen, ich bin vor dreissig Jahren über die schwedische Grenze gekommen u. s. w." Ob es dem armen Ansiedler gelang der Leibeigenschaft zu entgehen, ist aus der Handschrift nicht ersichtlich, aber die Aussage hat eine Bedeutung als Charakteristik der Mittel, zu denen die damaligen Grundbesitzer ihre Zuflucht nahmen um die Ansiedler leibeigen zu machen. In der Bittschrift der Karelier von 1697 wird gesagt, dass „die Gutsbesitzer und Erbgutsinhaber die Karelier, welche jenseits ihres Gebietes leben, wenn diese zu Markte ausziehen, bei sich auf den Gütern und in ihren eignen karelischen Dörfern einfangen, sie schlagen und quälen und in dem Raume unter der Diele einsperren, zwei drei Wochenlang, und sie Hungers sterben lassen. Indessen treibt man von ihnen, den vorhandenen, auch für die flüchtigen Karelier alle Abgaben ein." Die Gutsbesitzer wiesen zu ihrer Rechtfertigung darauf hin, dass ihnen in früherer Zeit befohlen worden sei die Auswanderer von jenseits der karelischen Grenze auf die verliehenen Ländereien aufzunehmen, und dass die Karelier in den Jahren 1646—1678 auf sie in die Revisionsbücher eingetragen wären. I. J. 1698 schrieb die Regierung den Gutsbesitzern den Teil der Karelier zu, die ihnen nach

[1] Гривна ist eine alte Münze, deren Wert je nach der Zeit und dem Ort der Prägung verschieden ist; in unserem Falle darf man annehmen, dass sie eine unbeträchtliche Summe, weniger als einen heutigen Rubel darstellte.

den Revisionsbüchern von 1678 zugezählt wurden, die Mehrzahl aber wurde der Kanzlei des Hofes unterstellt.

Die letzten Einwanderungen der Karelier in die russischen Gouvernements erfolgten bald nach dem Frieden von Nystad (1721), wo das ganze Karelien in Russland einverleibt wurde.

Eine genaue Berechnung der karelischen Bevölkerung des Gouvernements Tver ist mehrfach ausgeführt worden; von den vorhandenen Daten machen den grössten Anspruch auf Glaubwürdigkeit die Nachrichten der 8:ten (1834) und 10:ten (1858) Revision und ausserdem das Register über die Karelier, das im Auftrag des statistischen Komités des Gouvernements 1873 ausgearbeitet wurde, sowie schliesslich die Nachrichten, die von der Semstvostatistik bei der Zählung nach Gehöften in dem Gouvernement in den Jahren 1886—1890 gesammelt worden sind. Eine Kopie des Registers von 1873[1] und der nach Gemeinden gemachten Angaben der Erhebungen des Semstvo sind den vorliegenden Bemerkungen beigegeben (Beilagen I und II).

In allgemeinen Totalsummen stellen sich die angedeuteten Daten in folgenden Angaben dar:

	Karelische Bevölkerung (Seelen beiderlei Geschlechts)			
In den Kreisen: Jahr:	1834	1858	1873	1886—90
Běžeck	....	35,314	42,157	51,161
Vyšnevoločok	....	23,308	25,971	31,660
Veśegonsk	....	18,101	21,755	26,396
Novotoržsk	....	12,716	12,233	16,193
Zubcov	....	1,594	1,793	1,664
Kašin	....	1,211	1,195	1,479
Ostaškov	....	639	639	779
Korčeva	....	213	—	—
Im ganzen Gouvernement	83,304	93,096	105,743	132,332

[1] Die Kopie des Registers („Вѣдомость") von 1873 ist hier ganz beigefügt, weil dasselbe nicht nur die Möglichkeit giebt die Verbreitung der Karelier auf die Gemeinden, sondern auch auf die Dörfern zu verfolgen.

Preobraženskij in seiner „Beschreibung des Gouvernements Tver" aus dem Jahre 1846 zählt Karelier im ganzen Gouvernement insgesamt 50,500 Seelen beiderlei Geschlechts, wobei er auch die im Gebiet des Kreises Tver wohnenden Karelier anführt. Spuren der Karelier sind in der Tat auch heute noch bemerkbar, im Norden des Kreises Tver (in der Gemeinde Pervitinsk) sowie im Nordwesten des Kreises Korčeva (Dörfer Vědnovo und Perelog in der Gemeinde Pogorělcovo), dort, wo diese Kreise an die karelischen Gemeinden der Kreise Běžeck und Novotoržsk stossen. Die Spuren der Karelier treten zu Tage im Charakter der Gebäude, in den Ornamenten der weiblichen Kleidung und nach dem Zeugnis lokaler Beobachter auch unmittelbar im Typus der Bevölkerung. Auf ehemalige Karelier deuten auch die Namen von Dörfern in verschiedenen Kreisen des Gouvernements, zum Beispiel das Dorf Korelka im Kreise Ržev u. a.

Im allgemeinen stellen die Karelier des Gouvernements Tver 8,2 % der ganzen Landbevölkerung dar (nach den Daten der Zählung des Semstvo nach Gehöften 1886—1890 betrug dieselbe 1,606,196 Seelen beiderlei Geschlechts). Am meisten giebt es Karelier im prozentualen Verhältnis zur Landbevölkerung in den Kreisen: Běžeck — 24 %, Vyšnevoločok — 20 %, Veśegonsk — 19 %, Novotoržok — 12 %; die karelische Bevölkerung der Kreise Běžeck und Veśegonsk ragt in den Kreis Kašin hinein, in dem sie 1,2 % der Gesamtbevölkerung ausmacht, und die von Vyšnevoločok in den Kreis Ostaškov (0,6 %), in einer Insel wohnen schliesslich die Karelier in 8 Dörfern des Kreises Zubcov im Süden des Gouvernements, wo sie 1,6 % der Gesamtzahl der Bevölkerung darstellen. Keine Karelier giebt es in den Kreisen Tver, Korčeva, Kaljazin, Ržev und Starica.

Die tverischen Karelier wohnen in 890 Dörfern und weisen 24,627 Gehöfte (Hauswirtschaften) auf, und zwar in den Kreisen:

	Zahl der Dörfer	Zahl der Gehöfte
Bězeck	305	9,718
Vyšnevoločok	240	5,300
Veśegonsk	205	5,834
Novotoržsk	119	2,999
Kašin	9	279
Ostaškov	4	161
Zubcov	8	336

Auf ein Dorf kommen 149 Einwohner und auf ein Gehöft 5,4 Menschen. Im ganzen Gouvernement Tver kommen auf ein Dorf 161 Einwohner und auf ein Gehöft 5,5 Seelen beiderlei Geschlechts. Die Dörfer der Karelier sind im Durchschnitt nicht gross, ihre Familien etwas kleiner als im Mittel im Gouvernement und unter ihnen wiegt das weibliche Geschlecht stärker über als in der übrigen Bevölkerung des Gouvernements. Von den 132,332 Seelen karelischer Bevölkerung sind 62,840 Männer und 69,492 Weiber, somit kommen auf 100 Männer 110,6 Personen weiblichen Geschlechts (gegenüber 108,6 % in der Gesamtbevölkerung des Gouvernements).

Aus der Beilage II — Verteilung der karelischen Bevölkerung über das Territorium des Gouvernements Tver in den Jahren 1886—1890 — und aus der vorliegenden Bemerkungen beigefügten Karte ist zu ersehen, dass die Hauptmasse dieses Volkstammes sich an den Plätzen seiner ursprünglichen Niederlassung, um das Kirchdorf Tolmači, Kreis Bězeck, 20—30 Werst östlich von der Linie der Nikolai-Eisenbahn (Stationen Spirovo und Novotoržskaja), gehalten hat: die um Tolmači gelegenen Gemeinden, Tolmači, Tresna (Kreis Bězeck), Nikulin, Kozlov (Kr. Vyšnevoločok) und Dor (Kr. Novotoržsk), sind fast durchgehends (79—99 %) von Kareliern besiedelt, inmitten welcher die russischen Dörfer besondere Inseln bilden, oder es wohnen einzelne russische Familien in den karelischen Dörfern. Weiter breitet sich die karelische Bevölkerung nach Norden und Nordosten aus. Hier haben sie sich festgesetzt entweder zur Zeit der Übersiedelung selbst, indem sie das Zentrum, auf das sie losstrebten, nicht erreichten, oder sie erschienen in der Folge, indem sie sich vermehrten und die waldigen Teile des Landes besiedelten, in denen es erstens viele Domänenländereien gab und wo zweitens keine ursprüngliche russische Bevölkerung, die in der Unruhezeit zerstreut, später bei der Wiederkehr der Ruhe zu ihrer alten Brandstätte zurückgekommen wäre, sie hinderte sich niederzulassen. Die Karelier im Kreise Zubcov (im Süden des Gouvernements) wurden von ihren früheren Grundbesitzern in der Folgezeit von anderen karelischen Orten her (woher, ist nicht bekannt) angesiedelt. Bis auf den heutigen Tag gehört die Hauptmasse der karelischen Bevölkerung zu den ehemaligen Apanagebauern (удѣльные крестьяне).

Die tverischen Karelier, mit Ausschluss der unbeträchtlichen vollständig russifizierten, unterscheiden sich ausser in der Sprache wenig von der sie umgebenden russischen Bevölkerung, und erst bei näherer Bekanntschaft mit ihnen und aufmerksamerer Beobachtung ihres Lebens sind ihre nationalen Besonderheiten zu erkennen, die im Charakter, in bewahrten Sitten und sogar im Äusseren der Gebäude und der Kleidung, hauptsächlich der weiblichen, zu Tage treten. Diese Besonderheiten glätten sich in letzter Zeit sehr langsam aus. So lesen wir in der 1873 in Tver herausgegebenen, auf die Jahre 1783--1784 bezüglichen Handschrift „Генеральное сображенiе по Тверской губернiи“ bei der Beschreibung der Kreise:

Bežeck — „die Karelier, die zum grossen Teil Domänenbezirke bilden, haben bis zum heutigen Tage ihre frühere Lebensweise und Sprache beibehalten; so gebrauchen sie in der Kleidung einen Schnitt, der von dem gewöhnlichen bäuerlichen einigermassen abweicht; sie sprechen karelisch; auf russisch sich auszudrücken wird ihnen schwer; in ihren Häusern leben sie sauber: Vieh halten sie nie in ihren Stuben. Was ihre moralischen Eigenschaften betrifft, so sind sie alle aufrichtig, redlich, gastfreundlich und aller Verleumdung und Ungerechtigkeit abhold; zugleich aber ausfahrend und derb; zum Genuss starker Getränke sind sie geneigt“ (Seite 68).

Kreis *Vešegonsk* — „die Karelier tragen zwar dieselbe Kleidung wie die Russen, doch ist der Schnitt etwas abweichend und sie verwenden Knöpfe; sie umgürten sich mit Lederriemen, die Schnallen haben oder dicht mit Kupferschmuck besetzt sind. Die karelischen Frauen tragen einen mit Kameelgarn oder Seide ausgenähten Kopfputz (сорока). Die karelischen Mädchen ziehen über die Kopfbänder ein Tuch, das vorn in eine Spitze ausläuft. Sie nähen die Bänder mit Seide und Flitter aus, was als der grösste Prunk gilt. In die Zöpfe flechten sie auf Schnürchen kleine kupferne Röhrchen mit kleinen Ringen darum und roten Quästchen aus Baumwollengarn. Um den Hals tragen sie kupferne und silberne Kettchen. Sarafane (als weibliches Kleid) benutzen sie werktags weisse aus Leinewand, feiertags aber blaue aus Glanzleinen und Nanking mit Spitzen und Knöpfen. Ausserdem tragen sie grüne und rote tuchene Überkleider (сукманъ), die um die Schlitze mit rotem Kumatsch (rotem Baumwollenzeug) gesäumt sind und auf der Brust Quasten aus rotem Baumwollengarn haben. Die Hemdsärmel nähen sie mit Seide aus; an den Händen tragen sie bis zu drei und vier Ringe. Im Winter gehen sie alle im allgemeinen in Pelzen ohne Überzug oder in Pelzen mit einem Überzug von blauer Glanzleinwand“ (Seite 86).

Vyšnevoločok — „die hiesigen Karelier, die einen nicht geringen Teil des Kreises innehaben, unterscheiden sich in der Sprache und einigen kleinen Abweichungen in der Kleidung. Sie sind leutselig, im Umgang freundlich, gutherzig, aber im Streit jähzornig und rachsüchtig“ (Seite 96).

Novotoržsk — „die Karelier stimmen hinsichtlich ihrer Sitten und Gebräuche sowie ihrer Lebensweise mit denen von Vyšnevoločok und Běžeck überein. Sie feiern die grossen Feiertage und Kirchenfeste; die jungen Frauen versammeln sich feiertags auf der Strasse und singen russische Lieder, obgleich manche die Sprache nicht verstehen“ (Seite 162).

So wird die Lebensweise der Karelier am Ende des 18. Jahrhunderts geschildert.

V. Preobraženskij, der das Gouvernement Tver um die Mitte des 19. Jahrhunderts (1846) untersuchte, schreibt, dass die Karelier „fast alle ihre Gebräuche und Überlieferungen verloren und nur mehr ihre Sprache bewahrt haben und, während sie das Russische schlecht beherrschen, sich von den Russen durch ihre Mässigkeit im Genuss des Branntweins, ihre gastfreundliche Zuvorkommenheit, die Sauberkeit und Ordnung im häuslichen Leben unterscheiden".

Von den typischen Eigentümlichkeiten der karelischen Bevölkerung in der uns zunächst liegenden Zeit war oben bereits die Rede; zu dem Gesagten sei jedoch Folgendes hinzugefügt[1]:

In seinem Äussern unterscheidet sich der tverische Karelier bei flüchtiger Beobachtung wenig von dem Russen; die Ursache dazu ist in der gleichmässigen Kleidung zu suchen; erst bei sorgfältigem Aufmerken, vor allem wenn man sich einige Zeit unter ihnen aufhält, treten die Besonderheiten des finnischen Typus hervor: die entwickelten Backenknochen, die Blondköpfigkeit bei gelblicher Schattierung der Haare, der schwache Bartwuchs u. a.

Bei näherer Bekanntschaft mit den Kareliern sind auch weitere, dem russischen Stamme fremde Eigentümlichkeiten im Charakter des Kareliers zu beobachten: er ist sehr ausdauernd bei der Arbeit, eigensinnig beharrlich im Streben nach einem vorgesetzten Ziel, dem Äusseren nach kaltblütig, ja sogar apathisch, aber aufbrausend und wild im Zorn. Schlägereien mit blutigem Ende sind unter den Kareliern verhältnismässig häufiger als unter ihren russischen Nachbarn. Die Sitten in der Familie sind bei den Kareliern reiner als bei den Russen. Das die russische Familie (besonders unter der Bevölkerung, wo die jungen Leute auswandern um Arbeit zu suchen) zerfressende снохачество[2] wird unter den Kareliern nicht beobachtet. In der karelischen Familie hat keine Unterdrückung der Persönlichkeit statt, die Verhältnisse unter den Familienmitgliedern sind freier, der Individualismus ist entwickelt: die jüngern Angehörigen der Familie sind nicht gedrückt, dagegen

[1] Der Verfasser bittet um Verzeihung, dass er sich bei seinen weiteren Auslassungen wiederholen muss.

[2] Der Vater, das Haupt der Familie, steht in Beziehungen zu der Frau des Sohnes, der anderswo auf Arbeit lebt.

ist die Achtung vor dem Alter bei den Kareliern entwickelt. Der Verfasser der vorliegenden Bemerkungen hatte vor 20–25 Jahren die Akten der Gemeindegerichte zu lesen, in die die bäuerliche Rechtspflege eingetragen wird, die sich mehr auf Gewohnheitsrecht als auf die im Lande publizierten Gesetze gründet. Bei der Durchsicht dieser Akten aus den von Kareliern bewohnten Gemeinden fällt Einem unwillkürlich auf, dass die Achtung vor der Persönlichkeit unter ihnen recht entwickelt ist. Die schwerste Strafe — die Rutenstrafe (damals noch häufig angewandt) — wurde hauptsächlich auf Vergehungen gegen die Persönlichkeit, besonders gegen die Frauenehre, gegen die Achtung vor dem Alter u. a. w. gelegt. Damals wurden, wie unter ihren russischen Nachbarn, am härtesten Vergehen gegen die administrativen Gewalten, Bruch des Eigentumsrechtes u. m. bestraft.

Die karelischen Dörfer, wo sie (nach einer Feuersbrunst) nicht im Einklang mit dem Prinzip des alle Besonderheiten nivellierenden Baureglements umgebaut worden sind, tragen einen originellen Charakter. Alle Häuser werden mit den Fenstern nach Süden gebaut, die Wirtschaftsgebäude (Speicher, Scheunen u. a.) umgeben das Haus, indem sie mit diesem einen überdachten Hof bilden. Infolge dessen stehen die Häuser der Dörfer nicht in einer Reihe nebeneinander sondern verstreut, und in den Dörfern giebt es keine geraden Strassen, sondern der Weg windet sich wie zwischen einzeln dastehenden Meierhöfen hindurch. Die Gebäude der Karelier zeichnen sich durch Festigkeit aus, was übrigens mehr auf den lokalen Bedingungen beruht als auf nationalen Eigentümlichkeiten, da ein grosser Teil der Karelier in bewaldeten Gegenden wohnt. Das Innere der karelischen Bauernhäuser sticht scharf von dem der russischen ab infolge der Reinlichkeit und Ordentlichkeit: es wird kein junges Vieh darin gehalten, die Diele ist gewöhnlich sauber gefegt, der Tisch blank gescheuert, nach dem Essen werden die Speisereste unverzüglich abgeräumt, Überkleidung und Mützen werden an Holzpflöcke gehängt, die in die Wand geschlagen sind, und werden nicht auf Betten und Bänke geschleudert, wie es in dem Bauerhaus der russischen Familie zu geschehen pflegt.

Die karelische Tracht unterscheidet sich in nichts von der russischen, nur in dem Schmuck des weiblichen Kostüms, besonders in der Stickerei an den Hemden und an dem Kopfputz sind nationale Eigentümlichkeiten zu beobachten.

Ein grosser Teil der Karelier wohnt, wie mehrmals erwähnt wurde, in waldreichen Gegenden; infolge dieses Umstands ist die Holzindustrie, besonders das Kohlenbrennen und die Betriebe der trockenen Destillation von Holz (Teerbrennerei, Pechsiederei, Herstellung von Terpentinöl und Kolophonium) entwickelt, und in diesen Industriezweigen haben die Karelier, wenn auch nicht in der Technik so doch in der Reinheit der erhaltenen Produkte, eine anerkannte Vollkommenheit erreicht. Das tverische Gouvernements-Semstvo, bestrebt ein möglichst vollkommenes Bild von der Hausindustrie auf der Allgemeinrussischen Künsterisch-industriellen Ausstellung in Moskau 1882 zu geben, kaufte zu diesem Zweck Proben von den Produkten des Holzgewerbes der běžeckischen Karelier auf, wobei das Augenmerk durchaus nicht auf die Qualität der Produkte gerichtet war, und zum nicht geringen Erstaunen des Semstvo wie besonders der Produzenten selbst, die sich nicht einmal über den Zweck klar geworden waren, zu dem ihre Produkte von den Agenten des Semstvo aufgekauft worden, wurden das karelische Kolophonium, Pech und Kohle mit Medaillen prämiiert.

Die Landwirtschaft wird von den Kareliern, wennschon nach einer primitiven Methode, bedeutend besser getrieben als von der benachbarten russischen Bevölkerung. Die Felder werden sorgfältig bearbeit, der Pflug, der in den Gegenden in den Siebzigerjahren des vergangenen Jahrhunderts erschien, begegnet in den karelischen Dörfern häufiger als in den russischen. Indem man diese letztere Erscheinung konstatiert, kann man nicht umhin zu bemerken, dass man eine der wichtigen Ursachen derselben nicht in nationalen Eigentümlichkeiten zu suchen hat, sondern in der Tatsache, dass die grosse Mehrheit der Karelier in der Zeit der Leibeigenschaft unter die Apanageverwaltung gehörte, und die Apanagebauern überall bedeutend unabhängiger lebten als die gutsherrlichen. Bei den Kareliern der Gemeinde Zaborov im Kreise Vyšnevoločok (auf der Karte N:o 5) ist der Gartenbau (Kirschbaumzucht) weiter entwickelt als anderswo im Gouvernement, und im Frühling ertrinken sozusagen die Dörfer dieser Gemeinde, die in der bergigen Gegend (den Alaunischen Höhen) verstreut liegen, in dem weissen Schnee der blühenden Kirschbaumgärten, welches besonders in diesem nördichen Strich Russlands in die Augen fällt. Die ausdauernde Arbeitsamkeit, die ackerbauende Lebensweise und die Ordentlichkeit drücken einem grossen Teil der Dörfer des karelischen Gebietes im Gouvernement Tver ein deutliches Gepräge der Häuslichkeit und Wohlhabenheit auf. Unter ungünstigen Bedingungen stehend führen die Karelier, wie auch ihre russischen Nachbarn, ein beklagenswertes Dasein; so sagt ein Untersucher der zubcovischen Karelier: „der hiesige Karelier ist wenig gebildet, geistig unentwickelt, er spricht dürftig russisch (obgleich er stark abgetrennt von seinen Stammverwandten in kleinen Inseln inmitten des Meeres der russischen Bevölkerung wohnt) und zu allem diesem ist er von seiner drückenden materiellen Lage beschwert.“ Die zubcovischen Karelier gehören zu den früheren gutsherrlichen Bauern.

Industrielles Leben und Handel haben unter den Karelien verhältnismässig spät — seit dem Bau der Eisenbahnen von Rybinsk-Bologoe und Novotoržsk — zu Beginn der Siebzigerjahre des vorigen Jahrhunderts Eingang gefunden; und hier zeigte sich der feste Charakter der Karelier deutlich: sie gingen mit allem Ernst ans Werk und konkurrieren heute stark mit den Russen, ja haben stellenweise (zum Beispiel auf der Station Novotoržsk, bei der Vereinigung der Nikolai-Bahn mit der Novotoržsk-Vjazmaschen) die russischen Händler sogar verdrängt.

Die Haupteigentümlichkeit der Karelier ist ihre Sprache, die sie bis zum heutigen Tage bewahrt haben. Die karelische Sprache ist eine finnische mit einem starken Zusatz von Wörtern russischen Ursprungs, auch Wörter anderer fremden Sprachen sind über das Russische ins Karelische gekommen. In dem angeführten „Kurzen russisch-karelischen Wörterbuch“, das der „Karelisch-russischen Fibel“ von A. Tolmačevskaja beigefügt ist, sind 9—10 % Wörter eben solchen Ursprungs. Zum Beispiel heisst 'Enkel' (внукъ) auf karelisch — vnukka, 'Grossvater' (дѣдъ) — diedo; 'Kreis' (кругъ) — kruuga, 'Feiertag' (праздникъ) — pruaznikka, u. a.; oder Wörter späteren

Ursprungs, aber in das Karelische von den Russen übernommen: 'Überrock' (сюртукъ) — sertukka, 'Schrank' (шкафъ) — škuappa u. a. Der Mangel einer Literatur tut der Entwickelung der karelischen Sprache starken Eintrag.

Das oben angeführte Zeugnis, dass noch zu Ende des 18. Jahrhunderts die Karelier von Novotoržsk russische Lieder sangen ohne sie zu verstehen, beweist, dass bei den Kareliern das nationale Volkslied verschwunden ist, wie die nationalen Sagen und Erzählungen verschwunden sind. Die Karelier singen nicht nur keine eigenen Lieder, sie besitzen auch keine Märchen (wenigstens sind keine bemerkt und aufgezeichnet worden) und haben nicht einmal Erinnerungen an ihre ursprüngliche Heimat bewahrt — sie wissen nicht, wo sie hergekommen sind und wann sie sich im tverischen Lande angesiedelt haben. Nur weiter gereiste Leute aus ihrer Mitte, die in St. Petersburg gearbeitet haben, und die in der Nähe des Kirchdorfes Kozlov wohnenden (in der Familie des Geistlichen dieses Kirchdorfes ist die obenzitierte Kopie der alten, auf die Auswanderung der Karelier bezügliche Handschrift erhalten) wissen, dass sie Auswanderer von jenseits der schwedischen Grenze („свенскаго рубежа"), dass sie Verwandte der St. Petersburger „Čuchoncen" (Äyrämöiset und Savakot) sind u. s. w. Die Hauptursache dieser Erscheinungen ist in der Losreissung der Karelier von ihrer ursprünglichen Heimat, in ihrer langen Isolierung inmitten eines ihnen fremden Stammes zu suchen. Natürlicherweise, hätten die Karelier eine Literatur, so wäre ihre Verbindung mit dem Heimatland nicht abgebrochen worden: wären die Erinnerungen an das Mutterland unversehrt geblieben, so hätten sie sie in Volksliedern und Sagen ausgeströmt.

Im allgemeinen bekennen sich die Karelier, wie oben gesagt wurde, zum orthodoxen Glauben, obgleich es unter ihnen viele Sektirer, besonders Priesterlose (беспоповцы) giebt. Der Aberglaube ist unter ihnen stark entwickelt: Hexenmeister giebt es unter den Männern, Wahrsagerinnen unter den Frauen eine grosse Menge. Diese wie jene haben nicht nur unter ihren Stammesbrüdern Erfolg, sondern geniessen auch bei den benachbarten russischen Bauern Ansehen. Im allgemeinen muss man jedoch bemerken, dass die

Eigentümlichkeiten des Geisteslebens der Karelier einstweilen noch gar nicht untersucht sind.

Oben wurde gesagt, dass sich die karelische Bevölkerung an die russische assimiliert. Man kann nicht behaupten, diese Assimilierung sei im Verlauf der zwei und einhalb Jahrhunderte, während welcher die beiden Völkerschaften neben einander wohnen, schnell vor sich gegangen. Vielmehr ist sie erst während der letzten 20—30 Jahre sichtbar fortgeschritten.

Die Dichtheit der karelischen Bevölkerung ist eine der Ursachen, die die Assimilierung aufhalten. Im Gouvernement Tver giebt es, wie auch aus der beigefügten Karte hervorgeht, Ortschaften, die sich mehrere zehn Werst lang hinziehen und durchgehends mit Kareliern besetzt sind. Hier sind die Russen, die unter den Kareliern, besonders in einzelnen Familien, wohnen, mit jenen vollständig verschmolzen: sie sprechen karelisch und haben ihre Sitten und Gebräuche angenommen. Der Verfasser stiess auf einem Besuch des karelischen Landes (der „Karelščina") auf Familien in der Landgeistlichkeit (Priester, Vorsänger u. a.), in denen das Karelische die Umgangssprache war, trotzdem überall in Russland die orthodoxe Geistlichkeit russischer Nationalität ist. An den Grenzen des von Kareliern besiedelten Territoriums, wo das russische Element überwiegt und besonders da, wo die Karelier in Inseln inmitten von Russen leben, hat die umgekehrte Bewegung statt: die Karelier werden verrusst. Oben wurden einige Beispiele für das vollständige Verschwinden dieser Nationalität gegeben. Diese Erscheinung lässt sich beständig auch an den Rändern der Karelščina, in den Kreisen Bĕžeck, Vyšnevoločok (Dorf Chmĕlevo in der Gemeinde Parevo und Dorf Dubnjaki in der Gemeinde Ovsiščensk) beobachten, gleicherweise auch in einigen Dörfern des Kreises Zubcov, in denen sich die Bevölkerung bis zum heutigen Tag zu den Kareliern rechnet, jedoch seine Muttersprache verloren hat und nur russisch spricht.

Wo Karelier und Russen neben einander wohnen — in einem und demselben Dorf leben beide Nationalitäten friedlich mit einander — sind fast alle unter sich verschwägert. Die Russen geben ihre Töchter gern Kareliern zur Frau und umgekehrt. Aber bei alledem behaupten sich beide Nationalitäten einander gegenüber hartnäckig. Die karelische Familie unterscheidet sich stark von der russischen. Als Familiensprache herrscht (auch bei den Russen) das Karelische vor, da es auch in russischen Häusern Hausfrauen von karelischem Geblüt giebt; umgekehrt hat auf der Strasse, in den Versammlungen, ja auch auf familiären Zusammenkünften (Namenstagen, Hochzeiten u. m.) die russische Sprache die karelische gänzlich verdrängt. Ein Russe, der gut karelisch versteht, es womöglich zuhause spricht, wird sich darum nicht mit dem karelischen Nachbar auf karelisch verständigen; er sieht auf diesen von oben herab, obwohl er ihn im Herzen vielleicht um seinen wirtschaftlichen Sinn beneidet. Der Einfluss einer Nationalität auf die andere ist wohl zu beobachten. Die Russen sind hier sauberer, arbeitsamer, mit einem Wort wirtschaftlicher als gewöhnlich; zu gleicher Zeit verlieren die Karelier unter dem Einfluss des lebhaften russischen Geistes das Schwerbewegliche, beginnen über die Grenzen des Dorfes hinauszusehen — lassen sich auf Handel ein und ziehen anderswohin auf Arbeit aus. Die genannten Ursachen zur Assimilation der karelischen Bevölkerung an die russische sind natürliche Bedingungen, die die unmittelbare gegenseitige Berührung der einen Nationalität mit der andern hervorgerufen hat. Daneben hat in den letzten dreissig Jahren die Kultur des Landes zwei Faktoren vorgeschoben, die während dieser verhältnismässig unbeträchtlichen Periode die Verschmelzung der beiden Nationalitäten stärker gefördert haben als die oben erwähnten Gründe im Verlauf zweier Jahrhunderte. Diese Faktoren sind die Volksschule und die Eisenbahnen.

Das aufgeklärte tverische Semstvo hat vom Anfang seiner Tätigkeit an (Mitte der Sechzigerjahre des 19. Jahrhunderts) seine Aufmerksamkeit auf die Volksschule gerichtet und ungeachtet allen Widerstandes äusserer Art im Verlauf von 35 Jahren glänzende Resultate erzielt: die Kenntnis des Lesens und Schreibens ist im Volke gestiegen; so waren 1875 unter den Rekruten im Ganzen 37 % des Lesens und Schreibens Kundige, 1899 waren es ihrer über 76 %, in einzelnen Kreisen ging der Prozentsatz über 90 % hinaus (im Kreis Tver 94,7 %, im Kreis Novotoržsk 90,3 %). Diese

Entwickelung der Volksschule musste sich auch in der karelischen Bevölkerung des Landes wiederspiegeln. Da die Karelier kein eigenes Schrifttum besitzen, schicken sie ihre Kinder natürlicherweise in die russischen Schulen, dort erlernen diese die russische Sprache, lernen russisch lesen und schreiben und tragen beides mit sich in ihre eigene Familie hinüber.

Der Bau der Eisenbahnen, besonders der der Linie Rybinsk-Bologoe, die das entlegene karelische Gebiet durchschneidet, hat die Gegend mächtig belebt: auf den Stationen entwickelte sich Handel, bot sich Absatz für die lokalen Hervorbringungen, kam das Ausziehen auf Arbeit in Schwang, und der Karelier, der zwei Jahrhunderte unbeweglich auf einem Fleck gesessen hatte, vereinigte sich mit der weiten Welt, ging aus seinem abgelegenen Winkel heraus, was in hohem Grade seinen Gesichtskreis erweiterte, aber natürlich die Bewahrung seiner rein nationalen Isoliertheit nicht förderte, sondern die letztere im Gegenteil eher, wenn nicht auf das letzte, so doch auf ein zweites Etat rückte. Wie schnell dieser Prozess der Russifizierung der Karelier vorwärtsgeht, davon konnte sich der Verfasser überzeugen, als er 1876 und 1886 einige dieser abgelegenen Dörfer der „Karelščina" besuchte. Zur Zeit des ersten Besuches war es in einigen waldigen karelischen Dörfchen schwer einen Bauern zu finden, der fliessend russisch sprechen konnte, zum Dorfältesten wurde nicht der Mann gewählt, welcher administrative Fähigkeiten zeigte, sondern der, welcher sich im Verkehr mit den Behörden und in der Kreisstadt auf russisch verständigen konnte. I. J. 1886 sprach in denselben Dörfen fast die ganze Bevölkerung russisch, und nur die alten Leute und die noch nicht schulfähigen Kinder konnten diese Sprache nicht.

Hiermit schliesse ich meine Bemerkungen über die tverischen Karelier ab. Welches die Zukunft dieses Stammes sein wird, das mag die Zeit ausweisen. Es ist wahrscheinlich, dass er mit den ihn umgebenden Russen verschmilzt und dass diese Verschmelzung sich relativ schneller vollziehen wird, als sie bisher vor sich gegangen ist. Auf alle Fälle stellen die tverischen Karelier eine interessante

Erscheinung allein schon dadurch dar, dass sie, eine Handvoll Fremdlinge, im Verlauf zweier Jahrhunderte, auf dem Wege natürlichen Wachstums an Zahl sich vergrössernd, wenig von ihren nationalen Eigentümlichkeiten eingebüsst haben. Ob dies von der Lebenskraft des finnischen Stammes zeugt oder ob die historischen Bedingungen und das kulturelle Milieu, in das sie gerieten, hierbei fördernd eingewirkt haben — dieses Milieu erhob sich nach seinem Niveau nicht über das der Ankömmlinge und konnte folglich keine grosse Einwirkung auf sie ausüben; — dies sind Fragen, auf die die heutige Kenntnis von den tverischen Kareliern keine Antwort giebt und zu deren Entscheidung schwerlich Daten zur Verfügung stehen. Aber auch in ihrem gegenwärtigen Zustand bieten die Karelier in Russland wegen ihrer Besonderheiten ein grosses Interesse dar und sind eines speziellen aufmerksamen Studiums wert.

Zarskoje Selo, Februar 1904.

D. Richter.

Beilagen

zu den „Bemerkungen über die tverischen Karelier".

Beilage I.

(Kopie.)

Verzeichnis betreffend die Karelier im Gouvernement Tver (1873).

(Die Nummern vor den Gemeindenamen beziehen sich auf die beiliegende Karte.)

Nummer der Dörfer nach der Reihenfolge.	Namen der Gemeinden und Dörfer mit karelischer Bevölkerung.	Klasse der Bauern.	Anzahl der Einwohner.			
			Karelier.		Russen.	
			Männer.	Frauen.	Männer.	Frauen.
	I. Kreis Ostaškov.					
	1. Gemeinde Ivanodvorsk.					
1	K. Puchtina Gorka	ehem. gutsherrl. B.	293	346	—	—
2	D. Teljakovo					
3	„ Šemelinka					
4	„ Ljadiny					
	Sa. im Kr. Ostaškov		293	346	—	—
			639			

Nummer der Dörfer nach der Reihenfolge.	Namen der Gemeinden und Dörfer mit karelischer Bevölkerung.	Klasse der Bauern.	Anzahl der Einwohner.			
			Karelier.		Russen.	
			Männer.	Frauen.	Männer.	Frauen.
	II. Kreis Vyšnyj Voločok.					
	3. Gemeinde Jasenoviči.					
1	D. Michajlovo	A.	80	95	—	—
	4. Gemeinde Borzynsk.					
1	D. Korostova	A.	67	66	4	4
2	„ Turlaeva	A.	46	48	—	—
	Sa.		113	114	4	4
	5. Gemeinde Zaborovo.					
1	D. Plotička	ehemalige Apanagebauern	44	56	2	6
2	„ Ščemlevo		69	65	—	2
3	„ Bronnicy		41	47	—	4
4	„ Lachnova		52	54	1	2
5	„ Podsadicha		16	27	1	1
6	„ Vlodyčna		26	36	3	5
7	„ Brylevo		42	50	—	2
8	„ Stolpnikova		17	25	—	—
9	„ Lušnicha		39	56	—	—
10	„ Žatova		40	61	—	—
11	„ Drozdova		47	67	—	—
12	„ Gorka		53	76	—	—
13	„ Zelencova		65	63	—	—
14	„ Noviny		44	57	—	—
15	„ Bogajkino		45	37	—	—
16	„ Smotrova		55	54	—	—
17	„ Petrilovo		56	68	—	—
18	„ Mežuicha		27	56	—	—
19	„ Krivcova		20	24	—	—
20	„ Stepkova		5	5	—	—
21	„ Žalec		154	174	—	—
22	„ Kuznečicha		121	139	—	—

Nummer der Dörfer nach der Reihenfolge.	Namen der Gemeinden und Dörfer mit karelischer Bevölkerung.	Klasse der Bauern.	Anzahl der Einwohner.			
			Karelier.		Russen.	
			Männer.	Frauen.	Männer.	Frauen.
23	D. Baškova	ehem. Apanagebauern	62	73	—	—
24	„ Širokova		63	83	—	—
25	„ Polickova		34	42	—	—
26	„ Tretnikova		55	59	—	—
27	„ Eskina		47	63	—	—
28	„ Pašina		44	59	—	—
29	„ Pipikova		55	59	—	—
30	„ Kolmakova		18	23	—	—
31	„ Mańkova	ehem. gutsherrliche Bauern	76	93	—	—
32	„ Bucholova		64	81	—	—
33	„ Garusova		129	140	—	—
34	„ Galkina		57	68	—	—
35	„ Větča		40	47	—	—
36	„ Širokova		87	59	—	—
37	„ Ivańkova		77	90	—	—
38	„ Ignaticha		81	104	—	—
39	„ Krutca		60	68	—	—
	Sa.		2,077	2,508	7	22
	6. Gemeinde Domoslavl.					
1	D. Peńkova	A.	17	21	10	11
	7. Gemeinde Jaščina.					
1	D. Bělavino	D.	23	31	—	—
	„ „	G.	113	152	—	—
	Sa.		136	183	—	—
	8. Gemeinde Osečenka.					
1	D. Ermolkino	A.	76	72	—	—
2	„ „	G.	34	48	—	—
2	„ Boriskovo	ehem. Apanagebauern	54	65	—	—
3	„ Glěbcovo		18	18	—	—
4	„ Lukino		34	52	—	—
5	„ Kulotino		56	87	—	—

Nummer der Dörfer nach der Reihenfolge.	Namen der Gemeinden und Dörfer mit karelischer Bevölkerung.	Klasse der Bauern.	Anzahl der Einwohner.			
			Karelier.		Russen.	
			Männer.	Frauen.	Männer.	Frauen.
6	D. Popova	ehemalige Apanagebauern	29	30	—	—
7	„ Bol. Dvor		39	42	—	—
8	„ Kozlovo		45	52	—	—
9	„ Zabunova		39	43	—	—
10	„ Gorbunova		71	98	—	—
11	„ Karabicha		63	82	—	—
12	„ Budilovo		83	107	—	—
13	„ Bol. Petrovo		80	114	—	—
14	„ Golovino		38	42	—	—
15	„ Gormy		76	97	—	—
16	„ Golovicha		17	18	—	—
17	„ Duplja		149	156	—	—
18	„ Zaboloťe		54	66	—	—
19	„ Telepnevo		64	72	—	—
20	„ Kosnovo		47	60	—	—
21	„ Olechnovo		75	100	—	—
22	„ Bibikovo		22	33	—	—
23	„ Osasovo		22	28	—	—
24	„ Ljapunicha		7	6	—	—
25	„ Fedovo		59	85	—	—
26	„ Sandilovo		50	47	—	—
27	„ Dubrovo		47	46	—	—
28	„ Korolevo		62	59	—	—
29	„ Daniľcevo		19	21	—	—
30	„ Mal. Petrovo		16	28	—	—
31	„ Vereťja		18	23	—	—
32	„ Golovkina		40	44	—	—
33	„ Oblina		54	69	—	—
34	„ Šelemicha		52	59	—	—
35	„ Toboševo		34	34	—	—
36	„ Liskovo		29	30	—	—
37	„ Pučino		20	30	—	—
38	„ Spinicha		19	17	—	—
39	„ Novišči		20	23	—	—

Nummer der Dörfer nach der Reihenfolge.	Namen der Gemeinden und Dörfer mit karelischer Bevölkerung.	Klasse der Bauern.	Anzahl der Einwohner.			
			Karelier.		Russen.	
			Männer.	Frauen.	Männer	Frauen.
40	D. Skoblevo	ehem. Apanag.-geb.	26	28	—	—
41	„ Gorbovo		34	44	—	—
42	„ Naumkovo	ehem. gutsh. Bauern	41	48	—	—
43	„ Trubačicha		10	10	—	—
44	„ Kurovo		90	96	—	—
45	„ Cibuľskaja Gorka		90	114	—	—
46	„ Voronicha		4	8	—	—
	Sa.		2,126	2,456	—	—
	9. Gemeinde Ovsiščensk.					
1	D. Bogatovo	A.	22	28	—	—
2	„ Jurkino	A.	24	22	—	—
3	„ Počinok	G.	108	128	—	—
4	„ Směnovo	G.	54	68	—	—
	Sa.		208	246	—	—
	14. Gemeinde Stolopovo.	ehem. gutsh. B.				
1	D. Ermolino		137	206	5	7
2	„ Gorškova		47	59	—	—
3	„ Krasneńkaja		53	77	—	—
4	„ Zmievo		42	66	—	—
	Sa.		279	408	5	7
	15. Gemeinde Raevskaja.	ehemalige Domänenbauern				
1	D. Gorodok		24	34	14	19
2	„ Zasěki		101	135	5	8
3	K. Raevskoe		109	144	—	—
4	D. Filizej		53	58	—	—
5	„ Kuničicha		118	157	—	—
6	„ Najdenicha		103	110	—	—
7	„ Chméleva		62	66	—	—
8	„ Andrjunicha		26	21	—	—

Nummer der Dörfer nach der Reihenfolge.	Namen der Gemeinden und Dörfer mit karelischer Bevölkerung.	Klasse der Bauern.	Anzahl der Einwohner.			
			Karelier.		Russen.	
			Männer.	Frauen.	Männer.	Frauen.
9	D. Poréchovo	ehemalige gutsherrliche Bauern	92	124	—	—
10	„ Alfericha		41	59	—	—
11	„ Ostašicha		36	47	—	—
12	„ Bachareva		34	58	—	—
13	„ Andrejanicha		78	99	—	—
14	„ Fomina		26	22	—	—
15	„ Zogorodе		121	157	—	—
16	„ Paulina		118	172	—	—
17	„ Gormy		20	30	—	—
18	„ Perevěs		95	99	—	—
19	„ Podmeľničaja		5	5	—	—
20	„ Brody		7	12	—	—
21	„ Minki		12	18	—	—
22	„ Malinicha		30	36	—	—
	Sa.		1,318	1,658	19	22
	16. Gemeinde Luginínsk.					
1	D. Klabuki	D.	22	21	—	—
2	„ Ostrye Luki	D.	117	135	—	—
3	„ Danilkovo	ehem. gutsh. B.	69	61	—	—
4	„ Grjaznovec		87	103	—	—
5	„ Ovinniki		72	78	—	—
6	„ Tarasova		140	141	—	—
	Sa.		507	534	—	—
	17. Gemeinde Kozlovo.					
1	D. Bogdanicha	D.	41	40	—	—
	„ „	G.	23	24	—	—
2	D. Ereměevka	A.	13	15	—	—
	„ „	G.	16	21	—	—
3	D. Mal. Nivica	A.	13	18	—	—
	„ „	G.	24	26	—	—

Nummer der Dörfer nach der Reihenfolge.	Namen der Gemeinden und Dörfer mit karelischer Bevölkerung.	Klasse der Bauern.	Anzahl der Einwohner.			
			Karelier.		Russen.	
			Männer.	Frauen.	Männer.	Frauen.
4	D. Gorochovo	A.	56	63	—	—
	„ „	G.	13	13	—	—
5	K. Nazarovo	ehem. Apanagebauern	87	108	—	—
6	D. Kutuzovo		27	30	—	—
7	„ Meledicha		36	43	—	—
8	„ Oržanaja		77	98	—	—
9	„ Osośe		124	131	—	—
10	„ Prudova		75	77	—	—
11	„ Ležnja	A.	40	44	—	—
	„ „	G.	6	7	—	—
12	„ Bol. Nivica	A.	101	114	—	—
13	„ Dvojka	A.	31	31	—	—
14	„ Nestericha	A.	44	40	—	—
	„ „	G.	15	16	—	—
15	„ Beregovaja	A.	17	20	—	—
16	„ Tichmenevo	A.	49	48	—	—
17	„ Ploskaja	ehemalige gutsherrliche Bauern	262	292	—	—
18	„ Ovsjaniki		79	90	—	—
19	„ Pasynki		101	123	—	—
20	„ Gorka		88	94	—	—
21	„ Morozovka		59	67	—	—
22	„ Zacharovo		91	106	—	—
23	„ Dvorišči		92	105	—	—
24	„ Kody		102	111	—	—
25	„ Mal. Kozlovo		156	192	—	—
26	„ Kočki		56	75	—	—
27	K. Kozlovo		71	73	—	—
28	D. Vinža		91	98	—	—
29	„ Jamnaja		61	82	—	—
30	„ Berezaj		67	78	—	—
31	„ Lindina		112	108	—	—
32	„ Mal. Ploskaja		15	14	—	—
	Sa.		2,431	2,735	—	—

Nummer der Dör-	Namen der Gemeinden und Dörfer mit karelischer Bevölkerung.	Klasse der Bauern.	Anzahl der Einwohner.			
			Karelier.		Russen.	
			Männer.	Frauen.	Männer.	Frauen.
	18. Gemeinde Nikulino.					
	D. Berezovka	ehem. Domänenbauern	109	122	—	—
	„ Sosnovka		108	121	—	—
	„ Gorka		81	99	—	—
	„ Denežnoe		52	55	—	—
	„ Lisicino		155	174	—	—
	„ Vorob'evo		92	119	—	—
	K. Erzovka	ehem. Ap.-B.	72	76	—	—
	D. Spasokliňe		75	101	—	—
	„ Andrjukovo		81	92	—	—
	„ Jabloňka		84	88	—	—
	„ Kudeneva		37	40	—	—
	„ Lomovaja		69	75	—	—
	„ Zadnee		18	29	—	—
	„ Gorka		45	30	—	—
	„ Krapivnja		27	30	—	—
	„ Krapivka	ehemalige gutsherrliche Bauern	37	40	—	—
	„ Borka		27	30	—	—
	„ Nikulino		288	293	—	—
	„ Timoškino		94	105	—	—
	„ Gorodok		184	202	—	—
	„ Panicha		13	18	—	—
	„ Derbuž'e		65	91	—	—
	„ Paljuž'e		61	65	—	—
	„ Chlestovo		51	75	—	—
	„ Mařino		63	55	—	—
	„ Novyj Stan		39	40	—	—
	„ Komoědicha		54	55	—	—
	„ Stan		78	91	—	—
	„ Pjantelicha		35	47	—	—
	„ Šulgino		53	54	—	—
	„ Pavlova		103	107	—	—
	„ Bodrišča		47	56	—	—

Nummer der Dörfer nach der Reihenfolge.	Namen der Gemeinden und Dörfer mit karelischer Bevölkerung.	Klasse der Bauern.	Anzahl der Einwohner. Karelier. Männer.	Anzahl der Einwohner. Karelier. Frauen.	Anzahl der Einwohner. Russen. Männer.	Anzahl der Einwohner. Russen. Frauen.
33	D. Gnězdovo	ehem. gutsh. Bauern	156	160	—	—
34	„ Větčino		141	150	—	—
35	„ Trofimnovo		68	64	+	—
36	„ Gavrilkovo.		56	54	—	—
	Sa.		2,818	3,113	—	—
	Sa. im Kr. V.-Voločok		12,005	13,966	45	66
			25,971		111	
	III. Kreis Novotoržok.					
	19. Gemeinde Dor.					
1	D. Mal. Ploskoe	ehemalige Apanagebauern	68	81	—	—
2	„ Eršicha		33	32	—	—
3	„ Zachařina		90	92	—	—
4	„ Pokrovka		40	40	-	—
5	„ Rogozka		22	29	—	—
6	„ Sutoki		30	38	—	—
7	„ Kuročkina		43	49	—	—
8	„ Dubicha		35	44	—	—
9	„ Glybicha		22	20	—	—
10	„ Isačicha		25	30	—	—
11	„ Dernovo		46	58	—	—
12	„ Selišči		35	40	—	—
13	„ Vysokuša		95	110	—	—
14	„ Obuchovo		75	75	—	—
15	„ Steškovo		90	86	—	—
16	„ Volchovo		98	92	—	—
17	„ Birjučeva		129	144	—	—
18	„ Novgorodki		69	68	—	—
19	„ Alufeřeva		112	127	—	—
20	„ Lomki		71	79	—	—
21	„ Zeneva		16	19	—	—
22	„ Gajnova		106	129	—	—

Nummer der Dörfer	Namen der Gemeinden und Dörfer mit karelischer Bevölkerung.	Klasse der Bauern	Anzahl der Einwohner.			
			Karelier.		Russen.	
			Männer.	Frauen.	Männer.	Frauen.
	K. Seleznicha	ehemalige Apanagebauern	97	76	—	—
	D. Antipovo		20	22	—	—
	„ Konopljanka		12	20	—	—
	„ Chmělevka		33	44	—	—
	„ Stepanovka		17	28	—	—
	„ Dańnicy		16	17	—	—
	„ Karpovo		17	10	—	—
	„ Leontevo		13	14	—	—
	„ Prudy		26	37	—	—
	„ Baranicha		12	24	—	—
	„ Sokolovo		37	45	—	—
	„ Barchaticha		43	42	—	—
	„ Nekrasicha		65	74	—	—
	„ Kalašnikovo		30	31	—	—
	„ Buchalovo		113	129	—	—
	„ Fominovo		46	53	—	—
	„ Puryševo		71	74	—	—
	K. Ploskoe		248	288	—	—
	D. Krapivka		52	57	—	—
	„ Treščetina		46	64	—	—
	„ Boltucha		46	41	—	—
	„ Ancyferovo		93	121	—	—
	„ Kozlovka		39	36	—	—
	„ Kamenka		31	34	—	—
	„ Gutta		38	41	—	—
	„ Ovinnaja		34	51	—	—
	„ Komlevo		24	31	—	—
	„ Žitnaja		16	19	—	—
	„ Suchaja Niva		38	56	—	—
	„ Nigerevo		39	43	—	—
	„ Vysočki		37	48	—	—
	K. Michajlova Gora	A.	14	18	—	—
	„ „ „	G.	66	76	—	—

Nummer der Dörfer nach der Reihenfolge.	Namen der Gemeinden und Dörfer mit karelischer Bevölkerung.	Klasse der Bauern.	Anzahl der Einwohner.			
			Karelier.		Russen.	
			Männer.	Frauen.	Männer.	Frauen.
55	D. Žerechova	ehem. gutsh. Bauern	76	87	—	—
56	„ Tereškina		79	82	—	—
57	„ Novaja Mařina		19	19	—	—
58	„ Zatulka		26	42	—	—
59	„ Timoškina		48	68	—	—
60	„ Nikiforicha		30	47	—	—
	Sa.		3,157	3,641	—	—
	21. Gemeinde Prudy.					
1	D. Ostaškovo	ehem. gutsh. Bauern	118	121	—	—
2	K. Kava		95	98	—	—
3	D. Krotusovo		17	23	—	—
4	„ Zvjagina		85	79	—	—
5	„ Bronina		5	7	—	—
6	„ Telicyna		48	53	—	—
7	„ Potoročkino		2	4	—	—
8	„ Kuzovina		58	66	—	—
9	„ Zatulki		22	24	—	—
	Sa.		450	475	—	—
	22. Gemeinde Kuzovina.					
1	D. Kuzovina	ehemalige Apanagebauern	31	30	—	—
2	„ Zacharovo		45	55	—	—
3	„ Luškovo		71	79	—	—
4	„ Domantovo		64	66	—	—
5	„ Osipkova		22	19	—	—
6	„ Čaškovo		62	71	—	—
7	„ Bočka		12	18	—	—
8	„ Ivašicha		34	22	5	10
9	„ Volosovo		15	10	3	5
10	„ Lišja Gora		43	40	—	2
11	„ Pekša		25	32	—	—
12	„ Lichovidovo		25	17	—	2
13	„ Mudrovo		75	61	4	12

Nummer der Dör-	Namen der Gemeinden und Dörfer mit karelischer Bevölkerung.	Klasse der Bauern.	Anzahl der Einwohner.			
			Karelier.		Russen.	
			Männer.	Frauen.	Männer.	Frauen.
4	D. Iovka	ehemalige Apanagebauern	21	25	—	—
5	„ Danilcevo		12	11	—	—
6	„ Lukino		46	56	—	—
7	„ Poddub'e		22	21	—	—
[illegible]	„ Krasnica		45	46	—	—
[illegible]	„ Kalejkino		65	69	1	1
[illegible]	„ Bronino		65	83	—	—
[illegible]	„ Starčicha		8	9	—	—
[illegible]	„ Zoloticha		35	23	—	—
[illegible]	„ Ladonicha		23	29	—	—
[illegible]	„ Salnica		45	36	—	—
[illegible]	„ Klypicha		65	64	—	1
[illegible]	„ Kagruški		28	37	—	—
[illegible]	„ Ivanceva		26	27	—	—
[illegible]	„ Nazarova		33	33	—	—
[illegible]	„ Goroškina		7	8	—	—
[illegible]	„ Kopustina		35	38	—	—
[illegible]	„ Sosnovicy	ehemalige gutsherrliche Bauern	107	105	2	2
[illegible]	„ Osipkovo		5	9	—	—
[illegible]	„ Stopki		45	44	—	1
[illegible]	„ Sorokino		40	38	—	2
[illegible]	„ Kuzovina		43	63	—	—
[illegible]	„ Lokotcy		72	79	—	—
[illegible]	„ Bočka		13	6	—	—
[illegible]	„ Lazareva		57	59	—	—
[illegible]	„ Vasicha		97	93	—	—
[illegible]	„ Vinokola		104	120	—	3
[illegible]	„ Staraja Korelskaja		—	1	62	57
[illegible]	„ Čelnovka		30	31	—	—
[illegible]	„ Krotusova		10	9	—	1
[illegible]	„ Kava		8	8	—	1
[illegible]	„ Zvjagina		38	50	—	—
[illegible]	„ Pievo		42	60	—	—
[illegible]	„ Danilcevo		15	13	—	—

Nummer der Dörfer nach der Reihenfolge.	Namen der Gemeinden und Dörfer mit karelischer Bevölkerung.	Klasse der Bauern.	Anzahl der Einwohner.			
			Karelier.		Russen.	
			Männer.	Frauen.	Männer.	Frauen.
48	D. Teleščino	ehemalige gutsh. Bauern	7	7	—	—
49	„ Sobakino		46	49	5	6
50	„ Potoročkina		36	50	1	—
51	„ Storčicha		78	85	3	7
52	„ Zoloticha		64	73	2	1
53	„ Griškina		35	40	5	3
54	„ Potkino		21	26	—	—
55	„ Voronicha		50	45	9	6
56	„ Kunilovo		28	31	—	—
	Sa.		2,191	2,319	102	123
	Sa. im Kr. Novotoržok		5,798	6,435	102	123
			12,233		225	
	IV. Kreis Bězeck.					
	23. Gemeinde Mikšino.					
1	K. Mikšino	ehemalige Domänenbauern	240	245	14	13
2	D. Zabolofe		18	18	—	—
3	„ Sošniki		101	113	—	—
4	„ Lugi		54	51	—	—
5	„ Bab'e		72	63	—	—
6	„ Ryčkovo		75	93	—	—
7	„ Charitonicha		48	38	—	—
8	„ Prjadčicha		56	61	—	—
9	„ Kolodova		33	46	—	—
10	K. Zalazino	ehem. gutsh. B.	169	199	13	38
11	D. Vasilevo		10	20	—	—
12	„ Alešinka		15	21	—	—
13	„ Volchovo		163	236	—	—
14	„ Anankina		140	158	—	—
15	„ Matvějkovo	ehem. Apanageb.	17	12	—	—
16	„ Zabolofe		41	48	—	—
17	„ Sěnnoe		25	43	—	—
18	„ Kuźmicha		132	142	—	—

Nummer der Dör-	Namen der Gemeinden und Dörfer mit karelischer Bevölkerung.	Klasse der Bauern.	Anzahl der Einwohner.			
			Karelier.		Russen.	
			Männer.	Frauen.	Männer.	Frauen.
	D. Gorka	ehem. Apanageb.	86	100	—	—
	„ Komoricha		21	27	—	—
	„ Lukovniki		83	74	—	—
	„ Rĕpnaja		34	39	—	—
	„ Alešina (Panovka)		84	98	—	—
	„ Gurilicha		31	57	—	—
	Sa.		1,754	2,002	27	51
	24. Gemeinde Tolmači.					
	K. Tolmači	ehemalige Apanagebauern	142	188	—	—
	D. Dubnicha		59	68	—	—
	„ Vasiľki		112	109	—	—
	„ Mjamlino		26	29	—	—
	„ Kozlovo		43	48	—	—
	„ Klimovo		54	52	—	—
	„ Pavlovo		108	126	—	—
	„ Miteckoe		142	143	—	—
	„ Šejnovo		98	80	—	—
	„ Machany		34	40	—	—
	„ Paľcevo		28	30	—	—
	„ Zmievo		145	157	—	—
	„ Voskresenskoe		167	203	—	—
	„ Rajki		68	102	—	—
	„ Zabolоťe		127	136	—	—
	„ Kolmodvorki		127	146	—	—
	„ Dolganovo		102	119	—	—
	„ Vĕtča		46	67	—	—
	„ Novinka		39	42	—	—
	„ Jazvicha		42	53	—	—
	„ Vysokoe		60	80	—	—
	„ Luchnovo		117	125	—	—
	„ Berezovka		21	24	—	—
	K. Ostaškovo	ehem.	126	134	—	—
	D. Bor	g.	121	132	—	—

Nummer der Dörfer nach der Reihenfolge.	Namen der Gemeinden und Dörfer mit karelischer Bevölkerung.	Klasse der Bauern.	Anzahl der Einwohner.			
			Karelier.		Russen.	
			Männer.	Frauen.	Männer.	Frauen.
26	D. Markovo	ehem. g. B.	65	68	—	—
27	„ Černjaeva	ehem. g. B.	26	30	—	—
28	„ Varnicy	ehem. g. B.	7	8	—	—
	Sa.		2,252	2,539	—	—
	25. Gemeinde Trestna.					
1	D. Rameški	ehemalige Apanagebauern	79	62	—	—
2	K. Vorotilovo	ehemalige Apanagebauern	42	34	—	—
3	D. Volokovo	ehemalige Apanagebauern	54	54	—	—
4	„ Žitnikovo	ehemalige Apanagebauern	54	59	—	—
5	„ Ivańkovo	ehemalige Apanagebauern	58	60	—	—
6	„ Jačmennikovo	ehemalige Apanagebauern	62	68	—	—
7	„ Podoly	ehemalige Apanagebauern	41	48	—	—
8	„ Žislina	ehemalige Apanagebauern	109	92	—	—
9	„ Starovo	ehemalige Apanagebauern	69	74	—	—
10	„ Pesogory	ehemalige Apanagebauern	14	15	—	—
11	K. Trestna	ehemalige gutsherrliche Bauern	106	125	—	—
12	D. Kalikino	ehemalige gutsherrliche Bauern	49	54	—	—
13	„ Klevcova	ehemalige gutsherrliche Bauern	52	61	—	—
14	„ Velikoe Selo	ehemalige gutsherrliche Bauern	70	67	—	—
15	„ Vyška	ehemalige gutsherrliche Bauern	115	100	—	—
16	„ Prudovo	ehemalige gutsherrliche Bauern	257	307	—	—
17	„ Novoe Kalikino	ehemalige gutsherrliche Bauern	81	86	—	—
18	„ Kurgany	ehemalige gutsherrliche Bauern	103	125	—	—
19	K. Zaručeve	ehemalige gutsherrliche Bauern	97	130	—	—
20	D. Rameńe	ehemalige gutsherrliche Bauern	128	141	—	—
21	„ Bačmanovo	ehemalige gutsherrliche Bauern	48	51	—	—
22	„ Dolgovo	ehemalige gutsherrliche Bauern	87	81	—	—
23	„ Pesogory	ehemalige gutsherrliche Bauern	40	30	—	—
	Sa.		1,715	1,824	—	—

Nummer der Dörfer nach der Rei[he]	Namen der Gemeinden und Dörfer mit karelischer Bevölkerung.	Klasse der Bauern.	Anzahl der Einwohner.			
			Karelier.		Russen.	
			Männer.	Frauen.	Männer.	Frauen.
	26. Gemeinde Rybinsk.					
1	D. Choborščina	Dom.-B.	44	51	13	16
2	„ Uljanova Gorka	Dom.-B.	38	33	3	13
3	„ Borki	Dom.-B.	61	30	27	53
	Sa.		143	114	43	82
	26. a. Gemeinde Kostreck [1].					
1	D. Zaruč'e	ehem. gutsherrliche Bauern	160	148	—	—
2	„ Ferezna	ehem. gutsherrliche Bauern	105	100	—	—
3	„ Mafki	ehem. gutsherrliche Bauern	80	86	—	—
4	„ Krasucha	ehem. gutsherrliche Bauern	28	27	—	—
5	„ Bělaja	ehem. gutsherrliche Bauern	20	18	—	—
6	„ Bykovka	ehem. gutsherrliche Bauern	43	45	—	—
7	„ Skirka	ehem. gutsherrliche Bauern	97	102	—	—
8	„ Kulakovo	ehem. gutsherrliche Bauern	35	34	—	—
9	„ Stranina Gora	ehem. Apanageb.	110	119	—	—
10	„ Ivankovo	ehem. Apanageb.	10	8	—	—
11	„ Zdviženе	ehem. Apanageb.	115	112	—	—
12	„ Goristaja	ehem. Apanageb.	4	3	—	—
	Sa.		758	752	—	—
	27. Gemeinde Zaručje.					
1	D. Zaruč'e	ehem. Domänenbauern	87	112	—	—
2	„ Vorob'evo	ehem. Domänenbauern	22	21	10	6
3	„ Kulakovo	ehem. Domänenbauern	23	40	—	—
4	„ Narěchovo	ehem. Domänenbauern	48	59	—	—
5	„ Goračevo	ehem. Domänenbauern	66	83	—	—
6	„ Blagověščeńe	ehem. Domänenbauern	79	96	—	—
7	„ Afim'janovo	ehem. Domänenbauern	69	64	—	—
8	„ Dubišče	ehem. Domänenbauern	79	98	—	—

[1] Jetzt mit der Gemeinde Rybinsk vereinigt.

Nummer der Dörfer nach der Reihenfolge.	Namen der Gemeinden und Dörfer mit karelischer Bevölkerung.	Klasse der Bauern.	Anzahl der Einwohner			
			Karelier.		Russen.	
			Männer.	Frauen.	Männer.	Frauen.
9	D. Gummoly	ehemalige Domänenbauern	5	6	81	85
10	„ Rajdy		135	115	—	—
11	„ Ostašicha		73	79	—	—
12	„ Kožino		158	183	—	—
13	„ Remčino		78	96	—	—
14	K. Dymcevo		48	54	—	—
15	D. Byki		153	200	—	—
16	„ Lebedovo		37	57	—	—
17	„ Gorškovo		115	141	—	—
18	„ Stykovo		46	44	—	—
19	„ Bludnicy		223	266	—	—
20	„ Žitniki		133	143	—	—
21	„ Mokšicy		81	86	—	—
22	K. Sel'cy		208	217	—	—
23	D. Skornevo		98	124	—	—
24	„ Ščetina		16	21	—	—
25	„ Berezovka		74	87	—	—
26	„ Atmež'		36	40	—	—
27	„ Afonasova		13	17	4	3
28	„ Nikolicha		6	8	—	—
	Sa.		2,209	2,557	95	94
	28. Gemeinde Filippkovka.					
1	D. Kutali	ehem. Domänenbauern	106	108	—	—
2	„ Slotino		39	45	—	—
3	„ Sel'co		28	29	—	—
4	„ Zakrupe		106	111	—	—
5	„ Čubarovo		44	34	—	—
6	„ Mal. Zabolof'e		25	23	—	—
7	„ Gusorevo		113	106	—	—
8	„ Glušichino		69	74	—	—
9	„ Bol. Kamenka		79	71	—	—
10	„ Bol. Bor		70	78	—	—

Nummer der Dörfer	Namen der Gemeinden und Dörfer mit karelischer Bevölkerung.	Klasse der Bauern.	Anzahl der Einwohner.			
			Karelier.		Russen.	
			Männer.	Frauen.	Männer.	Frauen.
	D. Mal. Bor	ehemalige Domänenbauern	53	56	—	—
	„ Čircovo		34	43	—	—
	„ Nivišči		35	33	—	—
	„ Nikiforcovo		80	88	—	—
	„ Romačevo		58	50	—	—
	„ Michailova Gora		196	219	—	—
	„ Mal. Kamenka		84	106	—	—
	„ Saľnikovo		22	37	—	—
	„ Rameňe		158	155	—	—
	„ Michalicha		86	87	—	—
	„ Krupskoe		62	61	—	—
	„ Kulikino		69	75	—	—
	„ Besěda		51	51	—	—
	„ Kladovo		43	44	—	—
	„ Filipicha		26	29	—	—
	„ Pesticha		30	29	—	—
	„ Staraja Podgorodka		78	74	—	—
	„ Rublevo		9	14	—	—
	„ Kostjušino		27	29	—	—
	„ Voronicha		1	2	—	—
	„ Kučeli		69	72	—	—
	„ Kablukovo		80	83	—	—
	„ Andreevskoe		82	99	—	—
	„ Barmino		37	40	—	—
	„ Zbulovo		82	96	—	—
	„ Aksiňino		60	69	—	—
	„ Korelovo		45	49	—	—
	„ Urvichino		68	68	—	—
	„ Solomerovo		64	48	—	—
	„ Veľjadovo		42	54	—	—
	„ Vozgrevo		47	46	—	—
	„ Davydcevo		25	31	—	—
	„ Vaškovo		50	36	—	—
	„ Krutec		77	91	—	—

Nummer der Dörfer nach der Reihenfolge.	Namen der Gemeinden und Dörfer mit karelischer Bevölkerung.	Klasse der Bauern.	Anzahl der Einwohner.			
			Karelier.		Russen.	
			Männer.	Frauen.	Männer.	Frauen.
45	D. Ievskoe	ehemalige Domänenbauern	46	37	—	—
46	„ Smenovo		31	30	—	—
47	„ Staraja Fetjukovo		32	33	—	—
48	„ Jagrelovo		82	77	—	—
49	„ Borkino		65	62	—	—
50	„ Ikornikovo		50	61	—	—
51	„ Filippkovo		127	136	—	—
52	„ Jurkino		29	35	—	—
53	„ Lukino		41	51	—	—
54	„ Markovo		51	38	—	—
55	„ Panicha		15	21	—	—
56	„ Rěčka		46	49	—	—
	Sa.		3,324	3,473	—	—
	29. Gemeinde Morkinogorsk.					
1	D. Ključevaja	G.	141	165	—	2
2	„ Danilkova	G.	51	62	—	—
3	„ Borovaja	A.	27	36	—	—
	Sa.		219	263	—	2
	30. Gemeinde Zakliňe.					
1	D. Počinovo	ehemalige gutsherrliche Bauern	33	37	3	2
2	„ Vlasicha		43	49	11	16
3	„ Perepěčkino		36	40	9	11
4	K. Aleksěevskoe		111	113	—	—
5	D. Zaruč'e		78	86	—	—
6	„ Ivańkovo		169	172	—	—
7	„ Ljadiny		70	69	9	13
8	„ Isačicha		39	45	5	6
9	„ Vilovo		77	90	8	11
10	„ Safonovo		24	26	2	1
11	„ Pletenicha		28	21	9	8
12	„ Starovo		93	91	3	1

Nummer der Dör-	Namen der Gemeinden und Dörfer mit karelischer Bevölkerung.	Klasse der Bauern.	Anzahl der Einwohner.			
			Karelier.		Russen.	
			Männer.	Frauen.	Männer.	Frauen.
	K. Dievo	ehem. gutsh. B.	85	87	13	12
	D. Eršicha		68	57	—	—
	„ Černogrjaže		84	100	16	13
	„ Stolniki		21	24	—	—
	„ Kukuj		89	93	—	—
	„ Roždestvo		91	79	8	11
	„ Semjažino	D.	39	38	—	—
	Sa.		1,278	1,307	108	105
	31. Gemeinde Seliščе.	ehem. Domänenbauern				
	D. Prudova		36	38	—	—
	„ Alfimkovo		20	14	—	—
	„ Novoe		65	65	—	—
	„ Kolodova		22	22	—	—
	„ Maščenova		117	145	—	—
	„ Loščino		140	186	16	16
	„ Palcova		39	42	11	14
	„ Kuznecova	ehemalige gutsherrliche Bauern	36	36	—	—
	„ Prislony		91	113	—	—
	„ Šuja		85	92	—	—
	„ Bakšina		135	146	—	—
	„ Korostelevo		100	117	—	—
	„ Nečaevo		75	90	9	10
	„ Bykovo		28	25	28	24
	„ Sokolova		30	41	12	22
	„ Ošvino		22	29	27	33
	„ Prudova		51	46	—	—
	„ Alchimkovo		14	20	—	—
	„ Svjatovo		63	77	—	—
	„ Dmitrovka		21	20	3	5
	Sa.		1,190	1,364	102	124

Nummer der Dörfer nach der Reihenfolge.	Namen der Gemeinden und Dörfer mit karelischer Bevölkerung.	Klasse der Bauern.	Anzahl der Einwohner.			
			Karelier.		Russen.	
			Männer.	Frauen.	Männer.	Frauen
	32. Gemeinde Zamyťe.					
1	K. Nikoľskoe	ehemalige gutsherrliche Bauern	102	115	—	—
2	D. Pučeva		121	154	—	—
3	„ Konstantinovo		175	199	—	—
4	„ Pogorěľcevo		100	150	—	—
5	„ Syrkova		60	70	—	—
6	„ Jazvicy		45	52	—	—
7	„ Grigorovo		67	96	—	—
8	„ Šelomica		99	120	—	—
9	„ Filicha		72	93	—	—
10	„ Iľino		151	167	—	—
11	„ Slobodicha		71	92	—	—
12	„ Denisova		128	173	—	—
13	K. Mochnecy		78	79	—	—
14	D. Mošnicy		62	75	—	—
15	„ Muchrěevo		85	84	—	—
16	„ Emeľjancevo		44	55	—	—
17	„ Ozereckaja		46	65	—	—
18	„ Rameni		52	81	25	36
	„ „	D.	8	11	—	—
	Sa.		1,566	1,881	25	36
	33. Gemeinde Zastolbsk.					
1	D. Kopticha	ehem. gutsh. B.	80	93	—	—
2	„ Baskaki		111	113	—	—
3	„ Dilanova		18	13	1	1
4	„ Želězovo		37	36	—	—
	Sa.		266	269	1	1

Nummer der Dör-	Namen der Gemeinden und Dörfer mit karelischer Bevölkerung.	Klasse der Bauern.	Anzahl der Einwohner.			
			Karelier.		Russen.	
			Männer.	Frauen.	Männer.	Frauen.
	34. Gemeinde Alešina.	ehemalige Apanagebauern				
	D. Alešinka		139	184	—	1
	„ Bol. Gorka		59	61	—	1
	„ Lavrovo		147	160	—	—
	„ Vasiľki		45	46	—	—
	„ Panicha		40	50	—	—
	„ Želězovo		75	108	—	1
	„ Zaruč'e		70	86	—	1
	„ Markovo		25	30	—	—
	„ Berezok		24	22	—	—
	„ Čubaricha		87	122	—	—
	„ Peregorodka		104	110	2	3
	„ Kuŕjanova		77	69	—	—
	„ Ustjugi		150	187	—	4
	„ Merluga		37	30	—	—
	„ Kresty		76	74	—	—
	„ Vorochobino		45	35	—	2
	„ Zalěše		68	63	—	—
	„ Prudicha		30	33	—	—
	„ Běľkino		41	39	—	—
	„ Mal. Gorka		103	109	—	—
	„ Muževo		34	27	—	—
	„ Vasiľev Dvor		30	28	—	—
	„ Dor		20	24	14	16
	„ Staroverchové		40	52	—	—
	„ Zubcovo		104	106	—	—
	„ Srednjaja		46	62	—	—
	„ Msty		31	28	—	—
	„ Desjatiľniki		41	51	2	3
	„ Alchimkovo		35	38	1	2
	Sa.		1,813	2,034	19	34

Nummer der Dörfer nach der Reihenfolge.	Namen der Gemeinden und Dörfer mit karelischer Bevölkerung.	Klasse der Bauern.	Anzahl der Einwohner.			
			Karelier.		Russen.	
			Männer.	Frauen.	Männer.	Frauen.
	35. Gemeinde Il'goščino.					
1	D. Storoponzovy	A.	64	82	—	—
2	„ Turcevo	A.	31	40	—	—
	Sa.		95	122	—	—
	36. Gemeinde Ivanovkoe.					
1	D. Zevlevo	A.	52	47	—	—
2	„ Porěč'e	A.	29	41	—	—
3	„ Manuškina	A.	20	16	—	—
	Sa.		101	104	—	—
	37. Gemeinde Raduchovo.					
1	D. Žukovskaja	A.	25	27	—	—
	38. Gemeinde Běljanicy.					
1	D. Ostaškovo	G.	87	85	—	2
2	„ Jurkino	G.	79	85	2	2
3	„ Zadoŕe	G.	78	83	1	1
4	„ Gorka	A.	17	16	14	15
	Sa.		261	269	17	20
	39. Gemeinde Bokarevo.					
1	D. Muraťevo	ehemalige Apanagebauern	30	35	—	—
2	„ Bajkova		50	56	—	—
3	„ Klišatino		28	27	3	4
4	„ Gremjačicha		16	20	3	2
5	„ Gorbovec		38	37	—	—
6	„ Berežki		41	44	—	—
7	„ Terechovo		28	30	—	—
8	„ Akinicha		31	31	—	—
9	„ Počep		22	22	2	2

Nummer der Dör-	Namen der Gemeinden und Dörfer mit karelischer Bevölkerung.	Klasse der Bauern.	Anzahl der Einwohner.			
			Karelier.		Russen.	
			Männer.	Frauen.	Männer.	Frauen.
	D. Šeino	ehem. Ap.-B.	12	9	—	—
	„ Duškovo		36	43	—	—
	„ Petrjajcevo		32	40	—	—
	„ Kalinicha		33	37	—	—
	Sa.		387	431	8	8
	40. Gemeinde Mogoč.					
	D. Mogoč	G.	116	104	—	—
	„ Dor	G.	81	103	—	—
	Sa.		197	207	—	—
	41. Gemeinde Jakovlevskoe.					
	D. Vjazigina	G.	23	26	—	—
	42. Gemeinde Aleškovskoe.					
	D. Koreľskij Gorodok	ehem. gutsherrl. Bauern	153	146	—	—
	„ Siňkova		72	88	—	—
	„ Šuľgino		58	76	—	—
	„ Lěsenka		36	42	—	—
	„ Loginova		31	41	—	—
	„ Bělevo		54	61	—	—
	„ Rameška		41	68	—	—
	„ Kožuchovo		20	30	—	—
	Sa.		465	552	—	—
	Sa. im Kr. Běžeck		20,040	22,117	445	573
			42,157		1,018	

Nummer der Dörfer nach der Reihenfolge.	Namen der Gemeinden und Dörfer mit karelischen Bevölkerung.	Klasse der Bauern.	Anzahl der Einwohner.			
			Karelier.		Russen.	
			Männer.	Frauen.	Männer	Frauen.
	V. Kreis Vešegonsk.					
	43. Gemeinde Čistinsk.					
1	D. Volchovic	ehem. Apanageb.	128	145	—	—
2	„ Jufeva	ehem. Apanageb.	70	92	—	—
3	„ Vysočki	ehem. Apanageb.	24	28	—	—
4	„ Mikšeevo	ehem. Apanageb.	93	103	—	—
	Sa.		323	368	—	—
	44. Gemeinde Topalka.					
1	D. Ivańkovo	D.	72	105	—	—
2	„ Vjazovka	D.	17	25	—	—
3	„ Kosjačicha	ehemalige Apanagebauern	80	115	—	—
4	„ Bol. Bor	ehemalige Apanagebauern	50	90	—	—
5	„ Mal. Bor	ehemalige Apanagebauern	12	16	—	—
6	„ Baticha	ehemalige Apanagebauern	110	162	—	—
7	„ Rěšeticha	ehemalige Apanagebauern	59	70	—	—
8	„ Zaluž'e	ehemalige Apanagebauern	40	63	—	—
9	„ Lunevo	ehemalige Apanagebauern	38	54	—	—
10	„ Gorka	ehemalige Apanagebauern	65	82	—	—
11	K. Požoře	G.	86	99	—	—
12	„ Gorškovo	G.	33	49	—	—
13	„ Topalka	G.	119	147	—	—
	Sa.		781	1,077	—	—
	45. Gemeinde Lopatino.					
1	D. Mortyševa	ehem. Domänenb.	82	86	—	—
2	„ Lopaticha	ehem. Domänenb.	75	73	—	—
3	„ Vysočka	ehem. Domänenb.	21	24	—	—
4	„ Sviščeva	ehem. Domänenb.	114	123	—	—
5	„ Lukino	ehem. Domänenb.	102	111	—	—
6	„ Pustaja	ehem. Domänenb.	29	32	—	—

Nummer der Dör-	Namen der Gemeinden und Dörfer mit karelischer Bevölkerung.	Klasse der Bauern.	Anzahl der Einwohner.			
			Karelier.		Russen.	
			Männer.	Frauen.	Männer.	Frauen.
	D. Gorodok	ehem. Domänenb.	106	113	—	—
	„ Spirovo		118	127	—	—
	„ Sunduki		80	85	—	—
	„ Zabolońe		98	102	—	—
	„ Vološino		74	79	—	—
	„ Demidicha		42	47	—	—
	„ Kedrovo		75	80	—	—
	Sa.		1,016	1,082	—	—
	46. Gemeinde Lukino.					
	D. Perfiľeva	D.	135	162	4	8
	„ Grigorcevo	G.	83	97	3	3
	Sa.		218	259	7	11
	47. Gemeinde Ščerbovo.					
	D. Nikitino	ehem. Apanagebauern	115	162	—	—
	„ Dremučevo		50	55	—	—
	„ Blagověščeńe		54	74	—	—
	„ Tšichovo		58	89	—	—
	„ Ostrečicha		60	75	—	—
	„ Popicha		36	50	—	—
	„ Tukovo		67	80	—	—
	Sa.		440	585	—	—
	48. Gemeinde Zaluž'e.					
	K. Michěevo	ehem. gutsherrl. B.	75	56	—	—
	D. Burdomačicha		29	35	—	—
	„ Dymcovo		63	89	—	—
	„ Sucholomovo		32	44	—	—
	„ Bol. Ponicha		98	53	—	—
	„ Mal. Mjakiševa		34	49	—	—
	„ Bol. Kamenka		63	87	—	—

Nummer der Dörfer nach der Reihenfolge.	Namen der Gemeinden und Dörfer mit karelischer Bevölkerung.	Klasse der Bauern.	Anzahl der Einwohner.			
			Karelier.		Russen.	
			Männer.	Frauen.	Männer.	Frauen.
8	D. Mal. Kamenka	ehem. gutsh. B.	33	36	—	—
9	„ Bol. Popovka		37	56	—	—
10	„ Petrjanka		26	24	—	—
11	„ Bol. Mjakiševo		64	70	1	1
12	„ Vasiľkova		37	47	—	—
13	K. Pjatnickoe		32	33	—	—
14	D. Verchnee	ehem. Ap.-B.	99	106	—	2
15	„ Grigorcevo		36	36	—	—
16	„ Malečkino		51	73	—	—
17	„ Žitnikovo		25	33	2	5
18	„ Stanok		32	50	—	—
	Sa.		868	977	3	8
	49. Gemeinde Archanskoe.					
1	K. Archanskoe	ehemalige Apanagebauern	32	39	—	—
2	D. Tupkovo		29	32	—	—
3	„ Bezděľe		31	45	—	—
4	„ Medovo		24	19	—	—
5	„ Kuzneckoe		17	26	—	—
6	„ Tolstikovo		27	25	—	—
7	„ Cholm		28	33	—	—
8	„ Karpovskoe		42	47	—	—
9	„ Sadovo		11	23	—	—
10	„ Ščetka		26	22	—	—
11	„ Paľcevo		29	30	—	—
12	„ Radionicha		16	29	—	—
13	„ Mičelicha		30	21	—	—
14	„ Vysokuša		35	36	—	—
15	„ Vičicha		23	27	—	—
16	„ Toporova		39	39	—	-
17	„ Najdenka		13	12	—	—
18	„ Koščeevo	G.	27	39	—	—
19	„ Andrejcevo	G.	103	120	—	—
	Sa.		572	664	—	—

Nummer der Dör-	Namen der Gemeinden und Dörfer mit karelischer Bevölkerung.	Klasse der Bauern.	Anzahl der Einwohner.			
			Karelier.		Russen.	
			Männer.	Frauen.	Männer.	Frauen.
	50. Gemeinde Keśma.					
	D. Stolbišči	ehemalige Apanagebauern	73	85	—	—
	„ Protiśe		32	36	—	—
	K. Ostolopovo		27	30	—	—
	D. Mal. Korovina		23	26	—	—
	„ Borichino		46	60	—	—
	„ Lušnikovo		31	45	—	—
	„ Najdenka		29	36	—	—
	„ Ivan-Gora		60	61	—	—
	„ Martynicha		11	20	—	—
	„ Danilkovo		23	29	—	—
	„ Lobaznikovo		32	37	—	—
	„ Ostolopov Cholm		30	36	—	—
	„ Sapelovo		20	21	—	—
	„ Vesnino		20	32	—	—
	„ Vanevo		20	12	—	—
	„ Il'inskoe	ehemalige gutsherrliche Bauern	41	49	—	—
	„ Sofronicha		34	49	—	—
	„ Čuchorevo		36	54	—	—
	„ Popad'ino		27	44	—	—
	„ Jakušino		40	59	—	—
	„ Petelevo		33	39	—	—
	„ Čerjadino		30	40	—	—
	„ Terpigorevo		33	46	—	—
	„ Možaevo		40	44	—	—
	„ Taračovo		35	53	—	—
	„ Lobnevo		72	98	—	—
	„ Timoškino		63	73	—	—
	„ Ploskovo		35	30	—	—
	„ Vjal'covo		37	45	—	—
	„ Novoe Šiškovo		22	28	—	—
	„ Kornjagovo		20	28	—	—
	„ Abrosimovo		30	40	—	—

Nummer der Dörfer nach der Reihenfolge.	Namen der Gemeinden und Dörfer mit karelischer Bevölkerung.	Klasse der Bauern.	Anzahl der Einwohner.			
			Karelier.		Russen.	
			Männer.	Frauen.	Männer.	Frauen.
33	D. Jasinevo	ehem. gutsh. Bauern	40	60	—	—
34	„ Staroe Šiškovo		44	51	—	—
35	„ Krutcy		20	29	—	—
36	„ Košoberovo		32	41	—	—
37	„ Meljuchino		20	23	—	—
38	„ Damanovo		47	63	—	—
39	„ Novinka		30	40	—	—
40	„ Grjaznaja Popovka		18	25	—	—
	Sa.		1,356	1,717	—	—
	51. Gemeinde Teljatinsk.					
1	D. Bor	ehem. Apanagebauern	46	45	—	7
2	„ Čižova		34	34	—	1
3	„ Volosovo		21	27	—	—
4	„ Kopaevo		59	44	—	1
5	„ Borochino		46	46	—	—
6	„ Buchrovo		53	54	—	2
7	„ Sěncovo		72	85	—	1
	Sa.		331	335	—	12
	52. Gemeinde Čamerova.					
1	K. Čamerova	ehemalige Apanagebauern	160	162	—	—
2	D. Chachileva		58	82	—	—
3	„ Uljanicha		105	128	—	—
4	„ Myškino		49	64	—	—
5	„ Fedovo		23	38	—	—
6	„ Osorino		37	30	—	—
7	„ Kruglicha		45	38	—	—
8	„ Běl'skaja		56	73	—	—
9	K. Čistaja Dubrova		155	175	—	—
10	D. Počepova		61	61	—	—
11	„ Mal. Vysokoe		50	55	—	—
12	„ Kostin-Dor		34	41	—	—

Nummer der Dörfer nach der Reihenfolge.	Namen der Gemeinden und Dörfer mit karelischer Bevölkerung.	Klasse der Bauern.	Anzahl der Einwohner.			
			Karelier.		Russen.	
			Männer.	Frauen.	Männer.	Frauen.
13	D. Lopaticha	ehemalige Apanagebauern	46	45	—	—
14	„ Sažicha		71	69	—	—
15	„ Stanino		24	29	—	—
16	„ Medvědkovo		30	45	—	—
17	„ Čurilkovo		93	105	—	—
18	„ Savino		60	54	—	—
19	„ Djudikovo		58	83	—	—
20	„ Bědnjakovo		43	56	—	—
21	„ Ognišino		48	69	—	—
22	„ Sirotka		26	28	—	—
23	„ Privorot		23	42	—	—
24	„ Djudikovskaja Popovka		40	49	—	—
25	„ Kamenka		30	42	—	—
26	„ Paskino		27	39	—	—
27	„ Dudino		58	48	—	—
28	„ Eremějcevo		64	70	—	—
29	„ Grjaznaja Popovka		25	26	—	—
30	„ Mosěevskaja		57	51	—	—
31	„ Gorbačevo		35	35	—	—
32	„ Syčeva		26	42	—	—
33	„ Trufanova		43	37	—	—
34	„ Mal. Popovka		19	22	—	—
35	„ Chměľneva		43	44	—	—
36	„ Srednee Vysokoe		17	19	—	—
37	„ Komlevo		32	51	—	—
38	„ Ermolkino		26	30	—	—
	Sa.		1,898	2,177	—	—
	53. Gemeinde Martynovskaja.					
1	D. Novoe Korovkino	ehem. Ap.-B.	60	65	—	—
2	„ Perchi		26	35	—	—
3	„ Martynovskaja Popovka		30	41	—	—

Nummer der Dörfer nach der Reihenfolge.	Namen der Gemeinden und Dörfer mit karelischer Bevölkerung.	Klasse der Bauern.	Anzahl der Einwohner.			
			Karelier.		Russen.	
			Männer.	Frauen.	Männer.	Frauen.
4	D. Chrebtovo	ehemalige Apanagebauern	65	77	—	—
5	„ Černicyno		52	54	—	—
6	„ Ignatkovo		52	64	—	—
7	„ Golovkovo		38	51	—	—
8	„ Matjuškino		40	54	—	—
9	„ Talašmanka		64	64	—	—
10	„ Novinka		59	53	—	—
11	„ Žigoricha		27	31	—	—
12	„ Rjabinkina		47	67	—	—
13	„ Ivaškovo		31	46	—	—
14	„ Šelomova		43	39	—	—
15	„ Selivanova		56	65	—	—
16	„ Aleksějceva		38	36	—	—
17	„ Pokryškina		42	51	—	—
18	„ Vysokoe		45	57	—	—
19	„ Petrjaeva		90	88	—	—
20	„ Novoselki		31	34	—	—
21	„ Goleniščevo		33	48	—	—
22	„ Ramenka		33	32	—	—
23	„ Miňeva		52	53	—	—
24	„ Lokutina		11	16	—	—
25	„ Toračevo		48	57	—	—
26	„ Selezneva		24	34	—	—
27	„ Čepurki		35	44	—	—
28	„ Koškino		16	25	—	—
29	„ Šelgirogovo		54	49	—	—
30	„ Lěsnoj Cholm		39	39	—	—
	Sa.		1,281	1,469	—	—
	54. Gemeinde Delidino.					
1	D. Ovinišči	ehem. Ap.-B.	57	60	5	17
2	„ Nikulina		28	25	—	—
3	„ Černavy		80	85	—	6
4	„ Tučeva		95	98	1	7

Nummer der Dörfer nach der Reihenfolge.	Namen der Gemeinden und Dörfer mit karelischer Bevölkerung.	Klasse der Bauern.	Anzahl der Einwohner.			
			Karelier		Russen.	
			Männer.	Frauen.	Männer	Frauen.
5	D. Kemenka	A.	50	62	—	10
6	„ Klabukovo	A.	42	43	—	3
7	„ Černevo	A.	68	52	—	11
8	„ Čegopcova	G.	43	42	6	15
	Sa.		463	467	12	69
	55. Gemeinde Antonovo.					
1	D. Elcino	A.	12	14	—	—
	56. Gemeinde Chabackoe.					
1	D. Michalicha	A.	152	142	—	17
2	„ Zacharicha	A.	120	110	—	12
	Sa.		272	252	—	29
	57. Gemeinde Popova.					
1	D. Vorobicha	ehem. Ap.-B.	75	92	—	1
2	„ Budokina		80	70	—	2
3	„ Zagajna		83	81	—	1
	Sa.		238	243	—	4
	Sa. im Kr. Vesjegonsk		10.069	11.686	22	133
			21,755		155	
	VI. Kreis Kašin.					
	59. Gemeinde Litvinovo.					
1	D. Nikoly	ehem. Apanagebauern	48	69	—	—
2	„ Jastrebicha		62	73	—	—
3	„ Grigorovka		60	96	—	—
4	„ Sely		82	99	—	—
5	„ Moiseicha		95	92	—	—
6	„ Snosy		35	34	—	—
	Sa.		382	463	—	—

Nummer der Dörfer nach der Reihenfolge.	Namen der Gemeinden und Dörfer mit karelischer Bevölkerung.	Klasse der Bauern.	Anzahl der Einwohner.			
			Karelier.		Russen.	
			Männer.	Frauen.	Männer	Frauen.
	60. Gemeinde Lavrovskaja.	ehem. Ap.-B.				
1	D. Sinjaeva		61	75	—	—
2	„ Gladyševa		50	52	—	—
3	„ Priluki		45	67	—	—
	Sa.		156	194	—	—
	Sa. im Kreis Kašin		538	657	—	—
			1,195			
	VII. Kreis Zubcov.					
	61. Gemeinde Ivanovskoe.	ehem. gutsherrliche Bauern				
1	D. Aleksandrovo		132	140	—	—
2	„ Novoe		136	146	—	—
3	„ Vasiľevskaja		102	110	—	—
4	„ Galochovo		111	115	—	—
5	„ Vvedenskoe		37	40	—	—
6	„ Ivanovskoe		96	95	—	—
7	„ Matjugino		66	68	—	—
8	„ Semenovskaja		116	125	—	—
9	„ Maŕino		73	85	—	—
	Sa. im Kreis Zubcov		869	924	—	—
			1,793			

NB. In den Kreisen Tver, Korčeva, Kaljazin, **Ržev und Starica giebt es** keine Karelier.

Gesamtzahl der Karelier im Gouvernement Tver (1873).

Kreise.	Anzahl der Dörfer mit karelischer Bevölkerung.	Anzahl der Einwohner in den Dörfern mit karelischer Bevölkerung.					
		Karelier.			Russen.		
		Männer.	Frauen.	Zusammen.	Männer.	Frauen.	Zusammen.
I. Ostaškov	4	293	346	639	—	—	—
II. Vyšne-Voloček	194	12,005	13,966	25,971	45	66	111
III. Novotoržok	125	5,798	6,435	12,233	102	123	225
IV. Bězeck	301	20,040	22,117	42,157	445	573	1,018
V. Vesegonsk	205	10,069	11,686	21,755	22	133	155
VI. Kašin	9	538	657	1,195	—	—	—
VII. Zubcov	9	869	924	1,793	—	—	—
Zusammen im Gouvern. Tver	847	49,612	56,131	105,743	614	895	1,509

Beilage II.

Verteilung der Karelier auf die Kreise und Gemeinden des Gouvernements Tver.

(Angaben der Volkszählung durch das Semstvo 1886–90.)

Kreise und Gemeinden.	Karelier Seelen beiderl. Geschlechts.	Karelier in % von der ganzen Landbevölkerung.
I. Kr. Ostaškov	779	0,6
1. Ivanodvorsk	779	28
II. Kr. Vyšnyj Voločok	31,660	20
2. Staroposonsk	3	0,1
3. Jasenoviči	198	3
4. Borzynsk	205	4
5. Zaborovo	4,796	67
6. Domoslavľ	114	2
7. Jaščinsk	188	2
8. Osěčenka	5,577	78
9. Ovsiščensk	626	12
10. Pesčaniki	119	3
11. Poddub'e	19	0,5
12. Kuźminka	5	0,1
13. Pařevskaja	52	0,8
14. Stolopovo	459	9
15. Raevskaja	3,942	53
16. Lugininsk	912	12
17. Kozlovo	7,040	89
18. Nikulino	7,405	98
III. Kr. Novotoržok	16,193	12
19. Dor	8,287	99
20. Klimovo	237	3
21. Prudy	891	12
22. Kuzovina	6,778	84
IV. Kr. Běžeck	54,161	24
23. Mikšino	54,161 [1] (23.–42. zusammen)	70
24. Tolmači		97
25. Trestna		98
26. Rybinsk		26
27. Zaruč'e		85
28. Filippkovka		98
29. Morkinogorsk		10
30. Zakliňe		54
31. Selišče		30
32. Zamyťe		51
33. Zastolbsk		10
34. Alešinka		85
35. Ilgoščino		3
36. Ivanovkoe		3
37. Raduchovo		1
38. Běljanicy		10
39. Bokarevo		10
40. Mogoč		5
41. Jakovlevskoe		0,7
42. Aleškovskoe		14

[1] Eine detaillierte Verteilung der Karelier auf die einzelnen Gemeinden ist in dem gedruckten Verzeichnis über den Kreis Běžeck nicht angege-

Kreise und Gemeinden.	Karelier Seelen beiderl. Geschlechts.	Karelier in % von der ganzen Landbevölkerung.
V. Kr. Vešegonsk[1]	26,396	19
43. Čistinsk	1,200	16
44. Topalka	2,250	35
45. Lopatino	2,600	45
46. Lukino	700	10
47. Ščerbovo	1,100	12
48. Zaluž'e	1,950	31
49. Archanskoe	1,600	30
50. Kesma	3,000	37
51. Teljatinsk	750	12
52. Čamerova	4,700	61
53. Martynovskaja	4,000	56

Kreise und Gemeinden.	Karelier Seelen beiderl. Geschlechts.	Karelier in % von der ganzen Landbevölkerung.
54. Delidino	1,150	21
55. Antonovo	46	1
56. Chabackoe	600	9
57. Popova	650	10
58. Prudy	100	2
VI. Kr. Kašin	1,479	1,2
59. Litvinovo	1,028	16
68. Lavrovo	451	7
VII. Kr. Zubcov	1,664	1,6
61. Ivanovo	1,664	31
Sa. im Gouv. Tver	132,332	8,2

NB. Die Nummern der Gemeinden sind dieselben wie auf der beigegebenen Karte des Gouvernements.

ben. Die Dichtigkeit der karelischen Bevölkerung in den einzelnen Gemeinden ist nach früheren Angaben (aus den 80:er Jahren) mitgeteilt.

[1] Die Gesamtzahl für den ganzen Kreis ist genau, die Verteilung auf die einzelnen Gemeinden annäherungsweise angegeben; in dem gedruckten Verzeichnis über den Kreis Vešegonsk sind die Dörfer mit karelischer Bevölkerung und die Gesamtzahl der Bewohner derselben (27,511), welche Zahl auch die Russen (1,115 Seelen) einschliesst, angeführt.

Beilage III.

Verteilung der Bevölkerung des Gouvernements Tver mit Angabe der Zahl der Karelier in den Kreisen.

Kreise.	i. J. 1873.			1886—1890.		
	Gesamtzahl der Landbevölkerung[1].	Darunter Karelier.	Karelische Bevölkerung in % von der Gesamtzahl der Einwohner.	Gesamtzahl der Landbevölkerung	Darunter Karelier.	Karelische Bevölkerung in % von der Gesamtzahl der Einwohner.
I. Ostaškov	94,030	639	0,7	114,538	779	0,6
II. Vyšnyj Voločok	139,732	25,971	16	152,397	31,660	20
III. Novotoržok	127,564	12,233	10	136,938	16,193	12
IV. Bězeck	195,782	42,157	22	225,224	54,161	24
V. Vešegonsk	123,496	21,755	18	144,909	26,396	19
VI. Kašin	109,031	1,195	1,1	127,082	1,479	1,2
VII. Zubcov	84,955	1,793	2	99,784	1,664	1,6
VIII—XII. Die übrigen 5 Kreise	570,865	—	0	605,324	—	0
Sa. im Gouv. Tver	1,445,455	105,743	7,0	1,606,196	132,332	8,2

[1] Die Angaben über die Gesamtzahl der Landbevölkerung des Gouvernements Tver sind entlehnt aus dem „Сборникъ матеріаловъ для статистики Тверской губерніи", Heft IV (herausg. von dem Tverischen Gouvernements-Semstvo, 1887), bearbeitet von V. I. Pokrovskij; dazu erklärt der Verfasser: „in Ermangelung genauer Angaben führen wir annäherungsweise Daten über die Bevölkerungen der Kreise der Gouv. Tver aus d. J. 1873 an" (Seite 5).

Beilage IV.

Quellen.

Literatur. „Географическо-статистическій словарь Россійской Имперіи“ von P. P. SEMENOV, St. P:burg 1863—85, Bd. III. — In SEMENOV's „Словарь“ sind folgende Quellen angeführt: REIN, „Specimen de vetere Carelia (Abo 1825); „Исторія Государства Россійскаго“ von KARAMZIN; POGODIN, „Историческій сборникъ“; VEREŠČAGIN, „Очерки Архангельской губерніи“, 1849; Köppen, „Водь“; Военная статистика Тверской губерніи; ANDREEV, „Олонецкая губернія“; DAŠKOV „Олонецкая губернія“; „Памятная книга Олонецкой губерніи“, 1858; „Списокъ населенныхъ мѣстъ Архангельской губерніи“; „Списокъ населенныхъ мѣстъ Тверской губерніи“; CASTRÉN, „Ethnographische Vorlesungen“; desselben, „Nordische Reisen“, 1853; SCHNITZLER, „L'empire des Tsars“; „Журналъ министерства внутренныхъ дѣлъ“, Buch 3, 1848, XXIII; „Вѣстникъ Географическаго Общества“, 1856, Buch 4 und 5; „Олон. Губ. Вѣдомости“; SJÖGREN, „Gesammelte Schriften“ (St. P:burg 1861). — „Энциклопедическій Словарь Брокгауза и Ефрона“, Bd. XVI, Artikel von D. I. RICHTER „Корелы“ (St. P:burg 1895). — L. N. MAJKOV, „О древней культурѣ западныхъ финновъ по даннымъ ихъ языка“ (nach Ahlqvist, St. P:burg 1877). — „Олонецкій сборникъ“, Heft III (Petrozavodsk 1894). — „Матеріалы по стат. народнаго хозяйства С. Петербургской губерніи“, Heft II, Kreis Schlüsselburg (St. P:burg 1885), Heft V, Kreis St. Petersburg (St. P:burg 1887). V. S. BORZAKOVSKIJ, „Исторія Тверскаго княжества“ (St. P:burg 1876); „Живописная Россія“; S. SOLOV'EV, „Исторія Россіи“ (herausg. v. d. Gesellsch. „Общественная Польза“; Buch I und II). — V. P. SEMENOV, „Россія. Полное географическое описаніе нашего отечества“, St. P:burg, Bd. I (1899) und III (1900). — V. PREOBRAŽENSKIJ, „Описаніе Тверской губерніи въ сельскохозяйственномъ отношеніи“ (St. P:burg 1854). — „Тверскія Губ. Вѣдомости за 1875 г. No. 45, Artikel von V. POKROVSKIJ, „Замѣтка о корелахъ Тверской губерніи“. — *Veröffentlichungen des tverischen Gouvernements-Semstvo:* „Сборникъ матеріаловъ для статистики

Тверской губерніи"; Heft II (1874), III (1876), beide bearbeitet von V. Pokrovskij; Heft V (1882) von D. Richter. — Генеральное сображеніе по Тверской губерніи (1783—1784 гг.)", herausgegeben unter Redaction von V. Pokrovskij, 1873. — V. Pokrovskij, „Историко-статистическое описаніе Тверской губерніи", Bd. I (1880). — „Сборникъ статистическихъ свѣдѣній по Тверской губерніи", Bd. II Kreis Novotoržsk (1889), III Kr. Vyšnyj Voločok (1890), VII Kr. Zubcov (1891), XI Kr. Vešegonsk (1894), XII Kr. Ostaškov (1895—96) und XIII Kombinierte Übersicht über das Gouv. Tver (1897). — A. Tolmačevskaja, „Родное карельское. Карельско-русскій букварь" (1887).

Anmerkung. Der Verfasser der vorliegenden „Bemerkungen über die tverischen Karelier" hat während der Zeit seines Dienstes in dem tverischen Gouvernements-Semstvo (1876—1887) häufig von Kareliern besiedelte Gegenden besucht und daselbst in der Eigenschaft eines Statistikers das wirtschaftliche Leben der Bevölkerung untersucht. Das meiste des von ihm selbst und unter seiner Leitung gesammelten Materials ist in mehrere der obenzitierten Quellen aufgenommen, anderes blieb unbearbeitet und unveröffentlicht und ist leider heute zum grossen Teil verloren. Bei der Abfassung der vorliegenden Bemerkungen erlaubte sich der Verfasser zum Teil sowohl von seinen unveröffentlichen Aufzeichnungen als auch von Erinnerungen Gebrauch zu machen. Von den unveröffentlichten Quellen muss Verfasser besonders vermerken eine im J. 1886 von ihm im Kirchdorfe Kozlovo (Gemeinde Kozlovo, Kreis Vyšnyj-Voločok) durchgelesene, damals im Besitz des Geistlichen am Ort befindliche Handschrift, die sich auf die Frage nach der Übersiedelung der Karelier in das tverische Land im 17. Jahrhundert sowie auf ihre ökonomische Lage um die Mitte des 18. Jahrhunderts bezog. Diese Handschrift ist nach dem Tode ihres Besitzers (in den neunziger Jahren des 19. Jh.) verloren gegangen, und alle Bemühungen des Verfassers dieser „Bemerkungen" sie auszumitteln sind erfolglos geblieben; wie auch seine Versuche gescheitert sind die Kopien der bezeichneten Handschrift, die sich (auf die Initiative des Verfassers 1886 angefertigt) in Tver im Gouvernements-Semstvoamt und im statistischen Komité des Gouvernements Tver befanden, aufzufinden. — Die verlorene Handschrift ihrerseits war die Kopie von Bruchstücken alter Handschriften, die „dem von den Bauern der Gemeinde Tolmači gewählten Vertreter auf Befehl der Kaiserin Katharina II. infolge Verordnung der Oberhofkanzlei am 10. Dezember 1778 übergeben wurde"; die Originale selbst gehören in die Jahre 1666, 1729 und 1731, ob sie aber bis zum heutigen Tag erhalten geblieben, ist dem Verfasser dieser „Bemerkungen" nicht bekannt.

Otteita Suomalais-ugrilaisen Seuran keskustelemuksista v. 1903.

Auszüge aus den sitzungsberichten der Finnisch-ugrischen Gesellschaft im j. 1903.

Matkakertomus vogulimailta.

II.

(Esitetty Seuran vuosikokouksessa 19 ²/xii 03.)

Suomalais-ugrilaiselle Seuralle.

Viimeisen matkakertomukseni kirjoitin ala-Loźvalta Kūźinan kylästä. Mainitussa paikassa viivyin viime joulukuun 22 päivään, jolloin siirryin Loźvaa ylöspäin Permin läänin puolelle. Koska sikäläisissä ala-Loźvan kylissä kielimurre tuntui samalta kuin viimeksi tutkimani, en nähnyt tarpeelliseksi pysähtyä sinne, vaan jatkoin matkaani suoraa päätä keski-Loźvalle saakka, asettuen Nikito-Ivdeľin venäläiseen kullankaivajakylään. Täällä tutkin aluksi keski-Loźvan murretta, mutta kun kielimestarini, ainoa elossa oleva mainitun murteen taitaja, osottausi pitempiaikaiseen säännölliseen työhön mahdottomaksi, oli pakko erottaa hänet toimestaan ennenkuin olisin tahtonut. Senjälkeen ryhdyin tutkimaan ylä-Loźvan murretta. — Maaliskuun lopulla ja huhtikuun alulla tein porokyydillä kaksiviikkoisen matkan ylä-Loźvan ynnä sen sivujokien varsilla asuvien vogulien luo. Toinen, kesäajaksi samoille seuduille suunnittelemani retki jäi voittamattomien esteiden vuoksi tekemättä. — Ylä-Loźvan murteen tutkimisen lopetettuani jätin elokuun 20 p. Nikito-Ivdeľin ja palasin Ivdeľ ja Loźva virtoja myöten takaisin Tobolskin lääniin. Syyskuun alusta olen asunut tässä kylässä Tavdan jokialueen vogulimurretta tutkien.

Työohjelmani on ollut sama tänä kuin viime vuonnakin. Päätyönäni on ollut murresanaston kerääminen. Muusta matkasaaliistani mainitsen, että kielennäytteiksi on kokoontunut joku määrä lauluja, satuja, tarinoita ja kertomuksia, joista melkoinen osa mytologista sisällystä, karhunpeijaisissa esitettäviä näytelmänmukaisia, eri tilaisuuksissa käytettäviä rukouksia ja sanoja, arvoituksia y. m.

Janyčkovan vogulikylässä Košukin kunnassa Tobolskin lääniä marrask. 6 p. 1903.

ARTTURI KANNISTO.

Lappalaisia murteita tutkimassa.

Matkakertomus Norjan ja Suomen Lapista.

(Esitetty Seuran vuosikokouksessa 19 ²/XII 03.)

Saatuani tiedon siitä, että Suomalais-ugrilainen Seura 16 p. toukokuuta 1903 oli myöntänyt minulle apurahan aiottua tutkimusmatkaa varten, koetin mikäli mahdollista joudattaa lähtöäni. Yliopistotyöni takia en kuitenkaan päässyt lähtemään ennenkuin 3 p. kesäkuuta.

Bodössä viivyin kaksi päivää yksityisasiain takia ja tulin Tromssaan 10 p. kesäkuuta. Noudattaen rehtori QVIGSTADin ystävällistä kutsua olin siellä hänen vieraanaan 14 päivään kesäkuuta. Tämä viivähtäminen ei suinkaan ollut tutkimustyölleni haitaksi: rikkaasta tietovarastostaan ja monipuolisesta kokemuksestaan lappalaisen murretutkimuksen alalla rehtori QVIGSTAD evästi minut runsaasti matkaani varten, antoipa minulle omia muistiinpanojaankin mukaan.

QVIGSTADin neuvoa seuraten päätin tehdä sen muutoksen matkasuunnitelmaani, että Koutokeinonmatka jää pois ja sillä tavalla voitettu aika käytetään Tenovuonon merilappalaisten luona. Hän huomautti minulle nimittäin sitä, että itä-Ruijan merilappalaisten kieltä ja oloja on peräti vähän tutkittu. Varsinkin etnografisessa suhteessa olisi syytä odottaa rikkaita tuloksia heidän luoksensa suunnattavasta tutkimusmatkasta. Mitä taasen Koutokeinoon tulee, olisi paljon edullisempi lähteä sinne talvella kuin kesällä, varsinkin jos matkan tarkoitus ei ole yksinomaan kielellistä laatua. Koutokeinolle omituiseen „tunturielämään" ei pääse tutustumaan muulloin kuin talvella. Kesällä kaikki tunturilappalaiset ovat sieltä poissa, ja vakinaisesta väestöstäkin on silloin moni vaikea tavata.

Siinä toivossa, että pian saisin tilaisuuden tutustua lappalaiseen talvielämään ylipäänsä ja erittäinkin oleskella pitemmän aikaa Koutokeinossa talvella, tein sitten ylempänä kerrotun muutoksen matkasuunnitelmaani. Vaikuttipa osaltansa sekin seikka, että kesämatka Koutokeinoon olisi tullut niin suhteettoman kallis; itse matkaan olisi mennyt niin paljon aikaa, että olo siellä olisi saanut supistua aivan lyhyeksi.

Korvaukseksi näin pois jääneestä tilaisuudesta tutustua Ruijan lapin läntistä pääryhmää edustavaan murteeseen päätin toteuttaa tuuman, jonka Suomalais-ugrilaiselle Seuralle lähettämässäni matkasuunnitelmassa olin maininnut vain mahdollisuutena: paluumatkalla oleskella jonkun aikaa länsi-Ruijan merilappalaisten seassa murteita tutkimassa. Mutta koska sattui niin, että sain tilaisuuden tutkia Koutokeinon murretta siellä käymättäkin — siitä kerron tarkemmin alempana — niin tuo tuuma ei kuitenkaan toteutunut.

Tromssassa samoinkuin sitä ennen Bodössäkin jatkoin vähän ennen Kristianiasta lähtöä alottamiani valokuvausharjoituksia. Paha kyllä en ehtinyt sentään tarpeeksi tottua tähän toimeen. Seurauksena tottumattomuudestani tällä alalla oli se, että kun myöhemmin koetin jatkaa aivan ominpäin, niin meni minulta moni arvokas levy hukkaan.

14 p. kesäkuuta läksin, kuten jo mainittu, Tromssasta matkalle varsinaiseen Ruijaan (Finmarkeniin) päin: pikalaivalla Hammer-

festiin ja sieltä sitten Vaggeen (Tenovuonossa), jonne saavuin 16 p. kesäkuuta.

Poikettuani Tenon kirkonkylään, missä ollessani piirilääkäri GROTHin vieraana hankin itselleni tarkempia tietoja Tenovuonon lappalaisista, tulin 18 p. kesäkuuta Troldfjorden nimiseen pikkuvuonoon, — Tenon päävuonosta itäänpäin.

QVIGSTAD oli erityisesti suositellut minulle tätä paikkaa, koska hän otaksui, että se — syrjäinen kun se on — voisi tarjota hauskoja tutkimusaineksia. Syrjäinen se todellakin on tai ainakin ennen on ollut tämä Troldfjorden, vaikka se ei ole kuin muutaman penikulman päässä kirkolta. Ani harvoin on joku vieras sinne eksynyt, ennenkuin viime vuonna saatiin paikallislaiva Tenovuonoon; sen kautta on Troldfjordenkin päässyt yhteyteen muun maailman kanssa. Mutta paljon tiesivät siellä käyneet kertoa Troldfjordenin alkuperäisistä oloista. Kaikesta päättäen oli siellä runsas saalis odottamassa sitä tutkijaa, joka ensin valitsisi tämän unohdetun pikkumaailman huomionsa esineeksi. Yksin vuonon norjalainen nimikin näytti sisältävän palasen vanhaa salaperäistä taikauskoa.

En tosin löytänyt läheskään kaikkea mitä olin luullut sieltä löytäväni. Tuo nimiseikka on tässä kuvaava: „Troldfjorden“ ei olekkaan mikään vanha, lappalaisten noitakonsteja tai satumaailmaa muistuttava nimitys. Kaikessa jokapäiväisyydessään on nimen alkuperä seuraava: Eräs nimismies oli kerran muutamia vuosikymmeniä sitten, jolloin vuonoa — samaisen nimismiehen keksinnön mukaan — kutsuttiin Holmefjordiksi (vuonon suussa on kaksi pientä saarta), saanut kovin „lämpimän“ vaastaanoton siellä, kun eräältä vuonon akalta vaati veronmaksua, ja suutuksissaan hän lausui: „Holmefjord on liian kaunis nimi sille vuonolle, Troldfjorden — se se olisi sille sopiva nimi.“ Ja sen nimen se sitten saikin. — Näin ainakin Troldfjordenissa kerrottiin. Samoinkuin siis petyin luulossani Troldfjordenin nimen suhteen, olivat myös toiveeni siellä löytyvistä tutkimusaineksista monessa kohden raukeavat: Troldfjordenin väestö on kyllä elänyt erikseen koko maailmasta, mutta se ei ole tarpeeksi kauan siellä ollut voidakseen kehittää kaikkea sitä omaa, omituista, jota olin toivonut sieltä löytäväni — kielellisessä ja etnografisessa suhteessa. Eikä siellä syrjäisyydessä ole — kuten otaksuttavaa olisi, jos vuonon asutus olisi oikein vanha — säilynyt kovin paljon lappalaisten vanhanaikuista, nyt kaikkialla auttamattomasti häviämässä olevaa henkistä yhteisomaisuutta.

Sen mukaan, mitä kyselyjeni kautta sain selville, ei Troldfjordenin nykyinen asutus ulotu kauemmaksi taaksepäin kuin viime vuosisadan edelliselle puoliskolle. Aikaisemmasta asutuksesta oli vain satumaisia kertomuksia olemassa, jotka eivät sisältäneet muuta kuin semmoista, jota tavataan niin monessa muussakin paikassa.

Mutta toiselta puolen on Troldfjordenissa varmoja jälkiä aikaisemmasta asutuksesta löydettävissä: jälkiä maa-majoista, joiden asukkaista nykyinen sukupolvi ei tiedä mitään. Luultavasti tämä asutus ei ole ollut kovin vakinaista laatua. Joku porolappalaisperhe on köyhyyden takia asettunut vuonon rannalle asumaan voidakseen kalastuksen kautta pysyä hengissä; mutta paikka on kai pian huomattu epäedulliseksi, asukkaat ovat valinneet itselleen toisen, ja vuonon ranta on taas jäänyt autioksi. — Toinen seikka, joka viittaa aikaisempaan asutukseen on se, että suuret metsät, joista vielä näkee jälkiä vuonon rannoilla ja pitkin laaksoa ylöspäin, on hakattu maahan; mutta tästä työstä lienee suurin osa suoritettu vasta nykyisen asutuksen aikana, — siihen viittasivat vanhain ihmisten kertomukset.

Kaikista pettymyksistä huolimatta olin sangen tyytyväinen siihen, että olin osunut Troldfjordeniin tulemaan. Ja tulinpa viipymään siellä paljon kauemmin kuin olin aikonutkaan. Aiotusta kiertomatkasta Tenon rannikkoalueella ei tullut mitään, — sen sijaan minä olin kaikessa rauhassa Troldfjordenissa kokonaista 2 ½ viikkoa (18 p. kesäk.—5 p. heinäk.) tutkien paikkakunnan murretta ja kirjoitellen muistiin kaikkea lappalaisten oloja, ajatustapaa, taikauskoa j. n. e. valaisevata, mitä vain tietooni tuli.

Suuressa kiitollisuudenvelassa olen hyväntahtoiselle isännälleni P. SYLTRANille. Hänen välitystään saan kiittää siitä, että troldfjordilaiset ensi hetkestä saakka seurustelivat minun kanssani niin avomielisesti. SYLTRAN on itse norjalainen (hänen isänsä oli tullut Helgelandista), mutta hän on nainut lappalaistytön, ja hänen talossaan olivat lappalaiset naapurit täydellisesti niinkuin kotonaan, molemmat kielet olivat siellä parhaimmassa sovussa, — en ole missään nähnyt niin idyllistä suhdetta norjalaisen ja lappalaisen kansallisuuden välillä kuin Troldfjordenissa (siellä on myös pari puhtaasti norjalaista perhettä, yhdessä taisi emäntä olla suomalainen): ei mitään turhaa ylpeilemistä ja ylönkatsetta eikä toiselta puolen mitään epäluuloa ja salaista vihaa.

Sekä omalla esimerkillään että suorilla kehoituksillakin SYLTEAN vaikutti sen, että lappalaiset tekivät kaiken voitavansa, jotta onnistuisin saamaan mahdollisimman täydellisiä ja tarkkoja tietoja kaikista asioista, joita vain tiedustelin. Sainpa usein hauskoja ilmoituksia tiedustelemattakin, ja minulla oli mitä parhain tilaisuus läheltä seurata heidän jokapäiväisiä töitään ja toimiaan ja sillä tavalla tehdä havaintoja.

Kielimestarina oli minulla melkein koko ajan sama henkilö, NILS N. ASTRUP (synt. 1880).

Ennen kaikkea koetin ottaa selkoa murteen kvantiteettiseikoista käyttäen väitöskirjassani „Die quantitätsverhältnisse im Polmaklappischen“ löytyvää esimerkkikokoelmaa.

Enimmän huomiota panin konsonanttien astevaihteluun ja pääkorollisten vokalien kvantiteettiin. Tuloksistani tässä kohden tahdon mainita seuraavat seikat:

Toisen tavun sulkeumisesta riippumaton vaihtelu vartalokonsonanttien kvantiteetissa (vrt. väitöskirjaani s. 18 ss.) tavataan tässäkin murteessa, vaikkei niin pitkälle levinneenä kuin Puolmangin murteessa; kaikki „alkup. pitkät“ vartalokonsonantit, niinpä myös vokalienväliset meediat ja meedia-affrikaatat, spirantit, likvidat ja nasalit, jotka heikossa asteessa eivät esiinny lyhyinä, ovat vahvassa asteessa ulkopuolella tätä vaihtelua.

Ensimäisen tavun vokalikvantiteetin kanssa on mainitulla vaihtelulla tässä murteessa paljon vähemmin tekemistä kuin Puolmangin murteessa. Ei-lyhyen vokalin jäljessä saattaa kyllä konsonantti olla hiukan lyhyempi kuin lyhyen vokalin jäljessä, esim. *mặn̄nä* „lapsi“, vrt. *mon̄ni* „muna“. Mutta tämä tulee kysymykseen vain alkup. *ā*:n ja osaksi diftongien jäljessä; alkup. lyhyet vokalit esiintyvät ensi tavussa lyhyinä (paitsi muutamissa tapauksissa heikon asteen muuttumattoman lyhyen konsonantin edessä): *bòlla* „tuli“

(vrt. P. *dȯlla*), *ɛᴅᴅê̆ťšan* „antanen“ (vrt. P. *ā̆ᴅešam*), *ťšorrụį* „mäelle“ (vrt. P. *ťšȯrrụį*).

Yleensä ovat pääkorollisten vokalien kvantiteettiseikat tässä murteessa paljon yksinkertaisemmat kuin P:ssa; niinpä voi diftongeista, jotka P:ssa tuottivat niin paljon vaikeuksia, tämän murteen mukaan antaa helppoja ja selviä sääntöjä.

Niitä tavataan kolme tyyppiä: 1) *ĭ̯e·* (korko jälkimäisellä komponentilla, edellinen „ylilyhyt“), 2) *i̯e* (korko jakautuu jotenkin tasaisesti kumpaankin), 3) *i̯·e* (korko edellisellä komponentilla).

Jommankumman komponentin pidennys siis ei tule kysymykseen, ja kirjakielen ä:tä vastaavat diftongit ovat aivan samalla kannalla kuin muutkin (P:ssa toisin, vrt. väitösk.).

Ensimäinen tyyppi (*ĭ̯e·* jne.) esiintyy ainoastaan vahvassa asteessa, kaikkien „alkup. pitkäin“ vartalokonsonanttien edessä, toinen tyyppi (*i̯e*˙ jne.) tavataan heikossa asteessa „alkup. pitkien“ vartalokonsonanttien edessä ja vahvassa asteessa „alkup. lyhyiden“ vartalokonsonanttien edessä, kolmas tyyppi (*i̯·e* jne.) taasen heikossa asteessa lyhyen konsonantin (ja lyhyen meedia-affrikaatan) edessä.

Esimerkkejä:

1) *cĭ̯elbiət* „kieltää“, *smĭ̯eəttaət* „keksiä“, *cĕ̆i̯əťťšaət* „katsoa“, *ʙĭ̯eĝɢa* „tuuli“, *spĕ̆i̯ďᴅšuət* „kolisten lyödä“, *ʙĕ̆ɛšši* „tuohi“, *mĭ̯elli* „korkea santatörmä“, *ĕ̆ɛdᴅni* „äiti“.

2) *ci̯elᴅᴅām* „kiellän“, *smi̯eəttąm* „keksin“, *ɢei̯əťťšąm* „katson“, *ʙi̯eɢɢa* „tuulen“ (gen.), *spei̯bᴅšūm* „lyön“, *ʙeɛšši* „tuohen“, *mi̯elli* „törmän“, *eɛbᴅni* „äidin“.

ɢi̯eətta „käsi“, *ᴅi̯eəttu* „tieto“, *ʙeɛəttsi* „petäjä“, *ʙeɛšši* „pesä“, *mi̯ella* „mieli“, *ji̯eŋŋa* „jää“.

3) *ɢi̯·eda* „käden“, *ᴅi̯·edu* „tiedon“, *ʙe·ɛᴅsi* „petäjän“, *ʙe·ɛsi* „pesän“, *mi̯·ela* „mielen“, *ji̯·eŋa* „jään“.

„Heleäin“ a-äänteiden kvantiteetti on pääasiassa sama kuin P:ssa. On kuitenkin olemassa koko sarja tapauksia, missä näiden vokalien samoinkun diftongienkin kvantiteetti eroaa yleisistä säännöistä. Tämä on yhteydessä erään vartalokonsonanttien kvantiteettia koskevan sangen merkillisen seikan kanssa, johon P:ssa vain on viittauksia olemassa (vrt. väitösk. s. 32 ja 138 ss.).

Määrätyissä tapauksissa esiintyy „alkup. lyhyt" vartalokonsonantti vahvassa asteessa yhtä pitkänä kuin vastaava „alkup. pitkä" vartalokonsonantti.

Tämä konsonanttien „ylipidennys" tavataan[1]:

1) kaksi-(ja neli- etc.)tavuisten verbien part. pres:issä,
2) samojen verbien imperat. dual. ja monik. 1 ja 2 personassa,
3) samojen verbien passivissa,
4) *-je*-verbeissä,
5) *-je*-nomineissa,
6) *s*-nomineissa,
7) *į*-loppuisissa adjektiiveissa,
8) *-aɔt*, *-ą̀ɔt*-loppuisten adjektiivien attributiivimuodossa,
9) muutamissa *l*-loppuisissa adjektiiveissa.

Esimerkkejä:

1) *ᴅį̆eɔlti* „tietävä", mon. akk. *ᴅį̆eɔltīᴅ* (vrt. *smį̆eɔltaɔt* „keksiä", mutta *ᴅįeɔltīɔt* „tietää"); *ʙų̆ıɔɔltsi* „sairastava, sairas" (vrt. *mĕɛɔltsi* „erämaa", mutta *ʙuòɔttsą̀ɔt* „sairastaa", präs. 3 pers. *ʙųıǭɔltsà*); *ᴅŏą̄lli* „pitävä" (vrt. *mį̆elli* „törmä", mutta *ᴅòallą̀ɔt* „pitää", pres. yksik. 3 pers. *ᴅòą̄llà*); *ᴅŏą̄bʙmi* „toimelias" (vrt. *ʙį̆ebʙmaɔt* „syöttää", mutta *ᴅòaʙʙmą̀ɔt* „olla toimelias", pres. yksik. 3 pers. *ᴅòą̄ʙʙmà*); *ᴅŏą̄ḏᴅ̦i* „murtava" (vrt. *ą̀ḏᴅ̦à* „isoisä", mutta *ᴅóą̄ᴅᴅ̦ìɔt* „murtaa", pres. mon. 3 pers. *ᴅŏą̄ᴅ̦įɔk*).

2) Imperat. dual. 1 p. *ᴅį̆eɔltu*, *ᴅŏallu*, *ᴅŏabʙmu*, *ᴅŏaḏᴅ̦u*; dual. 2 p. *ᴅį̆eɔlti*, *ᴅŏą̄lli*, *ᴅŏą̄bʙmi*, *ᴅŏą̄ḏᴅ̦i*; mon. 1 p. *ᴅį̆eɔltuɔp*, *ᴅŏalluɔp*, *ᴅŏabʙmuɔp*, *ᴅŏaḏᴅ̦uɔp*; mon. 2 p. *ᴅį̆eɔltiɔk*, *ᴅŏą̄lliɔk*, *ᴅŏą̄bʙmiɔk*, *ᴅŏą̄ḏᴅ̦iɔk*.

3) Pass. inf. *ᴅiɔltuɔt*, *ᴅolluɔt*, *ᴅoḏᴅ̦uɔt* t. *ᴅiɔltujų̆ıβ́βuɔt* etc.

4) *ʙų̆ıǭllàɔt* „alkaa palaa" (mutta *ʙųıǭllīɔt* „palaa"); *β́ų̆ıǭḏᴅ̦àɔt* „alkaa „ajaa" (mutta *β́ųıǭᴅᴅ̦ìɔt* „ajaa").

[1]) Näissä tapauksissa esiintyy Uuniemen murteessa pidennetty vokali lyhyenä; sen osottavat Qvigstadin muistiinpanot.

5) *boɔttsuɔk*, *suolluɔk*, *edɒnuɔk*, monik. nom. (*bò aɒsù* „poro", *su·olù* „saari", *e·ŋnù* „eno").

6) *fi̬llàɔk*, *lḁssàɔk*, *smḁββàɔk*, monik. nom. (*fālis* „valas", *lāsis* „kari", *smāvis* „pieni").

7) *tšḁɔttsài̯* „rikas vedestä" (mutta *tšāɔttsài̯* „veteen"); *mur̂rī̯* „rikas puista", attr. *mur̂ri̯s* (mutta *mūrrī̯* „puuhun").

8) *suɔkki̯s*, *bor̂ri̯s*, *βubɒmi̯s*, attr. muotoja (*suòɔkkḁɔt* „sakea", *bòar̂ra̯ɔt* „ylpeä", *βuòɒɒmḁɔt* „leveä").

9) *bēssil*ᵏ „johon paljon mahtuu" (mutta *bēssìɔt* „vetää"), *biββil*ᵏ „joka ei palele" (mutta *biββḁl*ᵏ „lämmin").

Tämän „ylipidennyksen" todennäköisestä syystä vrt. väitösk. s. 138 ss. Hämärä on 9) kohdassa mainittu ryhmä.

Muuten on „alkup. pitkäin" klusilien, affrikaattain, spiranttien, likvidain ja nasalien heikko aste aina = vastaavien „alkup. lyhyiden" äänteiden vahva aste, kun vain toisen tavun vokalikvantiteetti kummassakin tapauksessa on sama (joskus tulee myös ottaa ensi tavun vokali lukuun). Vrt. s. 7 2) kohdassa mainittuja esimerkkejä.

Mitä äänteiden kvaliteettiin tulee, mainittakoot tässä vain seuraavat eroavaisuudet Puolmangin murteesta:

Sanaa alottavat meediat ovat tavallisesti puheäänettömiä (*ɢ*, *ᴅ*, *ʙ*), läheisessä yhteydessä edelläkäyvän vokaliloppuisen sanan kanssa esiintyvät niiden asemesta tavallisesti vastaavat spirantit (*γ*, *δ*, *β*), harvoin puheäänelliset meediat (*g*, *d*, *b*).

Vokalienvälisten meediageminaattain (samoinkuin meedia-affrikaattain klusilisen aineksen) jälkimäinen osa on vahvassa asteessakin puheäänetön, esimerkkejä ylemp. Samoin esiintyy konsonanttiyhtymäin jälkimäisenä komponenttina vahvassa asteessa puheäänettömiä meedioita.

„Alkup. lyhyiden" vokalienvälisten nasalien "klusiliesilyönti" on puheäänetön, „alkup. pitkien" nasalien „esilyönti" sitävastoin vahvassa asteessa puheäänellisen + puheäänettömän meedian muodostama, heikossa asteessa puheäänetön. Konsonanttiyhtymissä on nasalien „klusiliesilyönti" (vahvassa asteessakin) puheäänetön: *al*ᵉ*ʙmi* „taivas", *sar*ᵉ*ᴅmùɔt* „puhua".

P u h e ä ä n e t ö n v o k a l i (ə) o n a i n a a i v a n l y h y t, sanan lopussa seisovan *k*:n, *t*:n, *p*:n edessä se voi korottomassa tavussa jäädä kuulumattomiinkin.

ə esiintyy myös konsonanttiyhtymäin edessä, joiden ensim. komp. on *k* (kirjakielen **ks, kš, kt, kc, kč**).[1]

α ei ole ensi tavussakaan ollut pysyväinen; siitä on tässä asemassa tullut *ą* (jota muodostettaessa huulet työnnetään taaksepäin), missä alkup. *ā* tai *ē* seuraa, ja *ε*, kun toisessa tavussa on alkup. *ĭ*:tä tai *ŭ*:ta edustava vokali: *tšąlᵋʙmi* „silmä“, *tšąlᵋʙmąį* „silmään“, *tšεlmīn* „silmän kanssa“; *adʙìət* „antaa“, *ąʙʙàm* „annan“, *εʙʙīį* „antoi“, *εdʙu* „annetaan“.

Kielennäytteitä en saanut juuri paljon: maa-majan rakentamista koskeva selitys, kaksi kertomusta „*stāllu*“:sta, yksi kertomus „*gufi·əltąr*“:eista (kaikki uusia) sekä yksi toisinto tuota Friisin kokoelmasta tunnettua satua ketusta ja sudesta — siinä kaikki.

Sitävastoin minulla on verrattain laajoja norjankielisiä ja osaksi lappal. kirjakielellä kirjoitettuja muistiinpanoja lappalaisen väestön oloista, tavoista y. m. Ohjeena käytin tämmöisissä tiedusteluissa Qvigstadin kirjasta „Veiledning for Undersögelse af Lappernes Forhold“.

Otin jotenkin paljon valokuvia, varsinkin lappalaisten rakennuksista (tuvista, maa-majoista, aitoista jne., yksitellen sekä myös useampia yhdessä), mutta ikävä kyllä tulin sitten niitä laittaessa pilanneeksi lähes puolet negatiiveistani. Tuskinpa niistä kuvista, jotka minulta onnistuivat, tulee muuta kuin hauskoja matkamuistoja minulle itselleni.

Todisteeksi siitä, kuinka itä-Ruijan merilappalaiset ovat jääneet tutkijoilta syrjään, saatan mainita, että Troldfjordenissa ollessani löysin — sattumalta, etsimättä — enemmän kuin 100 sanaa,

---

[1] Vahvan asteen „alkup. lyhyttä“ tenuisaffrikaattaa vastaa heikossa asteessa sekä tässä murteessa että myös P:ssakin lyhyt puheäänetön meediaaffrikaatta (väitöskirjassa väärin: t e n u i s - affrikaatta ilman edelläkäypää puheäänetöntä vokalia).

joita ei tavata FRIISIN sanakirjassa, ja niistä oli koko joukko aivan tavallisia, jokapäiväiseen puhekieleen kuuluvia; suurimmaksi osaksi ne olivat esineiden nimiä.

5 p. heinäkuuta jätin hyville troldfjordilaisille hyvästit ja palasin Tenon kirkolle, oleskelin siellä kaksi päivää valokuvaushommissa, — epäonnistuneihin tuloksiin olen jo viitannut.

8 p. heinäkuuta tulin sitten Bonakasin kestikievariin, jossa aioin odottaa veljeäni pastori SIGV. NIELSENIÄ, joka Norjan kristillisen nuorisoliiton palveluksessa oli tehnyt matkan pohjois-Norjaan; hän oli luvannut tulla minua tapaamaan ja matkustamaan kanssani Tenojokea ylös.

10 p. heinäkuuta me läksimme yhdessä matkalle, ensin hevosella Seidaan ja sitten jokiveneellä Puolmankiin, Allikkaniemen kylään (norj. Aleknjarg), jonne saavuimme jo samana iltana. Asuimme sitten vanhassa hyvässä kortteerissani perjantai-illasta maanantaiaamuun. Sunnuntaina minä Puolmangin kirkossa lapinkielellä tulkitsin veljeni saarnan.

Muuten ainoa työni Puolmangissa tällä kertaa oli uudistaa ystävyyteni sikäläisten tuttavien kanssa, koettaen samalla mahdollisimman tarkkaan kuunnella heidän puhettansa. Olin päättänyt vasta paluumatkalla suorittaa sen tarkastustyön, mikä oli tehtävä siellä. Sillä tavalla luulin parhaiten voivani varustaa itseäni sitä työtä varten: kaikki mitä muista murteista saattaisin oppia tulisi sitten sille hyväksi.

Maanantaiaamuna 13 p. heinäk. läksin veljeni kanssa Allikkaniemestä. Lähtiessä en ollut vielä selvillä siitä minne ensin asettuisin, mutta onnellinen sattuma auttoi minua päätöksen tekemisessä. Tapasin matkalla kansakoulunopettaja J. GUTTORMin Utsjoelta, ja hän suostui rupeamaan kielimestarikseni muutamiksi päiviksi. En olisi voinut saada parempaa tilaisuutta tutustua Utsjoen (kirkonkylän) lappiin, omituiseen murteeseen jota puhutaan „kahden könkään“ välillä Suomen puolella. Herra G. oli jo ennestään tottunut kielimestarin toimeen, hän kun oli kaksi kertaa ollut prof. SETÄLÄN luona lappalaisena kielimestarina.

Sovittiin G:n kanssa niin, että hänen piti tulla jäljestäpäin

Sirman „kruununtaloon“ (Norjan puolella), jossa sitten oli määrä viipyä muutama päivä.

Sirmaan tulimme tiistaiaamuna 14 p. heinäk. Täällä erosin veljestäni, joka palasi kyytimiesten kanssa takaisin samaa tietä.

14—18 p. heinäk. olin sitten Sirmassa tutkimassa Utsjoen murretta GUTTORMin avulla.

Oli tosiaankin hämmästyttävä nähdä, kuinka suuressa määrin tämä murre, joka maantieteellisesti on niin lähellä Puolmangin murretta, kuitenkin eroaa viimeksimainitusta.

Otin tässäkin pääasiallisesti kvantiteettiseikat tutkittavikseni. Yhtä hämmästyttävä kuin murteen eroavaisuus Puolmangin murteesta tässä kohden oli sen yhtäpitäväisyys Troldfjordenin murteen kanssa. Koko se konsonanttien astevaihtelu, joka ei ole riippuvainen toisen tavun sulkeumisesta, esiintyy ylipäänsä samalla tavalla kuin siellä, vrt. ylempänä. Tämä vaihtelu on siis tässäkin murteessa huomattavana, vaikka se tosin ei esiinny niin laajalti kuin P:ssa eikä eroitus eri kvantiteettivivahdusten välillä aina ole niin tuntuva kuin siellä. Ratkaisematta minun täytyi jättää se kysymys, onko konsonanttikvantiteetti *α*:sta syntyneen *ạ̀*:n edessä sama kuin alkup. *ā*:n, *ē*:n, *ω̄*:n edessä vai edustaako se väliastetta tämän ja alkup. *ī*:n, *ū*:n edessä seisovan konsonantin kvantiteetin välillä, mutta eroitus näiden kahden tyypin välillä oli kylläkin selvä, varsinkin vahvassa asteessa („alkup. lyhyissä“ vartalokonsonanteissa), vaikka tämä vaihtelu ei ole vaikuttanut edelläkäyvän vokalin kvantiteettiin: *pặs̄sì(ɔ)t* „paistaa“ ~ *pas̄sạ̀(ɔ)t* „pestä“ ~ *pẹ̀sį(ɔ)k* „paistavat“, „pesevät“, tai: *pặssì(ɔ)t* ~ *pas̀sạ̀(ɔ)t* ~ *pẹssį(ɔ)k*. — *ī*:n edessä on suhde vahvassa asteessa sama kuin *ạ̀*:n edessä: *tol̄tį* „tuleen“, vrt. *tol̄lạ̀n* „tulena“ ~ nom. *tolla*, tai: *toltį*, *tol̀lạn* ~ *tolla*. Heikossa asteessa (tämä koskee „alkup. pitkiä“ vartalokonsonantteja) on sitä vastoin *ī*:n edessä aina varmasti lyhyempi konsonantti kuin alkup. *ā*:n, *ē*:n, *ω̄*:n edessä: *koʙtį* „tappoi“ ~ *koʙtàm* „tapan“; *mĭl̄tn* „törmän kanssa“ ~ *mį·elli* „törmän“ (nom. *mįĕlli*); *lẹvn̄īn* „turpeen kanssa“ ~ *lạvńńi* „turpeen“ (nom. *lạvɛnńi*).

Ylempänä mainittu „ylipitkä“ aste „alkup. lyhyiden“ konsonanttien kvantiteetissa esiintyy tässä murteessa aivan samalla tavalla kuin Troldfjordenissakin. Samoin on „alkup. pitkien“ klusilien, affrikaattain, spiranttien, likvidain ja nasalien heikko aste tässäkin = vastaavien „alkup. lyhyiden“ äänteiden vahva aste samanlaisen vokalin edessä, vrt. ylemp.

Omituisuutena mainittakoon, että konsonanttiyhtymien jälkimäinen komponentti (tenues s:n, š:n jäljessä sekä nasaleja lukuunottamatta) vahvassa asteessa on selvästi gemineerattu, Troldfj:issa olin merkinnyt sen puolipitkäksi, Puolmangissa sitä vastoin se on aivan lyhyt.

Diftongien korkosuhteista on huomattava, että korko myös niissä tapauksissa, missä se Troldfj:issa jakautuu kumpaankin komponenttiin (vrt. ylemp.), on ehdottomasti edellisellä komponentilla. Tämä lienee katsottava suomenkielen vaikuttamaksi. Vahvassa asteessa „alkup. pitkien“ vartalokonsonanttien edessä on korko tässäsäkin murteessa diftongin jälkimäisellä komponentilla.

Äänteiden kvaliteetista mainitsen tässä seuraavat seikat:

Norjan lapin sanaa-aloittavia meedioita vastaavat tässä murteessa aspireeraamattomat tenues, — siinäkin varmasti suomenkielen vaikutusta.

Sanan lopussa vastaa kirjakielen g:tä, d:tä, b:tä aina *G*, *D*, *B* (puheäänettömiä meedioita) eikä *k*, *t*, *p* niinkuin Puolmangissa ja Troldfjordenissakin.

Vokalienvälisten meedia-geminaattain (ja samoin meedia-affrikaattain klusilisen aineksen) jälkimäinen komponentti on vahvassa asteessa puheäänetön (vrt. ylemp.), heikossa asteessa olin kuulevinani puheäänettömän meedian + tenuis-klusilin. Sama on myös konsonanttiyhtymäin jälkimäisenä komponenttina esiintyväin tähän kuuluvien äänteiden laita.

Kirjakielen ks, kš, kt, kc, kč yhtymiä vastaavien konsonanttiyhtymien edessä ei esiinny puheäänetöntä vokalia (*ə*); muuten on *ə*:n laita tässä murteessa sama kuin Troldfjordenissakin, vrt. ylemp.

Nasalien „klusiliesilyönti“ on aina koko pituudessaan puheäänetön, — „alkup. pitkien“ nasalien edessä esiintyvässä klusiliaineksessa on eroitus vahvan ja heikon asteen välillä siis vain kvantitatiivinen eikä myös kvalitatiivinen.

ϑ:n asemesta esiintyy konsonanttiyhtymissä aina *t*: *hutkkɑ(ə)t*

„keksiä“ (= P. *huϑ̄kaɔt*); *fäťmi* „syli“ (= P. *fåϑ̄ʻmi*). Vokalien välissä sitä vastoin *ϑ*: *mụ·ḝϑ̄ϑä* „täti“.

Vokalien suhteen mainittakoon vain, että Troldfjordenin murteen *α* ∼ *ɡ* ∼ *ε* suhdetta vastaa *α* ∼ *ạ* ∼ *ȩ* (*ȩ* = suomen e), ja että „aukenevaisten“ diftongien kvaliteetti suuremmassa määrin riippuu vartalokonsonantin kvantiteetista kuin toisen tavun vokalin kvaliteetista: avonaisimpina diftongit esiintyvät „alkup. pitkien“ vartalokonsonanttien vahvan asteen edessä.

„Kahden könkään“ välillä on monella henkilöllä omituinen sorahtava r-äänne, mutta sitä pidetään puhevikana; kielimestarillani sitä ei ollut, mutta olen monasti sen kuullut, — ainoastaan tämän murteen alueella. Tuskinpa sitä tavataankaan muualla lappal. murteissa. Se muistuttaa minun kuuloni mukaan lähinnä skoonelaisten r-äännettä.

18 p. heinäkuuta erosin hauskasta utsjokelaisesta kielimestaristani. Oli sopimus, että hänen piti tulla minun luokseni Puolmankiin kun olin palannut sinne, jotta saisin vielä paremman tilaisuuden verrata Utsjoen ja Puolmangin murteita toisiinsa.

Olin päättänyt matkustaa suoraan Kaarasjoelle asti, koska tarjoutui erittäin halpa kyyti; kaksi Kaarasjoelta kotoisin olevaa kyytimiestä oli nimittäin paluumatkalla kotiinsa.

Kaarasjoen kirkolle saavuimme 21 p. heinäk. illalla erittäin hauskan ja kaikin puolin onnistuneen matkan jälkeen.

Aikomukseni oli nyt ensin tutkia Outakosken murretta (Suomen puolella), ja sen takia olin käynyt Outakoskella kielimestaria tiedustelemassa. Nuoret miehet, joita mieluimmin olisin tahtonut tähän toimeen, olivat poissa; otin sentähden keski-ikäisen miehen Juhani H. Balton, joka sopimuksen mukaisesti saapuikin Kaarasjoen kirkolle seuraavana päivänä (22 p. heinäk.).

Käytin nyt muutamia päiviä hänen edustamansa Outakosken murteen tutkimiseen. Ennen kaikkea oli nytkin kysymys kvantiteettiseikoista. Helposti työ ei tahtonut sujua tällä kertaa. Kielimestarini oli kovin hidasluontoinen mies, ja vaikeanlaista oli varsinkin alussa saada hänet oikein käsittämään mikä nyt oli meininki, mutta parastansa hän kyllä teki, ja vähitellen sain hänet yhä paremmin taivutetuksi hänestä niin outoon kielimestarin tehtävään.

Mikäli saatoin huomata, oli tuo konsonanttien kvantiteettivaihtelu, joka ei riipu tavun sulkeumisesta, tässä murteessa kehittynyt tavalla joka asettaa tämän murteen Troldfjordenin (samoin Utsjoen) ja Puolmangin murteen välille, — lähinnä se olisi Kaarasjoen murteeseen verrattava.

Toiselta puolen tuo vaihtelu ei esiinny niin laajalti kuin Puolmangin murteessa, kun kaikki „alkuperäisesti pitkät" vartalokonsonantit vahvassa asteessa ovat sen ulkopuolella (vrt. mitä ylemp. sanottiin Troldfjordenin murteesta), mutta toiselta puolen murre muistuttaa Puolmangin murretta siinä, että alkup. lyhyt pääkorollinen vokali lyhyimmän konsonanttiasteen edellä esiintyy pidennettynä: *bòřŗ(ə)t* „syövät", *bòřrava* „(he kaksi) syövät", *bòřrụs* „syököön"; vrt. *bořravēəķ(ə)t* „syötte", *bořrȧ(ə)t* „syömme" ja „syödä", *bořrȧ* „(hän) syö".

„Alkup. lyhyiden" vartalokonsonanttien ylipitkä aste sekä vastaavaisuus „alkup. lyhyiden" konsonanttien vahvan asteen ja „alkup. pitkien" konsonanttien heikon asteen välillä esiintyvät tässä murteessa aivan samalla tavalla kuin Troldfj:in ja Utsjoen murteissa, vrt. ylemp.

Vahvassa asteessa esiintyvän konsonanttiyhtymän jälkimäinen komponentti ei ole yleensä niin selvästi gemineerattu kuin asianlaita oli Utsjoen murteessa (on niinkuin Troldfj:issa merkittävä „puolipitkäksi"). Poikkeuksia ovat kirjakielen **ks, kš, kt, kc, kč** yhtymiä vastaavien jälkimäinen komponentti (*ss, šš, tt, tts, ttš*) ja meediat (vahvassa asteessa $g + ɢ$ etc., heikossa asteessa $ɢ + k$ etc.).

Mitä diftongien korkosuhteihin tulee on murre samalla kannalla kuin Troldfj:in murre, sitävastoin samalla kannalla kuin Utsjoen murre diftongien kvaliteettiin katsoen (vrt. ylemp.).

Sanan alussa esiintyy tavallisesti *ɢ, ᴅ, ʙ* eikä niinkuin Utsjoen murteessa *k, t, p*. Sanan lopussa tavataan tenuis-klusileista ainoastaan *t*, ja tämä edustaa myös Utsjoen murteen *ɢ, ᴅ, ʙ* äänteitä tässä asemassa. Sanan lopussa seisovan *t*:n edellä esiintyy hyvin heikko *ə*; muuten ottaa *ə* tässä murteessa samoinkuin P:ssakin osaa kvantiteettivaihteluun: se ei ole aina lyhyt, niinkuin asianlaita oli Troldfj:issa ja Utsjoen murteessa.

ə:ta ei esiinny kirjakielen **ks, kš, kt, kc, kč** yhtymiä vastaavien kons.-yhtymien edellä. Näissä yhtymissä oli kielimestarillani *k*:n asemesta aina *p*, — individualinen omituisuus, joka tavataan paitsi Outakoskella verrattain usein Kaarasjoellakin.

P:n (ja Troldfj:in) *ϑ*:n asemesta esiintyy *k*:n edellä vahvassa asteessa *tϑ*, heikossa asteessa *t* : *sotϑka* „muurahainen“ ~ *sòtka* „muurahaisen“; vokalienvälisessä asemassa sitävastoin *ϑϑ* ~ *ϑ*: *mu̯ǭϑϑà* „täti“ ~ *mu̯·ǭϑà* „tädin“.

Vokalienvälisten meediain ja meedia-affrikaattain käsittely on tässä murteessa sama kuin Troldfj:issa, samoin myös nasalien „klusiliesilyönnin“, vrt. ylemp.

a ~ *ι*(*ę*) suhdetta ensimäisessä tavussa ei tavata Outakosken murteessa, sitävastoin on *a* suljetussa toisessa tavussa muuttunut (pitkäksi tai puolipitkäksi) *à*:ksi samoissa tapauksissa kuin P:ssakin, vrt. väitösk. s. 293.

Muoto-opillisista seikoista mainittakoon tässä vain, että ger. I:llä on suffiksi -(*d*)*ęibin* = kirjakielen -(d)edin (P. -(*đ*)*ēnīn*).

---

27 p. heinäk. läksin Kaarasjoelta Roavesavvoniin (norjaksi tavall. Heikoras; paikan suomalaista nimeä en tiedä, ikävä kyllä — lieneekö Rovasuvanto?). Tämä paikka on Suomen puolella Tenojokea — vähän alempana Kaarasjoen suuta.

Olin nimittäin matkallani Tenojokea ylös siellä tavannut tunturilappalaisvaimon, joka oli kotoisin Koutokeinosta. Tätä odottamatonta tilaisuutta saada tutustua Koutokeinon murteeseen olin heti päättänyt käyttää hyväkseni, ja mainittu koutokeinolaisvaimo oli luvannutkin ruveta kielimestarikseni sillä ehdolla, että tulisin sinne asumaan.

Otin sitten nuoren kaarasjokelaispojan Samuel Isaksenin mukaani ja muutin sinne, Suomen puolelle, yhdeksi viikoksi. Sain asua pienessä kouluhuoneessa, ruokaa minulla oli mukana („Bodö Preserving Co.“ oli lahjoittanut minulle runsaan määrän mitä herkullisimpia konservejä Lapin-matkaani varten), ja Samuel piti erinomaisella taidolla huolen ruuan ja kahvin keittämisestä; yksissä voimin me paistoimme poronlihaa ja lohta lappalaisten tavalla. Aineellinen toimeentulo oli siis mainio, ja mainiosti minä viihdyinkin tuossa primitiivisessä kortteerissani. Ystävällisiä ja avullisia olivat talon ihmiset, „passaajani“ hyvä ja luotettava poika, joka myös osoitti erityistä intressiä minun työhöni. Loma-aikanaan hän keksi lappalaisia sanoja, joiden ei luullut löytyvän FRIISin sanakirjassa, ja suuri oli hänen tyytyväisyytensä kun oli onnistunut löytämään joukon sanoja joita ei tavata sanakirjassa. Sain sillä tavalla aika paljon uusia sanoja muistiinpannuksi. Joskus S. oli mukana kun tein työtä koutokeinolaisen kielimestarini kanssa, jotta saisin verrata tämän ääntämistä Kaarasjoen murteeseen.

Kielimestariksi hän oli harvinaisen sopiva tuo tunturilappalaisvaimo (hänen nimensä oli norjaksi ELEN OLSDATTER SOMBI). Vilkasluontoinen, puhelias, sanarikas, väsymätön ja — ennen kaikkea: hänen lausumistapansa oli niin selvä ja täsmällinen, ett'en ole koskaan sellaista tavannut lappalaisilla naisilla. Oli kyllä yksi arveluttava seikka: hän oli jo monta vuotta ollut Koutokeinosta poissa, ja saattaisi siis pelätä sitä, että hänen puheensa ei ollut puhdasta Koutokeinon kieltä. Mutta hänellä näkyi olevan niin varma kielivaisti, ja ne omituisuudet, jotka eroittivat hänen kielensä Tenonlaakson murteista, tulivat niin säännöllisesti esille, että tunsin itseni varmaksi siitä, että kun hän sanoi sen tai sen sanan ääntyvän niin taikka näin Koutokeinossa, niin oli siihen luottaminen. Uuden ympäristön kieli ei ainakaan kovin tuntuvasti ole voinut vaikuttaa hänen murteeseensa, sen todistivat myös kaikki muut seikat. Hän olikin vasta täysikasvaneena, muistaakseni noin 30 vuoden iässä, muuttanut pois Koutokeinosta.

Jos tämä kielimestarini edustaa pääasiassa puhdasta Koutokeinon murretta — ja siitä minä kuten sanottu tunnen itseni varmaksi — niin saatan todistaa kaksi tärkeätä seikkaa: tavun sulkeumisesta riippumaton vaihtelu vartalokonsonanttien kvantiteetissa tavataan myös Ruijan läntisen murreryhmän alueella. Ja: samoin esiintyy sielläkin niin hyvin kvalitatiivinen kuin kvantitatiivinen eroitus „tumman“ ja „heleän“ a:n välillä; edellinen on hiukan matalampi kuin suomen a (= tavall. itänorjalainen a), jälkimäinen muodostuu vähän edempänä kuin suomen a (merkitsen sen ɑ:ksi).

Mitä sanottuun kvantiteettivaihteluun tulee, niin tämä esiintyy yleensä samalla tavalla kuin Troldf:in ja Utsjoen murteissa, vrt. ylemp. „Alkup. lyhyiden" vartalokonsonanttien ylipitkä aste tavataan tässäkin murteessa samoissa tapauksissa kuin noissa kahdessa sillä poikkeuksella, että imperat. mònik. 1 ja 2 pers. osoittavat lyhyimmän asteen (alkup. *ŭ*, *ı* toisessa tavussa): *ʙoȓrᴜ̨ɔt*, *ʙoȓrᴜ̨ɔp* „syökäämme", *ʙoȓrėɔt* „syökää", vrt. dual. *ʙoȓ̂rù*, *ʙoȓ̂rì*: — *ɢūrrᴜ̨ɔt*, *ɢūrrᴜ̨ɔp* „neulokaamme", *ɢūrrᴜ̨ɔt* „neulokaa", vrt. dual. *ɢŏaȓ̂rù*.

Konsonanttiyhtymien jälkimäisen komponentin kvantiteetista vahvassa asteessa on tässä sanottava sama kuin ylemp. mainittiin Outakosken murteesta.

Diftongien suhteen on murre yleensä samalla kannalla kuin Utsjoen murre, — täydellisesti mitä niiden kvaliteettivaihtelun syyhyn tulee; korossa tuntui sitävastoin olevan vähän horjuvaisuutta Utsjoen murteen ja Troldfjordenin murteen edustaman kannan välillä, vrt. ylemp. Näkyipä korolla nopeassa puheessa olevan taipumusta siirtyä diftongin jälkimäiselle komponentille niissä tapauksissa, missä se muuten joko on edellisellä komponentilla tai jakautuu tasaisesti kumpaankin.

Äänteellisistä omituisuuksista olivat muuten huomattavimmat ne jotka koskevat klusileja.

Sanan alussa esiintyvät meediat ovat, mikäli minä saatoin päättää, puoli-äänellisiä (koetin niitä tutkia kuulotorvenkin avulla); olen kuitenkin niistä käyttänyt puheäänettömien meediain merkkejä (*ɢ*, *ᴅ*, *ʙ*), koska ne akustisesti muistuttivat enemmän näitä kuin kokonaan puheäänellisiä meedioita.

Sanan lopussa tavataan sekä puheäänettömiä meedioita että tenuisklusileja (vrt. mitä mainittiin Utsjoen murteesta tässä suhteessa). viimemainituista kuitenkin tavallisesti ainoastaan *t*, joka on anastanut itselleen sekä *k*:n että *p*:n sijan; joskus kuulin tosin *p*:tä käytettävän tässä asemassa (vrt. ylemp. mainittuja imperatiivimuotoja), *k*:ta sitävastoin en koskaan.

Myös vokalienvälisessä asemassa — korollisen tavun jäljessä — esiintyy *t* muissa murteissa tavattavan *p*:n, *k*:n sijassa, niinpä kolmitavuisten verbien pres. dual. ja monik. 2 pers:ssa (imperatiivissa sitävastoin aina *k*). Korottaman tavun jäljessä on vokalienvälinen *t* samoinkuin *k*:kin muuttunut *h*:ksi (niin on asianlaita Kaarasjoen murteessakin, vrt. Zur aussprache des norwegisch-lappischen s. 14).

Tenuis-klusilien edessä esiintyvä *ɔ* ottaa tässäkin murteessa osaa kvantiteettivaihteluun.

Paitsi lappalaisissa murteissa tavallisia tenuis-klusileja tavataan tässä murteessa omituinen klusili, joka muodostuu kielen kärjen ja ylihammasten reunan välissä (merkitsen sen *ṭ*:ksi); tämä esiintyy kirjakielen **tk** ja **tm** yhtymiä vastaavissa konsonanttiyhtymissä:[1] *ṭϑk* ja *ṭϑʻm* (eroitus vahvan ja heikon asteen välillä on tässä vain kvantitatiivinen eikä myös kvalitatiivinen, niinkuin Outakosken murteessa). Vokalienvälisessä asemassa on tässäkin murteessa *ϑϑ* ~ *ϑ* tavattavana.

Omituista „kovennusta“ — Ruijan itäisempiin lappalaismurteisiin verraten — esiintyy siinä, että vahvan asteen „alkup. lyhyttä“ *p*:tä, *k*:ta vastaa heikossa asteessa *ʙ*, *ɢ* (etuvokalin seuratessa *ɢ́*, joskus *ɟ*:kin), sitävastoin *t* ~ *ᴅ*[2] niinkuin muuallakin —, ja että „alkup. lyhyen“ nasalin „esilyöntinä“ vahvassa asteessa sekä „alkup. pitkän“ nasalin edessä heikossa asteessa[3] esiintyy gemineerattuja tenuisklusileja, joiden edessä käypi l a r y n g a a l i - k l u s i l i (tansk „stöd“).

Viimeksi mainittu seikka oli minulle suuri yllätys, ja hauska olisi saada todistetuksi, kuinka laajalle tämä omituisuus on levinnyt ja mikä sen takana mahdollisesti piilee.

Etuvokalin e d e s s ä ovat *k*, *ɢ*, *g* äänteet selvästi palatalisee-rattuja: *ḱ*, *ɢ́*, *ǵ*.

Kirjakielen **gj**:tä vastaavat äänteet ovat enemmän palataliseerattuun *g*:hen, *ɢ*:hen päin kuin *ḓ*:llä, *ɖ*:llä merkityt äänteet muissa tutkimissani murteissa; käytän tässä *ǵ*, *ɢ́* merkkejä.

ɢ́ esiintyy *i*:n, *w*:n, *l*:n, *r*:n, *ᴅ*:n jäljessä seisovan nasalin „esi-

---

[1] Outakosken murteessa tässä asemassa esiintyvää *t*:äännettä en ole niin tarkkaan tutkinut; mahdollista on, että se sielläkin muodostuu edempänä tavallista *t*:tä.

[2] Samoin edustaa kirjakielen *g*:tä, *b*:tä korottoman tavun jäljessä aina *ɢ* (*ɢ́*), *ʙ*, *d*:tä sitävastoin *ᴅ*.

[3] Vahvassa asteessa gemineerattu meedia, jonka edell. osa aina on puheäänellinen, — jälkim. saattaa olla sekä puheäänellinen että puheäänetön.

lyöntinä" myös takavokalin seuratessa; nasali muodostuu silloin samassa kohdassa kuin tämä „klusiliesilyönti": *ŋ́*, niinpä myös heikossa asteessa, missä klusili jää pois.

Kirjakielen **gŋ**:ää edustavasta yhtymästä vokalin jäljessä minulla on valitettavasti vain yksi ainoa esimerkki; siinä ovat klusili ja nasali dentipalataalisia: *ʋ̆ụ̆əd̀ńaət* (pres. yksik. 1 p. *muo'ťńọ̀n*) = **duogŋat** „paikata".

Paitsi murteen äänneseikkoja valaisevia esimerkkejä sain koutokeinolaiselta kielimestariltani lähes 150 erilaista poron-nimitystä muistiinpannuksi; ikävä kyllä en ehtinyt saada kaikkia fonetisesti transskribeeratuksi. Kielennäytteiden kokoonpanemiseen ei riittänyt aikaa.

2 p. elokuuta palasin Samuelin kanssa Kaarasjoen kirkolle; tulimme sinne illalla.

Viivyin nyt Kaarasjoella pari päivää, Samuelin kanssa tarkastaen niitä Kaarasjoen murteesta otettuja esimerkkejä, joita on käytetty kirjoituksessani „Zur aussprache des norwegisch-lappischen".

Tämän murteen perinpohjaisempaan tutkimiseen ei nyt riittänyt aikaa. Jäljellä oleva aika tarvittiin siihen tarkastustyöhön joka Puolmangissa oli suoritettava. Sitä paitsi minulla oli se tuuma, että tänä talvena ottaisin kaarasjokelaisen kielimestarin (saman Samuel Isaksenin) luokseni Kristianiaan, jotta saisin tilaisuuden hänen kanssaan käydä läpi Friisin sanakirjan kokonaisuudessaan, — tuuma, jota en ole vielä lopullisesti jättänyt, vaikka sen toteutumisesta ei tosin liene suuria toiveita, se kun vaatii aika suuria kustannuksia.

5 p. elokuuta tai oikeammin yöllä vasten 6 p. läksin Kaarasjoelta postinkuljettajan veneessä. Jo 7 p. iltapuoleen tulin taas Allikkaniemeen, vanhaan kortteeriini.

Kaksi päivää (lauantai ja sunnuntai) meni nyt valokuvaustöihin. Alinimismies A. Eiden ystävällisellä avulla sain suurimman osan matkalla ottamistani kuvista laitetuiksi. Kovin runsasta saalista matkani kuitenkaan ei ollut tuottanut tässä suhteessa. Samana päivänä kuin olin lähtenyt matkalle Allikkaniemestä, oli valokuvauskoneeni särkynyt, ja vasta Roavesavvonissa ollessani sain taas jatkaa valokuvaamista. Sieltä ja Kaarasjoelta sain sitten muutamia onnistuneita negatiiveja, mutta matkalla Kaarasjoelta alas en saanut kertaakaan koettaa, koska satoi satamistaan koko ajan. Allikkaniemessä otin koko joukon kuvia. Ne ovat suurimmaksi osaksi osoittautuneet hyviksi. Mutta ylipäänsä kallis valokuvauskoneeni ei tuottanut minulle läheskään niin paljon hyötyä ja iloa kuin olin toivonut — tällä Lapin-matkallani. Kai se ensi kerralla käy paremmin; oppirahoiksi saa katsoa niitä melkoisia menoja, jotka valokuvaaminen aiheutti tällä matkalla.

Allikkaniemessä kävin nyt uudestaan läpi Puolmangin murteen kvantiteettioloja koskevan väitöskirjani esimerkkikokoelman, silmällä pitäen niitä vertauskohtia, joita kesän työ toisten murteiden alalla tarjosi.

Pääpiirteissä tämä tarkastus vahvisti niitä tuloksia, joihin väitöskirjassani olin päässyt, vaikka kyllä yksityisseikoissa huomasin tehneeni koko joukon erehdyksiä. Näistä asioista toivon pian saavani tilaisuuden tehdä tarkemman selon.

Puolmangissa minulla oli tällä kertaa sama hyvä ja kärsivällinen kielimestari kuin ennenkin, Elen Henriksdatter. Työstäni siellä mainitsen vielä, että kävin läpi kaikki Friisin sanakirjassa tavattavat sanat, joissa hän käyttää c, č merkkejä sanan sisässä.

Mitä konsonanttia seuraavaan c:hen, č:hen tulee, sain konstateeratuksi, että niihin vain muutamissa sanoissa on vastaamassa tenuis-affrikaattoja, toisissa sitävastoin meedia-affrikaattoja[1], — ei ainoastaan Puolmangin murteessa, vaan kaikissa murteissa, joita tänä kesänä olin tilaisuudessa tutkimaan. Näissä tapauksissa olisi siis kirjoitettava ʒʒ ~ ʒ, ǯǯ ~ ǯ eikä cc ~ c, čč ~ č. Luettelon näistä sanoista — Puolmangin murteen mukaan — aion antaa toiste.

Kuten jo mainittu, oli opettaja Guttorm Utsjoelta luvannut tulla minun luokseni Puolmankiin, jotta saisin paremman tilaisuuden verrata Puolmangin murretta Utsjoen murteeseen. Tämän hän teki-

[1] Eikä niinkuin väitöskirjassa s. 83 ja 97 on sanottu: tenuis-affrikaattoja, joiden edessä ei esiinny puheäänetöntä vokalia tai puheäänellisen äänteen loppuosan muuttumista puheäänettömäksi.

kin, viipyi siellä pari paivää, ja minulla on täysi syy olla hänelle kiitollinen siitä, vaikka kyllä aiotusta vertaustyöstä ei tullut niin paljon kuin olin odottanut. Puolmankilainen kielimestarini ei tahtonut ymmärtää tämän yhteistyön tarkoitusta, vaikka kyllä koetin selittää parhaani mukaan.

Hän näki siinä jonkunmoista loukkausta Puolmangin kieltä kohtaan, — ikäänkuin minä olisin pitänyt Utsjoen kieltä „parempana", koska muka tahdoin korjata ennen tekemiäni muistiinpanoja sen mukaan! Hyvät puolmankilaiset ovat nimittäin kovasti ylpeitä kielestään: näkeehän sen, että se on kaikkein „selvintä lappia, koskapa kaikki papitkin, jotka aikovat lappia oppia, lähetetään sinne"! No niin, sain kuitenkin pääasiassa aikomukseni toteutetuksi: sain vielä varmemmin todistetuksi sen suuren eron, joka on olemassa Puolmangin ja Utsjoen kielen välillä.

19 p. elok. läksin Puolmangista, seuraavana päivänä Tenon kirkonkylästä ja matkustin sitten suoraan Kristianiaan, jonne saavuin 25 p. elokuuta.

Jos nyt kysytään murrerajoja niillä seuduilla, missä tällä matkallani enimmiten liikuin — pitkin Tenonlaaksoa aina Kaarasjoelle asti —, niin saatan siihen ensiksikin vastata, että Suomen puolella ovat murrerajat jotenkin jyrkkiä. Utsjoen pitäjän lappi jakautuu kolmeen murteeseen (eli murreryhmään). Ensimäistä, jota puhutaan Rajala nimisestä pikkukylästä Jalveen asti, tuskin saattaa eroittaa Puolmangin murteesta. Toinen on kirkonkylän murre, jota ylemp. on kutsuttu „Utsjoen murteeksi"; sitä puhutaan kuten mainittu ali- ja ylikönkään välillä, kirkonkylään luetaan kaikki tällä jotenkin laajalla alueella tavattavat talot. Kolmas on Outakosken murre (oikeammin: murreryhmä), ylikönkään yläpuolella; siinä huomaa yhä selvemmin Kaarasjoen murteen vaikutusta mitä ylemmäksi tulee, Kaarasjoen suuhun asti. Yläpuolella Kaarasjoen suuta en käynyt, mutta sanottiin, että siellä puhutaan aivan samaa kieltä kuin alipuolella; siellä on muuten hyvin vähän asukkaita.

Norjan puolella sitävastoin ei ole niin selviä ja jyrkkiä murrerajoja. Omituista on, että könkäät täällä eivät ole murrejakaja niinkuin Suomen puolella on laita. Tenonsuusta alkaen jatkuu, mikäli saatoin huomata, vähitellen muuttuva mutta siitä huolimatta jotenkin yhtenäinen murresarja pitkin laaksoa ylös lähelle Kaarasjoen suuta, jossa sitten Kaarasjoen karakteristisen murteen vaikutus astuu tuntuvasti esille. Tällä pitkällä välillä en voi siis selviä murrerajoja osoittaa. Mutta paljon pikkueroavaisuuksia on olemassa, sen kyllä huomasin. En ehtinyt tällä kertaa ottaa tarkempaa selkoa tästä asiasta; se olisi kysynyt koko paljon aikaa siitäkin syystä että monessa paikassa on muuton tai naimisen kautta vieras murre tai murrevivahdus päässyt vaikuttamaan kieleen.

Minun täytyy toistaiseksi tyytyä siihen, että minulla on „Puolmangin murre“ näytteenä tällä välillä tavattavista murrevivahduksista, samoinkuin Troldfjordenin murre saapi edustaa Tenovuonon murteita.

Kielen yleisvaikutukseen nähden mainittakoon, että Tenovuonon murteissa samoinkuin Uuniemen (Næssebyn) murteessakin, jota edellisillä matkoillani olen kuullut, on vallalla sangen voimakas sanakorko ja sen kanssa yhteydessä varsinkin naisten puheessa hyvin suuret musikaaliset intervallit. Tämä antaa kielelle omituisen „staccato“-leiman, joka vielä enenee sen kautta, että puhutaan verrattain nopeasti.

Tämän puhetavan jyrkimpänä vastakohtana esiintyy hitaanlainen, yksitoikkoisuuteen taipuvainen Puolmangin murre luisuvine korkoineen ja pitkine vokaleineen. Sekä alempana että ylempänä tämän murteen rajaseutuja on kieli reippaampi, pontevampi, ikäänkuin itsetietoisempi, — Norjan puolella on varsinkin Kaarasjoen murre tässä suhteessa selvästi eroava Puolmangin murteesta.

Erityisen voimakkaan vaikutuksen tekee „Utsjoen murre“ suomenkieltä muistuttavine omituisuuksineen: vahva tavukorko, täsmällisesti äännetyt vokalit ja varsinkin diftongit sekä kovat klusilit sanan alussa y. m.; kaikki tämä antaa tälle murteelle tasapainoisen voiman, joka muuten näkyy olevan jotain lapinkielen luonteelle vierasta.

Folkloristisia aineksia sain matkallani kovin niukasti. Tenonlaaksossa en onnistunut saamaan yhtään uutta lappalaista satua enkä liioin lappalaisia lauluja tai taikoja. Mutta en tavannutkaan tunturilappalaisia (paitsi koutokeinolaista kielimestariani); niillä on varmaankin vielä säilyssä ehkäpä paljonkin vanhaa kansallista henkiomaisuutta. Mutta kiire jo alkaa olla, jos tahtoo pelastaa tämän omaisuuden häviämästä. Missä lestadiolaisuus, tuo lappalaisten maassa niin paljon levinnyt uskonnollinen liike saapi jalansijaa, siellä se hävittää aivan tyystin kaikki semmoiset „jumalattomat menot“ kuin on joikastaminen y. m. Sen olen selvimmin nähnyt Kaarasjoella, joikastamisen luvatussa maassa, missä ennen oli tapana sepittää erityinen „luötte“ miltei jok'ainoasta henkilöstä. Sen jälkeen kuin lestadiolaisuus pari vuotta sitten vihdoinkin pääsi tunkeumaan tännekin, on nyt kovin vaikeata, melkeinpä mahdotonta saada kaarasjokelaista joikastamaan, vaikka hän kuinka hyvästi sitä osaisikin.

Lopuksi tahdon lausua Suomalais-ugrilaiselle Seuralle sulimmat kiitokseni siitä apurahasta, jonka kautta matkani on käynyt mahdolliseksi.

Kristianiassa 27 p. marraskuuta 1903.

KONRAD NIELSEN.

Matkakertomus kalmukkien maalta[1].

(Esitetty Seuran kokouksessa 19 19/IX03.)

Melkein samoilla paikoilla Aasian portin edustalla, missä monta sataa vuotta aikaisemmin nykyisen mongolikansan sukulaiset, hunnit, paimentelivat hevosiaan, asuu meidänkin päivinämme samanlaisena todellisten aasialaisten etuvartijostona kalmukkien pieni kansa.

[1] Toht. Ramstedt kävi kalmukkien kieltä tutkimassa yliopiston stipendiaattina kamarineuvos Herman Rosenbergin rahastosta annetulla matka-apurahalla (n. s. „Antellin stipendillä“).

Tätä kansaa tapaamme nykyään kolmessa eri kuvernementissa. Suurin osa — virallisten tiedonantojen mukaan 135,000, mutta todellisuudessa ainakin 150,000 — asuu Astrahanin kuvernementissa, noin 8—9,000 on Stavropolin kuvernementissa ja saman verran Donin kasakkain alueella. Muutamia satoja on vielä Tsaritsynin ja Sareptan kaupunkien läheisyydessä Saratovin kuvernementissa.

Tavallisesti kalmukit itse jakavat itsensä kahteen ryhmään: dörbötteihin ja torgutteihin. Dörböttejä ovat kalmukkilaiset kasakat (kalm. *buzāw*), Stavropolin kuvernementissa asuvat „suurdörbötit" ja Astrahanin kuvernementin suurin kalmukkilaisheimo „vähädörbötit". Torguteiksi luetaan muut erinimiset pikkuheimot; varsinaisia torgutteja ei ole tätä nykyä paljo, sittenkun suurin osa heistä v. 1771 lähti takaisin vanhoille kotipaikoilleen Kiinassa, missä heitä on vielä tänäpäivänä Čugučak nimisen kaupungin tienoilla likellä Venäjän rajaa.

Kiinassa asuvien heimolaistensa kanssa kalmukeilla on paljon yhteistä. Elämäntavat, uskonto ja kieli ovat pääasiallisesti samat. Ne 270 vuotta, jotka ovat kuluneet siitä kun ensimäiset kalmukit Volgan rannoille saapuivat, eivät ole heitä ehtineet sanottavasti muuttaa. Missä yleensä muutoksia on tapahtunut, näkyvät ne säännöllisesti käyneen huonompaan päin. Mutta ehk'ei sopine minun näin ensialuksi ryhtyä vertaamaan keskenään mongoleja ja kalmukkeja, sillä se ehkä antaisi liiankin synkän kuvan kalmukkien oloista. Jätän sen tuonnemmaksi ja kerron ensiksi matkoistani kalmukkien keskuudessa.

Maaliskuun 3 p. tänä vuonna lähdin (Lahdesta) Pietariin, jossa viivyin muutamia päiviä käyden Pietarin yliopiston ja tiedeakatemian mongolilaisia ja kalmukkilaisia kokoelmia katselemassa. Saman kuun 15 p. jatkoin matkaani ja saavuin 17 p. illalla Tsaritsyniin. Kuulustelin, olisiko siellä kalmukkeja ja sain tietää, että heitä asui vain parikymmen-henkinen joukko kaupungin laidassa. Parin päivän perästä lähdin Sareptaan, pieneen, mutta miellyttävään ja siistiin kauppalaan, jossa heti sain joukon hyviä ystäviä sikäläisten saksalaisten joukossa. Sareptan pastori vei minut heti niille takakaduille, joille muutamat kalmukkiperheet olivat pystyttäneet mustat, ryysyiset telttansa. Mutta kun ei heitä ollut enempää kuin yhteensä tuskin 200 henkeä ja kaikki muuten olivat köyhää ja kehittymätöntä työväkeä, jotka eivät osanneet venäjää eivätkä saksaa, niin täytyi minun hakea toinen olopaikka, jos tahdoin saada työni menestymään. Sen vuoksi lähdin 23 p. vanhan tuttavani, vähädörböttien ylimmäisen papin — Bāza Bakši Menkedžievin — luo Oräin-bulukiin, Aksai-kylän eteläpuolelle, noin 40 virstaa Gniloaksaiskaja nimiseltä rautatieasemalta. Bakši oli jo jonkun aikaa ollut vuoteen omana, mutta osoitti kuitenkin minulle suurta huomaavaisuutta ja päästi minut pari kertaa puheilleen, seikka, joka suuresti enensi arvoani kalmukkien silmissä. Bāza Bakši neuvoi minua lähtemään vähädörböttien Dunda-khurul (= „Keskikirkko") nimiseen luostariin eli khuruliin Khanatu-järven rannalla, jossa olisi kielimestareita, sadunkertojia, laulajia y. m. mielin määrin. Tiedustelin oltaviani oloja ja palasin sitten Sareptaan, josta, poikettuani matkalla Tundutovo-kylän vieressä olevaan vähädörböttien „parvleeniin" (управленіе) passiani ja paperejani näyttelemään saavuin Khanatun luostariin. Täällä aloitin jo varsinaista työtäni — sanavaraston keräämistä, — mutta kalmukkien luostarit ovatkin muuttelevaiset kuten kalmukkimaallikkojen asunnot. Luostarin papit, sekä vanhemmat *(gelṇ)* että opiskelevaiset *(getsḷ* ja *mandžṇ)*, toinen toisensa perästä lähtivät pois, ja luostarin rakennukset jäivät autioiksi. Huhtikuun 11 p. olin sentähden taas Oräin-bulukissa, Dunda-khurulin mielityssä kesäpaikassa, jossa 3—4 päivän perästä luostarikin oli koolla Nuugräin laaksossa. Bāza Bakši käski antaa minulle asuttavaksi matalan tuvantapaisen, paraimman niistä kymmenestä, jotka puolikehänä ympäröivät hänen omaa taloaan, seudun kirkkoa *(sömə)*. Asuintoverina oli minulla Boskhomdži-gelung, joka oli minulle suureksi avuksi, ja m. m. kertoi 8 pitkää satua. Boskhomdži-gelung olisi ollut minulle erinomainen kielimestari, varsinkin kun hän aina ymmärsi minun alussa hyvinkin mongolinvoittoista kalmukinkieltäni, jommoista hän jo ennen oli kuullut, viimeksi hra Rudnevin suusta jonkun kuukauden aikaisemmin. Mutta Boskhomdži oli Bakšin palveluksessa, teki työtä kaiket päivät ja oli harvoin kotona pienessä mökissämme. Kun siellä täällä yritin hankkia vakinaista kielimestaria itselleni, oli Boskhomdži-gelung pahoillaan ja selitti, että maallikkoa ei suvaittaisi Bakšin läheisyydessä ja että hengellinen olisi kuitenkin ennen kaikkea Baksin käskyläinen. Ruuanlaitto, pyykinpeso, tuvan siivoaminen y. m. veivät minulta paljon aikaa, sillä Bakšin ruuassa en voinut enkä tahtonut elää ajanpitkään, ja mitä siivoamiseen tulee, on puhtaus kaikille kalmukeille tuntematonta ylellisyyttä. Boskhomdži-gelung oppi kuitenkin pian tuntemaan oikkujani, ja teki minulle sitten monta pikku palvelusta. Hän piti etenkin huolta siitä, ettei käynyt liian rasittavaksi kävijöiden utelevaisuus. Tuossa pienessä tuvassa kului aikani tavallaan hauskasti ja vapaasti, vaikka otankin lukuun ne lukemattomat säännöt, joita paikan pyhyyden säilyttämiseksi minun tuli noudattaa. Kävin toukokuussa ruokatavaroita hankkimassa Tsaritsynissä. Sitten palattuani vuokrasin teltan ja pestasin Sandži-nimisen maallikon, yhteensä 9 ruplan kuukausipalkasta, jotta voisin mieleni mukaan valita asuinpaikkaa ja alituisesti käyttää kielimestarin apua. Mutta Sandži sairastui ja lähetti sijaisekseen 15-vuotiaan Balderin. Kahden sitten pystytimme telttamme parin sadan sylen päähän Bakšin asunnosta ruohoiselle arolle. Tällä muutoksella voitin paljon, sillä Balder oli väsymätön sananselityksien antaja ja hyvä sadunkertoja, jopa osasi laulujakin, sen verran kuin hän vielä niin likellä Bakšia uskalsi. Bāza Bakšin terveys oli tällä välin käynyt yhä huonommaksi, ja hänen luokseen saapuivat milloin joku venäläinen lääkäri, milloin tibettiläinen vanhus Zončik, milloin suurdörböttien ylimmäinen pappi Dordži Setenov. Huomasin, että oleskeluni sairaan Bakšin läheisyydessä ei ollut kalmukkien mielestä aivan sopivaa, eikä minun tehtävillenikään edullista. Lähdin siis kesäkuun 14 p. Oräin-bulukista pois, päästyäni vielä kerran sairaan Bakšin puheille ja jätettyäni hänelle lämpimät hyvästit.

Asetuin nyt asumaan Červlennajaan, joka on pieni (ja ainoa) kalmukkilaiskylä aivan Saratovin kuvernementin rajalla. Vuokrasin täällä kyytiasemanhoitajalta, Dordži Ulanovilta, hänen tupansa ja sovin hänen koulua käyneen poikansa Dževuš Dordžievin kanssa kielimestarin palkasta ja tehtävistä. Viikon päivät tehtiin jo työtä yhdessä, kun Dževuš erään zaisangin eli sukupäällikön kanssa lähti Pietariin; ja kun hän palasi, oli häntä odottamassa käsky saapua „parvleeniin“ tulkin ja kirjurin toimia hoitamaan. Červlennajassa oli toinenkin sivistynyt kalmukki, Kasanin hengellisen akatemian kalmukinkielen opettaja Lidži Normaevič Normaev, joka siellä vietti kesälomaansa. Červlennaja on muuten koko kalmukkien maalla kuulu kauneudestaan; siellä on suuri soikea patama, jonka vedessä kasvavat komeat salavat, ja jonka toisella rannalla on kylä, toisella puolella muutamat tatarien viljelemät omenatarhat. Červlennajassa en niin enää tuntenutkaan olevani arojen mailla. Läheisyydessä on kalmukkien entisen hallitsijan, ruhtinas Tundutovin maatila. Ruhtinas ja hänen puolisonsa auttoivat minua monella tavalla, ja olen ruhtinattarelle kiitollisuudessa siitä laulukokoelmastaan, jonka hän antoi minun kopioitavakseni, sekä monesta tärkeästä tiedonannosta. Se vieřasvaraisuus ja huomaavaisuus, joka tuli osakseni ruhtinas Tundutovin kodissa, oli minulle jo jotakin outoa, minä kun jo olin ehtinyt tottua kalmukkien yksinkertaisiin oloihin ja naivisiin elämäntapoihin. Mutta — kesän kuumimmat ajat olivat jo käsissä ja Červlennajan pataman vesi oli alkanut kauniisti viheriöidä. Ei ollut minulla tarmoa tehdä henkistä tai ruumiillista työtä, kun lämpömittari näytti auringossa keskipäivän aikaan 45 ° – 52 ° R (= 55 ° – 65 ° C) ja öisinkin oli vähän päälle tai alle 30 ° R (= 37 ° C). Heinäkuun lopussa muutin Červlennajasta Sareptaan. Ei tehnyt minun mieli odotella viileämpää aikaa, vaan katsoin tuntevani vähädörböttien elämää ja kieltä jo tarpeeksi asti. Heinäkuun 30 p:nä lähdin laivalla Astrahaniin tavatakseni torgutteja, joita jo sitä ennen olin ruhtinaan luona nähnyt muutamia. Astrahanista ei kuitenkaan löytynyt minua varten paljoa ja käännyin seuraavana päivänä takaisin. Sunnuntaina elokuun 9 p:nä olin jo Suomessa.

Tämä oli kalmukkimatkani ulkonainen kulku.

Oleskelin enimmän aikaa vähädörböttien keskuudessa, enkä katsonut välttämättömäksi jäädä samalla tavalla torguttien keskuuteen, syystä että eroavaisuus näiden molempien heimojen välillä on ehkä suuremmaksi osaksi heidän menneisyydessään, heidän luonteessaan ja heidän suhteessaan naapureihinsa kuin heidän kielessään. Torgutit ovat olleet ja ovat vieläkin kirgiisien ja tatarien naapureita, jotavastoin dörbötit ovat enemmän venäläisen vaikutuksen alaisina. Siitä johtuu, että kun torgutit nimittävät muutamia esineitä alkuperäisillä mongolilaisilla tai lainatuilla tatarilaisilla nimillä, dörbötit sen sijaan jo käyttävät vastaavia venäläisiä sanoja. Tällaisia tapauksia on kuitenkin vain harvoja; dörböteille ja torguteille on siihen määrin yhteinen heidän kalmukinkielensä, että heidän itsensäkin on mahdoton kielen avulla päättää, kumpaanko heimoon kukin yksityinen jäsen kuuluu. Kalmukinkieli on siis jokseenkin samanlaista kaikkialla. Missä suhteessa se eroaa Kiinan kalmukkien kielestä en tunne, mutta eroavaisuus kalmukkien ja khalkha-mongolien murteiden välillä on jo melkoinen, vaikk'ei se vielä teekkään keskenäistä ymmärtämistä vaikeaksi. Fortisklusilien aspiratsioni on kalmukeilla hyvin heikko ja tuskin huomattava ja alkuperäinen etu-*k* on säilyttänyt klusili-luonteensa. Lenisklusilit ovat säännöllisesti puheäänellisiä. Khalkhan konsonanttidiftongeja *ᴅz* ja *ᴅž* vastaavat kalmukin *z* ja *dž*, diftongeja *ts'* ja *tš'* taas *ts* ja *tš* sekä muutamissa sanoissa *s* ja *š*. Suuremmat ovat eroavaisuudet vokalismiin nähden. Khalkhan monia labialisia etuvokaleja vastaavat kalmukissa äänteet *ü* ja *ö*. Toisen tavun *i*-vokali on lyhyen konsonantin jäljessä takavokalisissa sanoissa aiheuttanut täydellisen „umlaut"-ilmiön ensi tavun vokalissa, kun meillä sitävastoin khalkhassa vielä on heikosti palataliseerattu takavokali. Samalla tavalla ovat diftongit *ai* ja *oi*, khalkhan *ąę̯*, *ǫę̯*, antaneet *ä*:n ja *ö*:n. Näissä tapauksissa *a*, *o*, *u* vokalien muuttuminen *ä*, *ö*, *ü* vokaleiksi on vienyt kehityksen kulkua n. s. vokalisoinnun rikkomiseen. Mongolin kirjakielen sana *saiqan* 'hyvä' on kalmukiksi *sä̆χṇ*, instrumentali *sä̆χūr*. Samalla ovat takavokaliset päätteet päässeet yleistymään ja esiintyvät nyt kaikkialla taivutuksessa etuvokalisissakin sanoissa säännöllisten etuvokalisten vastineittensa kanssa rinnan; sana *temē* 'kameli' on instrumentalissa joko *temēgēr* taikka *temēγūr*. Näistä uusista rinnakkaisuuksista kieli nykyään koettaa päästä suosimalla ainoaksi milloin toista, milloin toista. Taivutuksessa tapahtuu siis nykyään merkillinen uudistustyö. Huomiota ansaitsee myöskin kalmukinkielen kehitys siinä suhteessa, että se on vienyt toisen tavun lyhyen vokalin katoon ja synnyttänyt sonanttisia (tavuakannattavia) konsonantteja; esim. *mörṇ* 'hevonen', *χudḷ* 'valhe', *amṛ* 'levollinen', *kewṣ* 'matto', vieläpä *orkḳko* 'jättää', *kürkḳkä* 'saattaa' (joissa *k*-äännettä omituisella tavalla venytetään) = kirjakielen *morin*, *qudal*, *amur*, *kebis*, *orkiqu*, *kürgekü*. Tämä ilmiö on tietysti aiheutunut kielen korkosuhteista ja osoittaa, että ensimäinen tavu jo varhain on ollut vahvasti korollinen. Tästä huolimatta ovat kielioppien kirjoittajat selitelleet viimeistä tavua pääkorolliseksi. Koko kalmukinkielen kielioppi on esitetty liian likeisessä yhteydessä mongolin kirjakielen kanssa, riippuen siitä, että parhaimpina kielennäytteinä on pidetty kalmukkilaisilla kirjaimilla tarkkaan transkribeerattuja Mongolian kirjatuotteita. Sentähden ovat jääneet mainitsematta esim. kalmukinkielen personapäätteiset verbimuodot ja nominien possessivisuffiksit. Nämä kuitenkin kaikessa epämongolilaisuudessaan kylläkin ansaitsevat kaikkea huomiota, koska ne valaisevat useita yleisen kielitieteen tärkeimpiä kysymyksiä. Kalmukinkielen kehitys on, niinkuin jo Böhtlingk aikoinaan on huomauttanut, erittäin opettava.

Kääntyessäni nyt kertomaan itse kalmukeista ja heidän oloistaan, voin luullakseni väittää, että niissäkin on yhtä ja toista oppimista yleisen sivistyshistorian harrastajalle. Kalmukkeihin tutustuessani minun aina johtui mieleen Mongolian kansa ja elämä, enkä voinut olla tekemättä vertailuja Kiinan vallan alaisten khalkhamongolien ja europalaisten kalmukkien välillä. Kalmukkien Europaan tulo ei ole ollut heille onneksi. Sen, mikä europalaisen eroittaa aasialaisesta, sanotaan olevan korkeampi sivistys ja yksilön suurempi ihmisarvo, mutta Aasian mongoli on ensiksikin monta kertaa sivistyneempi europalaista kalmukki-veljeään ja toiseksi yksilönä paljoa vapaampi. Kalmukeilla oli Europaan tullessaan aasialaisena perintönä verrattain suuri kirjallisuus ja harrastus kirjallisiin töihin. Tätä harrastusta he eivät ole uusissa oloissa voineet pitää yllä eivätkä muuta kuin nimeksi kartuttaa europalaisilla aineksilla kirjallisuuttaan, joka nyt on hävinnyt tai ainakin häviämässä. Meidän päiviemme kalmukkien teltoissa ei tapaa kirjoja eikä pyhiä jumalainkuviakaan, joita molempia ei puutu ainoankaan mongolin teltasta. Ennen lienee kalmukkien khuruleissa, niinkuin jokaisessa Aasian lamalaisessa luostarissa, löytynyt uutteroita kirjojen kopioitsijoita, kuvien piirustajia ja pyhien pystykuvien tekijöitä; nyt heidän hieno taitonsa on aivan unohtumallaan. Khurulien pappien elämä on monessa suhteessa malliksi kelpaamaton, ja heidän koulutuksensa on aivan vaillinainen. Kalmukkien tietoja saamatonta kansaa ohjaavat nämä yhtä tietämättömät tietäjät. Naapuruussuhteet vähävenäläisten kanssa eivät ole aivan hyviä, kun kalmukit katsovat heitä maansa anastajiksi ja pelkäävät karjoineen joutuvansa liian ahtaalle alalle suljetuiksi. Kun Aasian mongoli melkeinpä mielin määrin voi kuljeskella avaran maansa ruohokoilla, on kalmukkisuku toisinaan määrätty elättämään itseään ruohoa kasvamattomallakin paikalla. Yhteen ääneen valitetaan karjan vähenemistä ja kansan köyhtymistä. Maanviljelykseen semmoisellakaan paikalla, missä tämä elinkeino olisi mahdollinen, ei kalmukki, halun ja opin puutteesta, vielä ole ryhtynyt. Ennen muinoin suoritettiin kaikki tavaranvälitys Astrahanin, Stavropolin ja Tsaritsynin kaupunkien välillä kalmukkien kamelien avulla; nyt on tämä tulolähde täydelleen ehtynyt. Ainoa elinkeino, johon kalmukit ovat oppineet uudessa kotimaassaan, näkyy olevan kalastus. Sitä harjoittavat Volgan haaraisilla vesillä kuitenkin vain harvat torgutit ja silloinkin venäläisten halvimpina palkkalaisina. Synkältä näyttää siis tämän pienen paimentolaiskansan tulevaisuus, ja varmaa onkin, että se käy kuoloansa kohti, jollei se saa valistusta ja apua, jotta siltä häviäisi tuo aasialainen hitaus, laiskuus ja ennakkoluulo ruumiillista työtä vastaan. Silloin pääsisivät esille kalmukkien monet hyvätkin puolet, joita nyt vallitsevissa epäsuotuisissa oloissa pahat näkyvät voittavan.

Lopuksi tahdon mainita, että, paitsi kaikenlaisia kieliopillisia muistiinpanoja, kalmukkimatkani tuloksena on 22 satua (193 sivua kahdessa vihossa), 90 arvoitusta, 195 sananlaskua ja 40 laulua. Sitäpaitsi laulatin suuremmalla tai vähemmällä menestyksellä fonografiin noin 20 kalmukkilaista säveltä, otin joukon valokuvia sekä ostelin pukuja ja muita kansatieteellisiä esineitä. Kokoamani sanavaraston suuruutta en vielä voi määrätä, kun en ole ehtinyt siinä tarkoituksessa läpikäydä kaikkia kielennäytteitäni.

Helsingissä, marraskuulla 1903.

G. J. Ramstedt.

Esimiehen, professori O. Donnerin alkajaispuhe

Suomalais-ugrilaisen Seuran vuosikokouksessa 1.12/XII 03.

Arvoisat läsnäolijat!

Kun tänään katselemme Suomalais-ugrilaisen Seuran kaksikymmenvuotista toimintaa, on syy luoda silmäys vielä kauemmaksi taaksepäin ja johtaa muistiin huomattava satavuotinen muistopäivä. V. 1803 joulukuun 14/26 p:nä syntyi näet FRIEDRICH REINHOLD KREUTZWALD, joka kokosi ja järjesti Viron kansan muistissa säilyttämät sadut ja runot, mitkä hän julkaisi vv. 1857—1861 nimellä „Kalewipoeg, eine Estnische Sage".

Kreutzwald polveutuu puhtaasti virolaisesta suvusta; hänen syntymäpaikkansa oli Jõeperen moisio Virumaalla Rakveren (Wesenbergin) kaupungin lähellä Kadrinan seurakunnassa, missä hänen isänsä, entinen maaorja, oli suutarina. Jo kotiseudussaan hänellä oli kansan keskuudessa tilaisuus kuulla muinaisaikaisia kertomuksia, jotka sitä voimakkaammin liikuttivat hänen mieltään, kun hän kahdenteentoista ikävuoteensa asti osasi ainoastaan viroa. Mutta v. 1815 pantiin hän Rakveren saksalaiseen kouluun ja hänelle annettiin saksalainen nimi Kreutzwald, joka on käännös sen talon nimestä Ristmets, missä suku vanhoista ajoista oli asunut. Vanhemmilla ei kuitenkaan ollut tilaisuutta pitää häntä koulussa kauemmin kuin puoli neljättä vuotta, jonka jälkeen hän lähetettiin erään kauppiaan palvelukseen Tallinnaan. Tämä lähetti kuitenkin hänet, kykenemätön kun oli kauppa-alalle, pian takaisin. Kun Aleksanteri I näihin aikoihin oli lakkauttanut maaorjuuden Virossa ja vanhemmat olivat muuttaneet Ohulepan moisioon Hagerin seurakunnassa Harjumaalla, koitti myös pojalle uusi aika. Yleisillä varoilla tahdottiin valmistaa opettajia kansakoulunopettajaseminaaria varten ja näiden joukossa oli Kreutzwald. Kesä- ja joululomansa 1819—1821 hän oleskeli kuitenkin Hagerin seurakunnassa ja täällä hän oppi tuntemaan erään Länsi-Virosta polveutuvan, lähes 80 vuotta vanhan Jakub-nimisen ukon, jolla oli elävä mielikuvitus ja erinomainen muisti. Tämän sanelun mukaan Kreutzwald kirjoitti muistiin lukuisia runonkatkelmia, niiden joukossa osittain ennen tuntemattomiakin, ja itse Kalevipoegin lyyrillisen tuntehikas johdatus kerrotaan suurimmaksi osaksi olevan esitetty vanhan Jakubin tiedonantojen mukaan.

Kun Kreutzwald v. 1826 oli tullut Tarton yliopistoon ja siellä tutustunut tohtori Fählmanniin, eneni hänen halunsa eri osissa Viron- ja Liivinmaata koota runonkatkelmia ja satuja kansan seasta. Päätettyänsä lääketieteelliset opintonsa hän v. 1833 sai lääkärinpaikan Võrun kaupungissa eteläisellä Liivinmaalla, missä Peipusjärven lounaispuolella väestön kieli oli säilyttänyt vanhanaikaisimman luonteensa ja vanhat runot elivät monilukuisina kansan seassa. Hän jäi tänne 44:ksi vuodeksi, kunnes v. 1877 muutti tyttärensä ja vävynsä opettaja G. Blumbergin luo Tarttoon, missä hän kuoli elokuun $^{13}/_{25}$ p:nä 1882.

Näitten hänen ulkonaisen elämänsä vähäisten vaihtelujen puitteisiin mahtuu kuitenkin toiminta, joka on suuriarvoinen Viron kansan henkiseen kehitykseen nähden. Lukuisten pienten kirjasten ja käännösten kautta on hän ottanut osaa kansanvalistustyöhön ja sen ohella tuotteliaana runoilijana laskenut pohjan uudemmalle vironkieliselle runoudelle. Enin merkitsevä on kuitenkin hänen työnsä Viron kansan satuaarteiden kokoamisessa ja näitten järjestämisessä kokonaisuudeksi Kalevipoegissa, joka jo on saavuttanut paikkansa maailmankirjallisuudessa ja aina on säilyttävä Kreutzwaldin nimen kansanrunon historiassa.

Ensimäiset ilmaukset virolaisen kansanrunon olemassaolosta ovat muutamat erään rakkauslaulun säkeet, jotka ovat julkaistut Ch. Kelchin teoksessa „Livländische Historia“ v. 1695. Lähes sata vuotta myöhemmin kokosi A. W. Hupel Herderin kehoituksesta kahdeksan hää- ja sotalaulua, jotka ilmestyivät jälkimäisen kokoelmassa „Stimmen der Völker“, ja Wielandin „Der Teutsche Merkurissa“ v. 1787 tarjosi Ch. H. J. Schlegel kolmetoista, suurimmaksi osaksi häälauluja. Kauan olivat nämä kuitenkin yksinäänolevia näytteitä, kunnes J. H. Rosenplänter aloitti uutteran työnsä viron kielen selvittelemiseksi ja kansan sivistyksen kohottamiseksi. Kansanlaulu kiinnitti silloin hänen huomiotaan, ja näytteinä niistä lauluista, jotka edelleen elivät kansassa, julkaisi hän v. 1818 muutamia n. s. Salmerunoja. Seuraavien vuosikymmenien kuluessa ilmestyi painettuna useampia pitempiä ja lyhempiä laulunkatkelmia, niiden joukossa v. 1836 (Das Inland n:o 32) muutamia Kalevipoeg-satuun kuuluvia, jotka olivat muistiinpannut eri kertojain mukaan. Lönnrotin Kalevalan ilmestyminen edellisenä vuonna antoi herätteen innokkaaseen työhön myös virolaisen kansanrunouden kokoamiseksi. Toimeliaimpia tämän suunnan miehiä oli kansan keskuudesta noussut Fr. R. Fählmann (synt. 20 p. jouluk. 1798). Kun „Gelehrte Estnische Gesellschaft“ Fählmannin aloitteesta oli perustettu v. 1838, piti hän eräässä seuran ensi kokouksia tammik. 4 p. 1839 esitelmän virolaisen kansankertomuksen pääsankarista Kalevipoegista, samalla kertoen tämän elämää ja seikkailuja useitten toisintojen mukaan, jotka myöhemmin ilmestyivät Fr. Krusen teoksessa „Ur-Geschichte des Esthnischen Volksstammes“ (Moskova 1846). Fählmannin Kalevipoegin elämästä ja teoista antama kuva on pääpiirteissään samanlainen kuin se, jonka Kreutzwald myöhemmin toi esiin, kuitenkin puuttui retki Suomeen kokonaan. Esitelmä herätti vilkasta huomiota. Tohtori G. Schultz, joka myöhemmin esiintyi salanimellä Bertram, huomautti sitä mahtavaa vaikutusta, mikä heränneellä tietoisuudella aikaisemmasta historiallisesta olemassaolosta ja suuruudesta olisi kansaan. Sille on tapahtuva niinkuin kerjäläiselle, jolle yhtäkkiä sanotaan: sinä olet kuninkaan poika! Sillä ei mikään muu voi kieltämättömämmin todistaa kansan historiallista merkitystä, kuin sankarirunon omistaminen. — Fählmannille oli nyt jo käynyt selväksi ajatus jatketun kansanrunojen keräämisen kautta tehdä mahdolliseksi niiden yhdistäminen kokonaisuudeksi, ja hän asetti sen elämänsä tehtäväksi. Syvän perehtymisensä vuoksi kansan katsantokantaan, sen tapoihin ja menoihin sekä niihin lauluihin ja satuihin, jotka vielä elivät sen keskuudessa, pidettiin myös Fählmannia ensi sijassa sopivana toimittamaan tämä tehtävä. Mutta Fählmann kuoli verrattain nuorena jo 1850, ja jonkun toisen oli näin ollen otettava hänen työnsä. Niinkuin ennen mainittu, oli Fählmann jo ylioppilaana v. 1826 tutustunut ainoastaan viittä vuotta nuorempaan Kreutzwaldiin, joka heti tuli hänen lähimmäksi ystäväkseen ja uskotukseen kaikessa, mikä koski virolaista kansanrunautta ja mahdollisuutta hajallaan olevista katkelmista luoda kokonaisuus. Hänen puoleensa kääntyi nyt „Gelehrte Estnische Gesellschaft“ pyynnöllä että hän ottaisi suorittaakseen Fählmannin suunnitelman.

Kreutzwaldin käytettävänä oli ei ainoastaan kaikki siihen asti koottu aines seuran arkistossa ja Fählmannin jälkeenjättämissä muistiinpanoissa, vaan hän kirjoitti muististaan myös ne Kalevi-sadun kertomukset, joita oli kuullut osittain nuoruudessaan, osittain myös myöhemmin kerrottavan; tämän ohessa hän sai Laiusesta, Tormasta, Tarvastusta, mutta etenkin Võrun seuduilta mitä runsaimpia lisiä, varsinkin runoja. Herännyt harrastus virolaisen kansanrunouden säilyttämiseen näyttäytyi myös lukuisissa, osittain laajanpuoleisissa julkaisuissa. Niin ilmestyi Tallinnassa vv. 1850—52 A. H. Neusin toimittama kokoelma virolaisia runoja („Ehstnische Volkslieder“), joista monet mainitsevat Kalevia, hänen hautaansa ja miekkaansa. Pietarin tiedeakatemian toimituksissa Kreutzwald julkaisi v. 1854 „Der Ehsten abergläubische Gebräuche, Weisen und Gewohnheiten“, ja samana vuonna yhdessä Neusin kanssa „Mythische und magische Lieder der Ehsten“. Kaikki nämä ovat katsottavat esitöiksi ja lähteiksi Kalevipoegiin, jonka sommittelemiseen hän ryhtyi keväällä 1850.

Niistä Kreutzwaldin kirjeistä, jotka L. v. Schrœder on julkaissut v. 1891 „Gelehrte Estnische Gesellschaftin“ toimituksissa, käy ilmi että Kreutzwald jo syksyllä 1853 sai valmiiksi ensimäisen laitoksen Kalevipoeg-satua; sen laajuuden hän laski silloin yhdeksitoista painoarkiksi. Seuraavan vuoden kuluessa, kun keskusteltiin käännöksestä, painatuksesta y. m., korjaili hän täydellisesti viisi ensimäistä laulua liittäen niihin alkuperäisiä kansanrunoja, niin että kokonaisuus kasvoi viidellä tai kuudella laululla. Mutta teoksen painoon toimittamisessa syksyllä 1854 ilmaantui uusia vaikeuksia, kun virolainen painoasiamies otti mitä mielivaltaisimmin pyyhkielläkseen tarkastettavaksi jätettyä käsikirjoitusta. Jos sellaiset kaikkialla esiintyvät sanat kuin *ilo*, *onni*, *orja* y. m. olivat poistettavat, valittaa Kreutzwald, silloin hän mieluummin olisi kerrassaan julkaisematta teostaan ja jättäisi sen vain käsikirjoituksena jälkimaailmalle. Pitkien keskustelujen jälkeen teoksen painattamisesta Suomessa onnistuttiin kuitenkin poistaa sensurivaikeudet. „Gelehrte Estnische Gesellschaft“ päätti julkaista teoksen saksankielisine, pastori Reinthalin toimittamine käännöksineen, ja painatus alkoi syksyllä 1856, jonka jälkeen se jatkui keskeymättä niin että Kalevipoeg valmistui vihkottain vv. 1857—1861. Näin pakosta pitkittyneen ilmestymisajan kuluessa muodosteli Kreutzwald koko teoksen uudelleen lisäämällä yhä uusia lauluja. Täydellisenä se sisälsi sentähden noin kolmannen osan enemmän kuin alkuperäisessä asussaan, eli 18,848 säettä jaettuna 20 lauluun.

Jo 1862 ilmestyi Kuopiossa Kalevipoegin virolainen teksti, jonka jälkeen siitä Virossa on ilmestynyt useampia kansanpainoksia, neljäs Tartossa v. 1901; uusi tarkempi F. Löwen toimittama saksankielinen käännös ilmestyi Tallinnassa 1900. Mutta paitsi Kalevipoegia ja „Mythische und magische Lieder“iä, jonka Kreutzwald yhdessä Neusin kanssa ennen oli painoon toimittanut, oli hän erinäisissä julkaisuissa tarjonnut näytteitä virolaisista saduista. Suomalaisen Kirjallisuuden Seuran kehoituksesta hän julkaisi sen toimituksissa arvokkaan kokoelman virolaisia satuja: „Eestirahva ennemuistesed jutud“ (Helsingissä 1866), josta toinen painos ilmestyi Tartossa 1875; noin puolesta tätä kokoelmaa toimitti ennen mainittu F. Löwe saksalaisen käännöksen nimellä: „Ehstnische Märchen, aufgezeichnet von Fr. Kreutzwald“ (Hallessa 1869).

Monet kirjoitukset ilmestyivät Kalevipoeg-sadun julkaisemisen johdosta, mutta mainittavat ovat varsinkin W. Schottin (Berlini) ja A. Schiefnerin (Pietari), jotka monella tavalla selittivät runoteoksen erinomaista arvoa viron kielen ja kansanrunouden tuntemiselle. Jo v. 1859, kun ainoastaan 13 laulua oli painosta ilmestynyt, olivat Schiefner ja Wiedemann antaneet Pietarin tiedeakatemialle perinpohjaisen esityksen runoteoksesta, ja siitä oli seurauksena että akatemia myönsi Kreutzwaldille Demidovin palkinnon.

Mutta ennenkuin tämä menestys tuli hänen osakseen, oli sekä „Gelehrte Estnische Gesellschaftin“ päätöstä kootun satuaineksen sommittelun kautta koettaa aikaansaada kansallisepos, kohdannut ankara epäluulo, että myöskin Kreutzwaldin menettelyä ankaruudella arvosteltu. Epäilyksiä lausuttiin koko Kalevipoeg-sadun alkuperäisyydestä ja oikeudesta identifierata Lindaa ja Kalevipoegin äitiä

Nämä hyökkäykset vaikenivat kuitenkin heti kun joukko uusia sadun- ja runonkatkelmia oli koottu eri osissa maata. Enemmän merkitsevä oli kuitenkin tohtori G. Schultzin (Bertramin) perusteellinen tarkastus, jonka hän esitti kirjoituksessa: „Die Estensage vom Kalewipoeg in ihrer neuesten Gestalt“ (Das Inland 1859 n:o 46). Kun kirjoituksen tekijä itse mitä suurimmassa määrässä harrasti virolaista kansanrunoutta ja Fählmannin esittämien ensimäisten tiedonantojen jälkeen „Gelehrte Estnische Gesellschaftissa“ mitä innokkaimmalla tavalla oli lausunut ajatuksensa siitä merkityksestä, mikä kansallisrunon omistamisella oli virolaisten kansallistajuntaan nähden, voi olla varma siitä että vain rakkaus asiaan oli määrännyt hänen sanansa.

Kreutzwald oli tähdellä alussa ja lopussa merkinnyt ne runoteoksen paikat, jotka hän oli ottanut varsinaisesta kansanrunosta, ja ne tunteekin tavallisesti niiden yksinkertaisen kansanomaisen säyyn ja säerakenteen nojalla kansan suusta lähteneiksi. Tohtori J. Hurt huomauttaa kuitenkin („Vana kannel“, 1886, esipuhe s. XVII) että yhtä varmaan voi kielestä ja runomitasta todistaa Kreutzwaldin enemmän tai vähemmän muuttaneen ja muodostelleen tekstiä myös niissä paikoin, jotka hän tähtien kautta oli merkinnyt alkuperäisiksi kansanlauluiksi. Vaikka onkin valitettava että Kreutzwald, pahastuneena siitä tavasta, jolla eräillä tahoilla oli käyty runojen alkuperäisyyttä epäilemään, poltti kaikki omansa ja muidenkin kokoamat runo- ja satukappaleet, mitkä olivat olleet hänellä lähteinä, on tämä tappio kuitenkin vähäisempi kuin alussa otaksuttiin. Niiden erittäin rikassisältöisten virolaisten kansanrunouskokoelmien kautta, joita myöhemmin on koottu, arvelee O. Kallas (Finn.-ugr. Forsch. II, 26) jokaisen varsinaisen kansanrunon, jota Kalevipoegissa on käytetty, löytävän vastineensa jostakin muistiinpannusta toisinnosta.

Ne Kalevipoegin osat, jotka Kreutzwald edellämainitulla tavalla on merkinnyt alkuperäiseksi kansanrunoksi muotoonkin nähden, sisältävät vähän enemmän kuin 7,700 säettä; jäljellä olevan osan eli enemmän kuin 11,000 säettä on Kreutzwald satujen ja kertomusten mukaan sovittanut runomuotoon. Esipuheessa sanoo hän kuitenkin aina pyrkineensä niin uskollisesti kuin mahdollista ilmaisemaan kertojan ei vain yksityisiä sanoja, vaan myös koko ajatustapaa sekä samalla jälkikaikua kansanrunoista, jonka vuoksi hän katsoo oikeudenmukaisesti voivansa sanoa, että Kalevipoeg, semmoisena kuin se hänen sommittelemanaan ilmestyy, on kokonaan muotoon ja sisällykseen katsoen Viron kansan ydintä ja luuta, lihaa ja verta. Muutoin ei hän ollut tahtonut luoda mitään virolaista kansalliseposta tai runollista taideteosta; hänen Kalevipoeginsa tahtoi vain olla kokoelma kansan suussa tosiaan eläviä satuja, jotka hän oli koettanut liittää määrättyyn järjestykseen.

Tohtori Schultzin arvostelu ei kääntynytkään runoteoksen alkuperäisyyttä vastaan, ja mitä ulkonaiseen käsittelyyn tulee, kiitti hän Kreutzwaldin ihmeteltävää kielen vallitsemiskykyä ja sitä runomuotoa, johon hän oli pukenut joukon satuja. Mutta hän väitti, että runon koko suunnitelma oli väärä, ilman vähintäkään aavistusta niistä arkkitehtuurisista ja historiallisista suhteista, jotka kansanepoksessa olivat otettavat huomioon. On löydetty kaikenlaista ainesta vanhemmalta ja uudemmalta ajalta, sanoo hän, mutta kaikki on sovitettu ainoastaan menneisyyteen, jota on tahdottu uudistaa ja elähyttää. Kalevipoegin on käynyt melkein siten kuin sananlaskussa sanotaan:

„Den kater, den der jäger schoss,
macht nie der koch zum hasen.“

Runon julkaisija ei sano tahtoneensa kirjoittaa eposta, hän on vain latonut tapaamansa sadut vierekkäin. Mutta hän on uusinut, yhdistänyt ja sulattanut ne lauluiksi ja siten muodollisesti esittänyt runon epoksena. Sisällykseen katsoen Schultz moittii sitä että arveluttavan hullunkurisia aineita on otettu. Kansanrunous saa kuten Homeroksella esiintyä naivina ja alastomana, mutta ei koskaan säädyttömänä ja epäpuhtaana. Tässä suhteessa tuntui Kalevipoegin seikkailu manalassa ainoasti uudenaikaiselta irstaudelta, varsinkin puolittaisen peittelemisen tähden. Kertomus molemmista jättiläisistä ja pienestä miehestä, jota näiden tuuhut heittelevät sinne tänne, oli epäilemättä nykyaikainen tekele, joka ei ollenkaan kuulunut varsinaiseen satuun. Ylipäänsä Schultz epäili voiko mies, johon seitsemän tai useampia lukio- ja yliopistovuosia Nessuksen paidan tavoin oli takertunut kiinni, asettautua virolaisen kansanrunon muinaisaikaisen, varsin alkuperäisessä piirissä liikkuvan ajatustavan kannalle. Myöskään yksityiskohdissa ei toimittaja ole voinut hallita ainetta, kun hän on runoon ottanut ja siinä käsitellyt kuivan jokapäiväisiä ilmoituksia, jotka kuuluvat runon laatimishistoriaan, siis esipuheeseen. Sellaisia paikkoja olivat I, 115—125, missä ilmoitetaan ainoastaan yhden pihkovalaisen sadun kertovan sankarin kosioretkestä; II, 62—73 jossa sanotaan vain yhden ainoan sadun nimittävän sankaria Sohniksi, mikä nimi muutoin ei missään esiinny; II, 111 y. m.

Reinthalin käännös oli tarkastajan käsityksen mukaan useissa paikoin epätarkka, toisinaan liian kukkaiskielinen, toisinaan liiaksi jokapäiväinen. Kun alkuteos välistä persouoi määrättyjä luonnonesineitä, niinkuin kaikessa runoudessa on tavallista, oli tämä tulkittu nykyaikaisen katsantokannan mukaan. Muutamat paikat olivat kuitenkin saugen hyvin käännetyt.[1] Tohtori Schultzin loppuarvostelu Kalevipoeg-sadun kokoonpanosta oli kumminkin, että runo, huolimatta sen melkoisista puutteista, oli merkillinen useitten paikkain runollisen kauneuden vuoksi. Se oli pidettävä etillisenä kokonaisuutena, omiaan elähyttämään ja kohottamaan virolaisten uinailevaa kansallistuntoa sekä uudelleen rohkaisemaan tätä huolien painamaa ja itsestään epäilevää kansaa.

Schultzin ankara arvostelu, sisältäen monta haavoittavaa lausetta, katkeroitti aluksi Kreutzwaldia ja hän valitti tämän ampumia, myrkyllisiä nuolia. Kreutzwaldista tuntui niinkuin tälle tuottaisi erityistä iloa nähdä vertavuotavan uhrin valittelevan jalkojensa juuressa. Mutta hänen vaatimattomuutensa, jolla hän aina

[1] Kreutzwald oli myös samaa mieltä ja Reinthalille lähettämissään kirjeissä hän pyysi tätä olemaan säästäväisempi kaunistuskeinoissaan ja ilmaisemaan alkuteoksen ajatuksen yksinkertaisemmin, enemmän koristelematta. Häntä voi muutoin helposti syyttää tahallisesta petoksesta. Seurauksena tästä ja muista muistutuksista oli että Kreutzwald itse toimitti neljän viimeisen laulun käännöksen Schultzin avulla, vaikka vain viimeksi mainitun nimi siinä mainittiin. Aivan uusi, kirjastonhoitaja Ferd. Löwen toimittama käännös ilmestyi tämän kuoleman jälkeen Tallinnassa 1900 V. Reimanin johdannolla ja muistutuksilla varustettuna.

arvosteli teostaan, käy täydellisesti ilmi eräästä hänen kirjeestään, jonka hän kohta sen jälkeen, 6 p. jouluk. 1859, kirjoittaa Reinthalille. „Paljon itseluottamusta ei minulla ollut alussa; silloin tuli osakseni yksityisiä ja julkisia ylistyspuheita, jotka huumasivat heikon sydämen, lyhyesti, vähällä oli, että itserakkaus olisi johtanut minua uskomaan: kokonaisuutena se kuitenkin voi olla jotakin. Nyt tiedän ainakin, että teos on kokonaan epäonnistunut, ja tästä totuudesta on minun kiittäminen Bertramia.“ Ja hän säilytti tämän käsityksen, vaikka hän iloitsi kuullessaan Schultzin itsensä häveten myöhemmin tunnustaneen ampuneensa yli maalin, kun hän m. m. oli verrannut runoa ovettomaan ja ikkunattomaan latoon, elimistöön, jossa ei ollut silmiä, ei nenää, ei suonia eikä lämpöä.

Enemmän tunnustusta runo saavutti Viron ulkopuolella. Jakob Grimm seurasi erityisellä huomiolla sen ilmestymistä, ja useat kirjailijat julkaisivat, niinkuin edellä on mainittu, lukuisia selontekoja sen sisällyksestä ja merkityksestä kansanrunona. Näistä on huomiota ansaitseva F. Wiedemannin ja A. Schiefnerin yhteisesti laatima kertomus, jonka nojalla Pietarin tiedeakatemia myönsi Kreutzwaldille Demidovin palkinnon v. 1859. Schiefner huomauttaa, ettei Kreutzwald ole tahtonut luoda kansallista sankarirunoa, niinkuin jotkut naivit intoilijat ovat luulleet voivansa toivoa, ja hän kuvaa teoksen merkitystä seuraavilla lämpimillä sanoilla: „Mitään Iliasta tohtori Kreutzwald ei ole luonut, mutta kuitenkin hän on lahjoittanut virolaiselle kirjallisuudelle merkkiteoksen, joka kaikkina aikoina on virolaisille oleva sitä, mitä Ilias oli kreikkalaisille. Se on kansanomainen teos täynnänsä virolaisen elämänviisauden arvokkainta rikkautta ja koko virolaisen maailman nerokasta ajatustapaa. Joskin paikoittain joku nykyaikainen aines siihen on tunkeutunut, joskin siellä täällä on käytetty puheenpartta, joka loukkaa ankaran epiikan sääntöjä, on se kuitenkin kokonaisuutena oivallinen rakennus, missä virolainen sydän kaikkine iloineen ja suruineen, kaipuineen ja toiveineen aina on asuva ja aina löytävä uutta virkistystä, uutta lohdutusta.“ Erittäin Schiefner huomautti Kalevipoegiin sisältyvien myytillisten ainesten merkitystä.

Schiefner koskettelee myös sitä erinäisillä tahoilla tehtyä kysymystä, olisiko ollut parempi julkaista yksityiset epilliset laulut kaikkine toisintoineen sen sijaan, että ne kudottiin yhteen kokonaisuudeksi. Ei voi kieltää että sellainen yritys olisi ansainnut kaikkien niiden kiitoksen, jotka ovat tekemisissä epillisen runouden kanssa. Mutta toiselta puolen on anteeksi annettava, jatkaa hän, että on uskallettu yrittää kokonaisuuden aikaansaamista hajallaan olevista, erinäisistä jäsenistä, jotka näyttävät kuuluneen yhteiseen elimistöön. Mutta vastaako tämä kokonaisuus täydelleen niitä lakeja, jotka ovat johdetut kreikkalaisesta epoksesta, se on toinen kysymys, jonka estetikko suuremmalla innolla tehnee, kuin historioitsija tai tarujen tutkija.

Niinkuin näkyy välttää Schiefner lähemmin lausumasta ajatustansa Kreutzwaldin menettelystä käsilläolevan aineen sovittamisessa taiteelliseksi kokonaisuudeksi. Kutsuttakoonpa satua Kalevipoegista kansallisrunoksi, kansanepokseksi tai ei, sanottakoonpa aivan yksinkertaisesti kertomukseksi Kalevin pojasta ja tämän vaiheista, niin pysyy kuitenkin runomuotoon soviteltu osa ynnä melkein samansuuruinen joukko runoja runoteoksena, joka semmoisenaan on luettava ja vaikuttava. Se ei voi olla tieteellisen tutkimuksen pohjana, siihen tarvitaan alkuperäiset toisinnot ja sadut; mutta se tahtoo kuvastaa Viron kansan sielunelämää sellaisena kuin se ilmenee kallisarvoisissa menneen ajan runonkatkelmissa, todisteena siitä, että Viron kansa tuntee itsensä erinäiseksi kokonaisuudeksi maailmassa ja haluaa elää sellaisena. Tältä kannalta katsoen sopivat itse asiassa Schiefnerin varovaiset viittaukset ja Schultzin kokonaisarvostelu Kreutzwaldin toimittamasta sadun muodostelusta yhteen.

Sekä runon esipuheessa että yksityisissä kirjeissä on Kreutzwald huomauttanut, ettei hänen työnsä millään tavalla estä ketään muuta koettamasta saada aikaan parempaa satuainesten kokoonpanoa. Tapahtunutta ei voi enää muuttaa, sanoo hän; millainen Kalevipoeg nyt on, sellaiseksi sen täytyy jäädä, kunnes paremmat voimat käyvät siihen käsiksi. G. Blumberg on teoksessaan „Quellen und Realien des Kalewipoeg“ (1869) lausunut arvelun, että monta siihen asti tuntematonta runojen väliosaa vielä voitaisiin löytää, joiden kautta runoteos saavuttaisi täydellisemmän muodostuksen, jos vain olisi sopivia henkilöitä, jotka tahtoisivat seurata sadun jälkiä ja uusien löytöjen kautta täyttää siinä nyt esiintyvät aukot. Sittenkun tämä lausuttiin, on tutkimusta folkloristisella alalla Virossa harjoitettu niin innokkaasti ja sellaisella menestyksellä, että sillä tuskin on vertaa missään muussa maassa. Johtavana sieluna tässä erinomaisessa keräystyössä on ollut tohtori Jakob Hurt, joka siitä ajasta alkaen, kun hän oli puheenjohtajana „Eesti kirjameeste seltsissä“ (1871—1881), pani kaikki voimat liikkeeseen kootakseen jäännökset Viron kansan hengen luomista saduista, lauluista ja perintätiedoista. Myöhemmän toimintansa aikana virolaisen seurakunnan pappina Pietarissa onnistui hänen v. 1888 voimakkaiden kehoitusten kautta osittain sanomalehdissä, osittain personallisesti innostuttaa lähemmäs tuhatta henkilöä kaikissa Viron- ja Liivinmaan osissa panemaan muistiin ja hänelle lähettämään folkloristisia aineksia. Menestys oli loistava. Nykyään lienee koottu melkein 50,000 numeroa ainoastaan kansanrunotoisintoja, mainitsemattakaan muuta ainesta: satuja, sananlaskuja, arvoituksia. Mutta Hurtin ohella on tuunettu virolainen kirjailija M. J. Eisen, joka nykyään on kirkkoherrana Kronstadtissa, omistanut yhtäläistä sydämellistä huolta virolaisen kansanrunouden kokoamiselle. Kaksi vuotta sitten nousi hänen runokokoelmansa numeroluku 11,400:aan.

V. 1875 Hurt alkoi julkaista teosta „Vana kannel“, josta piti tulla täydellinen kokoelma vanhoja virolaisia runoja, tarkasti semmoisina kuin niitä laulettiin, ilmoituksineen saantipaikkain ja laulajain nimistä. Ainoasti kolme vihkoa ennätti ilmestyä vv. 1875—86, sisältäen runoja Põlven seurakunnasta Liivinmaalta, ennenkuin hajaannus „Eesti kirjameeste seltsissä“ katkaisi teoksen jatkamisen. Otettuaan eron virastaan Pietarissa, on Hurt voinut yksinomaisesti käyttää aikaansa runsaitten kokoelmiensa järjestämiseen. Suomalaisen Kirjallisuuden Seuran ansioksi on luettava, että se on hänelle siihen tilaisuuden valmistanut, ja vielä tämän vuoden kuluessa voivat virolaisen ja suomalaisen kansanrunon ystävät onnitella Seuraa ensimäisen setukaisten alueella Pihkovan kuvernementissa kootun runokokoelman, noin 800 sivun suuruisen niteen julkaisemisesta. Kun ei ainoastaan kieli, vaan myös kansanlaulut tässä seudussa ovat säilyttäneet mitä vanhanaikaisimpia piirteitä, ymmärtää helposti kuinka erittäin tärkeätä on, että nämä laulut tulevat tutkimuksen käytettäviksi. Mutta toivottavaa on, että koko tuo tavattoman suuri aineskokoelma vähitellen voidaan julkaista. Sen tieteellinen merkitys kansanrunon historialle on kaikkialla saavuttava tunnustusta.

Kreutzwaldin toimittaman Kalevipoeg-sadun sovittelusta voinee jo nyt, niiden runojen perusteella, jotka sen julkaisemisen jälkeen ovat tulleet tunnetuiksi, yhtyä seuraaviin sanoihin, jotka O. Kallas lausuu jo ennen mainitussa kirjoituksessaan (Übersicht über das sammeln estnischer runen. Finn.-ugr. Forsch. II, 26): „Tutkimus on kaiketikin osoittava varmaksi, mitä suurissa piirteissä jo ennen on tunnettu: että Kalevipoeg on paljoa enemmän proosan kuin runon sankari, — suurin osa epostahan on, sitä Kreutzwald ei itsekään salaa, runonmuotoon sovitettua satua; että nämä käytetyt sadut eivät kaikki koske pääsankaria; että edelleen väliinsovitetut laulut vain harvoin tuntevat nimellisen sankarin ja vielä harvemmin Kalevipoeg nimisen; ja vihdoin että ne ovat joutuneet muutoksien — ainakin kielellisten — alaisiksi niissäkin paikoin, missä Kreutzwald muka on „tuonut esiin alkuperäistä kansanrunoa muuttumattomana ja vääréntämättömänä“.“

Kun siis myös Viron kansan mielikuvituksen luomissa voi eroittaa rikkaat runolliset ainekset jokapäiväisempää sisällystä olevista saduista ja tarinoista, nousee kysymys, eikö uusi Kalevipoeg-laitos, niinkuin Kreutzwaldkin edellytti, runsasten ainesten nojalla olisi olosuhteiden vaatima, samalla tavalla kuin Lönnrot toimitti uudelleen Kalevalan ensimäisen painoksen. Tuntematta täydellisesti koko ääretöntä runoainesta on vaikeata lausua tästä mitään varmaa mielipidettä. Siinä tapauksessa että tällaisen uudistuksen ottaisi toimittaakseen henkilö, joka on perehtynyt itse kansan ajatustapaan ja jolla on itsenäinen runollinen vaisto, tulisi varmaan joukko vähäarvoisia ja tervettä kansantunnetta loukkaavia episoodeja poistetuksi runosta. Kenties ryhmittyisivät kuitenkin käytettävinä olevat laulunkatkelmat helpoimmin määrättyjen aiheitten ympärille, muodostaen erityisiä suurempia ja pienempiä jaksoja tai balladiosastoja. Tästä voi kuitenkin vain se, joka tuntee tarkemmin koottujen runojen sisällyksen, varmuudella jotakin sanoa. Mutta viime vuosikymmeninä julkaistujen alkuperäisten virolaisten kansanlaulujen perusteella voidaan nyt, varsinkin kun tunnetaan se suuri kokoelma runoja Setumaalta, jota Suomalaisen Kirjallisuuden Seura julkaisee, varmuudella sanoa, että huomattava kokoelma epillis-lyrillisiä runoja olisi helposti toisintojen avulla aikaansaatavissa. Painetuilla katkelmilla on suuri tieteellinen arvonsa kaikiksi ajoiksi. Suomalaisen Kantelettaren tapainen kokoelma tarjoaisi sekä Viron kansalle että jokaiselle kansanrunon ystävälle aarteen katoamatonta kauneutta. Runoista tahdon vain esimerkin vuoksi mainita sellaisia kuin runon ilman neidosta ja hänen kosijoistaan, joista tähti voittaa sekä kuun että auringon.

Mutta riippumatta siitä ilmestyykö Kalevipoeg uudessa asussa runoteoksena Viron kansalle vai onko Kreutzwaldin teos edelleenkin oleva ainoa kokoonpano Viron runoista ja saduista, on kuitenkin muisto hänen rakkautta täynnä olevasta työstänsä ja siitä voimakkaasta herätteestä, jonka se on antanut Viron kansan itsetajunnan kohottamiseksi, aina kiitollisin mielin säilytettävä.

Discours prononcé par le professeur O. Donner

à la séance annuelle 19 ²/xII 03.

Aujourd'hui, que le travail de la Société Finno-ougrienne embrasse une période de vingt années, il y a lieu de jeter un coup d'œil sur une époque plus éloignée encore et de rappeler un centenaire très important. Le $^{14}/_{26}$ décembre 1803 naquit FRIEDRICH REINHOLD KREUTZWALD, le collectionneur des contes et chants esthoniens, retenus de mémoire, qu'il publia en 1857 - 61 sous le nom de „Kalewipoeg, eine Estnische Sage".

Kreutzwald descend d'une famille purement esthonienne; son lieu natal fut Jõepere, propriété en Virumaa, près de la ville de Rakvere (Wesenberg) dans la paroisse de Kadrina, où son père était serf et exerçait le métier de cordonnier. Déjà dans son pays natal il eut l'occasion d'entendre, parmi le peuple, raconter d'anciens contes, qui l'impressionnèrent d'autant plus qu'il ne comprenait alors que l'esthonien. Mais en 1815 on l'envoya à l'école allemande de Wesenberg, et on lui donna le nom allemand de Kreutzwald, qui est une traduction de Ristmets, nom de la terre que la famille habitait depuis longtemps. Les parents n'eurent cependant les moyens de payer son entretien à l'école que pendant trois ans et demi, après quoi il dut servir chez un négociant à Revel. Mais celui-ci le renvoya bientôt à cause de son incapacité dans le commerce. Cependant, quand Alexandre I:er abolit la servitude en Esthonie, et que ses parents déménagèrent à Ohulepa, dans la paroisse de Hager en Harjumaa, une ère nouvelle commença pour le jeune homme. On entreprit d'élever, aux frais de l'État, des instituteurs pour une école normale primaire, et un de ceux-ci fut Kreutzwald. Pendant les vacances d'été et de Noël 1819—1821 il habita cependant la paroisse de Hager, où il lia connaissance avec un vieillard presque octogénaire du nom de Jakub, originaire de l'Esthonie occidentale, qui était doué d'une imagination très riche et d'une mémoire extraordinaire. Sous sa dictée Kreutzwald mit par écrit de nombreux fragments de chants, dont quelques-uns étaient jusque-là absolument inconnus, et l'introduction même du „Kalevipoeg“, si lyrique et empreinte de sentiment est dite être en grande partie composée d'après les indications données par le vieux Jakub.

Après que Kreutzwald fut devenu étudiant à Dorpat en 1826 et y eut lié connaissance avec le docteur Fählmann, son désir de recueillir des fragments de chants et de contes parmi les habitants de différentes parties de l'Esthonie et de la Livonie ne fit que grandir. Après avoir achevé ses études de médecine, il reçut en 1833 le poste de médecin à Võru, tout au sud de la Livonie, où la langue du peuple demeurant au sud-ouest du lac de Peipus a gardé son caractère le plus ancien et où le plus grand nombre de vieilles chansons ont été conservées. Il habita cet endroit pendant quarante-quatre années après quoi il déménagea, en 1877, chez sa fille et son gendre M. G. Blumberg, instituteur à Dorpat, où il mourut le $^{13}/_{25}$ août 1882.

Dans ce cadre si étroit de sa vie extérieure, offrant si peu de variations, il y a cependant place pour une activité très importante au développement intellectuel du peuple esthonien. Il a pris part au travail de l'enseignement populaire en publiant de nombreuses brochures et traductions, et en même temps il a fondé, étant lui-même un poète productif, une nouvelle poésie esthonienne.

Mais le plus important de son travail est cependant ce qu'il a fait pour recueillir les trésors de contes et ensuite pour les refondre en une œuvre entière, telle que „Kalevipoeg“, qui a déjà acquis sa place dans la littérature universelle, et qui conservera à tout jamais le nom de Kreutzwald dans l'histoire de la poésie populaire.

Les premières preuves de l'existence d'une poésie populaire esthonienne sont quelques strophes d'un chant d'amour, publiées par Ch. Kelch dans son „Livländische Historia“ (1695). Près de cent ans plus tard, A.-W. Hupel recueillit, sur la demande de Herder, huit chants de noce et de guerre qui parurent dans les „Stimmen der Völker“ de ce dernier, et dans le „Teutscher Mercur“ de Wieland Ch.-H.-J. Schlegel publia en 1787 treize chants, pour la plupart des chants de noce. Ces quelques échantillons restèrent cependant longtemps les seuls, jusqu'à ce qu'enfin J.-H. Rosenplänter entreprit son travail assidu pour la propagation de la langue esthonienne et pour le développement intellectuel du peuple. C'est ainsi que la chanson populaire attira son attention, et il publia en 1818 quelques-uns des chants appelés „Salme“ comme échantillons des chants qui existaient parmi le peuple. Pendant les dizaines d'années suivantes le nombre publié des fragments de chants plus ou moins longs s'accrut, et parmi ceux-ci se trouvèrent quelques-uns, publiés en 1836 („Das Inland“, n:o 32) qui appartenaient au conte de „Kalevipoeg“, racontés d'après le récit de différents narrateurs. L'apparition du „Kalevala“ de Lönnrot en Finlande l'année précédente fut le signal d'un travail enthousiaste pour arracher à l'oubli aussi la poésie populaire esthonienne. Parmi les plus actifs dans ce travail fut un homme issu du peuple, le docteur Fr. R. Fählmann (né le 20 déc. 1798). Quand, sur l'initiative de Fählmann, la „Gelehrte Estnische Gesellschaft“ fut fondée en 1838, celui-ci fit, à une des premières séances de la société (le 4 janv. 1839) une conférence sur les traditions populaires concernant le héros principal de la poésie populaire esthonienne Kalevipoeg; il communiqua plusieurs fragments de chants décrivant sa vie et ses aventures, fragments qui furent plus tard publiés dans l'„Ur-Geschichte des Esthnischen Volksstammes“ de F. Kruse, Moscou 1846. L'image qu'il retraça de la vie et des prouesses de Kalevipoeg correspond dans ses traits principaux à celle que Kreutzwald fit plus tard; cependant, le récit de son voyage en Finlande y manque complètement. Cette conférence fit une grande sensation. Le docteur G. Schultz, qui écrivit plus tard sous le pseudonyme de Bertram, fit remarquer l'énorme influence que devait exercer sur un peuple le sentiment naissant d'une existence et d'une grandeur historiques antérieures. Ce devait être comme si on disait tout à coup à un mendiant: tu es fils de roi! Car il n'y a rien qui puisse prouver d'une manière plus incontestable l'importance historique d'un peuple que l'existence d'un chant héroïque. — Déjà Fählmann conçut l'idée de la possibilité de réunir en un tout les chants épars, recueillis peu à peu parmi le peuple, et il en fit le but de sa vie. Grâce à sa connaissance intime de la manière de voir du peuple, de ses mœurs et usages, ainsi que des chants et des contes qui existaient encore parmi le peuple, Fählmann fut aussi considéré comme étant celui qui était en premier lieu destiné à entreprendre ce travail. Mais Fählmann mourut assez jeune en 1850, et on fut obligé de confier ce travail à d'autres mains. Ainsi que nous l'avons dit, Fählmann avait déjà en 1826, comme étudiant, lié connaissance avec Kreutzwald, qui n'avait que cinq ans de moins que lui et qui devint bientôt son ami et confident intime dans tout ce qui touchait la poésie populaire esthonienne et la possibilité de créer de tous ces fragments épars une œuvre entière. Ce fut à lui que s'adressa alors la „Gelehrte Estnische Gesellschaft“ pour lui demander qu'il voulût bien se charger de l'exécution du projet de Fählmann.

Kreutzwald non seulement disposait de tous les matériaux jusqu'alors conservés dans les archives de la Société et dans les notes laissées par Fählmann, mais il coucha aussi par écrit les récits qu'il avait retenus du conte de Kalev et qu'il avait entendu raconter tant dans sa jeunesse que plus tard; il reçut en plus de Laiuse, de Torma, de Tarvastu et surtout des parages de Võru des contingents extrêmement riches, tout particulièrement de chants. Le désir naissant de préserver de l'oubli la poésie populaire esthonienne se manifesta bientôt dans un grand nombre de publications, dont plusieurs sont assez considérables. Tel fut p. ex. le recueil intitulé „Ehstnische Volkslieder", publié en 1850—52 par A.-H. Neus à Revel, où Kalev, son tombeau et son épée sont mentionnés à plusieurs reprises. Kreutzwald fit paraître en 1854, dans les publications de l'Académie de Saint-Pétersbourg, „Der Ehsten abergläubische Gebräuche, Weisen und Gewohnheiten", et la même année, en collaboration avec Neus, „Mythische und magische Lieder der Ehsten". Tous ces ouvrages doivent être considérés comme des travaux préparatoires pour le „Kalevipoeg", dont il entreprit la rédaction au printemps de l'année 1850.

Il ressort de la collection des lettres de Kreutzwald, publiées par L. v. Schrœder en 1891 dans les „Verhandlungen d. Gel. Estn. Ges.", que Kreutzwald avait déjà pendant l'automne de 1853 achevé une première rédaction du conte de „Kalevipoeg", comprenant douze sections, hormis l'introduction; il estimait alors que le total se composerait de douze parties. Au cours de l'année suivante, tandis qu'on était entré en négociations pour la traduction, la publication, etc., il recomposa entièrement les cinq premiers chants, en y introduisant les véritables chants populaires, de sorte que le total fut augmenté de cinq ou six chants. Mais de nouvelles difficultés s'opposèrent pendant l'automne de 1854 à l'impression de l'ouvrage, car le censeur esthonien se permit des suppressions absolument arbitraires dans le manuscrit qu'il avait à examiner. Si des expressions, telles que *joie, bonheur, esclave,* etc., qui se lisent partout, doivent être exclues, écrit Kreutzwald en se plaignant, il préfère ne pas du tout publier son travail, mais le remettre en manuscrit à la postérité. Après de longues négociations concernant la publication de cet ouvrage en Finlande, on réussit cependant à vaincre les difficultés opposées par la censure. La „Gel. Estn. Gesellschaft" résolut de publier le travail avec une traduction allemande faite par le pasteur Reinthal, et pendant l'automne de l'année 1856 on procéda à l'impression, qui fut continuée sans interruption, de sorte que tout le „Kalevipoeg" parut par livraisons, depuis 1857 jusqu'en 1861. Pendant ce retard forcé, imposé à l'impression de cette épopée,

Kreutzwald la refit cependant complétement en y introduisant toujours de nouveaux chants. Publiée au complet, elle comprit ainsi presque un tiers de plus que dans sa forme primitive, c'est-à-dire 18,848 vers en 20 chants.

Déjà en 1862 parut à Kuopio (Finlande) le texte esthonien du „Kalevipoeg", après quoi il fut publié plusieurs fois en Esthonie sous forme d'édition populaire, dont la quatrième à Dorpat en 1901; une nouvelle traduction allemande plus exacte que la première fut publiée par F. Löwe, à Revel, en 1900. Mais outre le „Kalevipoeg" et les chants magiques et mythiques que Kreutzwald avait publiés plus tôt en collaboration avec Neus, il avait aussi, dans différentes publications, fait imprimer un certain nombre de contes esthoniens. Sur la demande de la Société de littérature finnoise à Helsingfors, il fit paraître dans les écrits de cette société une collection de grande valeur de contes populaires esthoniens sous le titre de: „Eestirahva ennemuistesed jutud" (Helsingfors 1866), dont une seconde édition fut imprimée à Dorpat en 1875, en même temps que F. Löwe, mentionné plus haut, entreprit une traduction allemande de plus de la moitié de ces contes sous le titre de: „Ehstnische Märchen, aufgezeichnet von F. Kreutzwald" (Halle 1869).

Nombreuses furent les brochures qui virent le jour à la suite de la publication du conte du Kalevipoeg, mais ce furent surtout W. Schott à Berlin et A. Schiefner à Saint-Pétersbourg qui relevèrent à diverses reprises la valeur extraordinaire de ce poème pour la connaissance de la langue et de la poésie esthoniennes. Déjà en 1859, quand seulement treize chants du poème avaient vu le jour, Schiefner et Wiedemann en donnèrent un exposé détaillé à l'Académie de Saint-Pétersbourg, à la suite duquel l'Académie décerna à Kreutzwald le prix Demidow.

Avant que ces succès lui fussent échus, la décision de la Société esthonienne de chercher à rassembler ces matières de contes et d'en faire une épopée nationale avait été saluée avec défiance, de même que le travail de Kreutzwald avait dû subir une critique sévère. On eut même des doutes sur l'authenticité du conte de Kalevipoeg, et on ne voulut pas ajouter foi à l'identification du nom de Linda avec celui de la mère du héros. De telles atteintes cessèrent cependant bientôt, quand une quantité de nouveaux fragments de chants et de contes eurent été recueillis dans diverses parties du pays. Plus important fut cependant l'examen détaillé, publié par le docteur G. Schultz-Bertram sous le titre „Die Estensage vom Kalewipoeg in ihrer neuesten Gestalt“ dans „Das Inland“, année 1859, n:o 46. Comme l'auteur de la brochure était lui-même inspiré du plus grand intérêt pour la poésie nationale esthonienne, et qu'il s'était prononcé, dès les premières communications de Fählmann à la »Gel. Estn. Gesellschaft“, dans les termes les plus enthousiastes sur l'importance qu'il y avait pour le peuple esthonien à se savoir en possession d'une épopée nationale, il ne fut plus possible de douter que ces paroles n'eussent été dictées seulement par amour pour la cause. Kreutzwald avait indiqué par un astérisque au commencement et à la fin les passages de l'épopée qu'il avait tirés des chants populaires primitifs, et on reconnaît d'ordinaire par leur ton original et populaire et par leur construction métrique qu'ils sortent de la bouche du peuple. Le docteur J. Hurt déclare cependant dans le „Vana kannel“ de l'année 1886, préface p. XVII, que, à en juger par la langue et la métrique, il est aussi certain que Kreutzwald a plus ou moins changé et corrigé le texte, même aux endroits marqués par des astérisques comme étant des chants populaires primitifs. Quoiqu'on doive déplorer que Kreutzwald, révolté par la manière dont certains critiques attaquaient l'authenticité des chants, ait brûlé tous les fragments de chants et de contes, recueillis par luimême ou par d'autres et qui lui avaient servi de sources, cette perte est cependant maintenant moins importante qu'on ne le croyait tout d'abord. Grâce aux riches collections de poésies populaires esthoniennes recueillies plus tard, O. Kallas déclare dans les Finn.-Ugr. Forsch. II, 26, que tout véritable chant populaire qui a été admis dans le „Kalevipoeg“ se retrouve dans les variantes recueillies plus tard.

Les passages du „Kalevipoeg“ que Kreutzwald a indiqués comme étant des chants populaires primitifs, aussi en ce qui concerne la forme, constituant ensemble un peu plus de 7,700 strophes, il en résulte que Kreutzwald a donné la forme métrique au reste, composé de contes et de récits, en tout plus de 11,100 strophes.

Il déclare cependant, dans la préface de l'épopée, qu'il a toujours cherché à rendre d'une manière aussi exacte que possible non seulement les paroles du narrateur, mais aussi toute sa manière de s'exprimer, ainsi que les réminiscences de chants populaires, en raison de quoi il croit avoir le droit de dire que le „Kalevipoeg", dans la forme qu'il lui a donnée, est la moelle des os, la chair et le sang du peuple esthonien. Du reste, il n'avait pas voulu créer une épopée nationale esthonienne, ni un chef-d'œuvre de poésie; son „Kalevipoeg" ne voulait être qu'un recueil de contes qui vivaient réellement sur les lèvres du peuple et qu'il avait cherché à grouper dans un certain ordre.

La critique du docteur Schultz n'attaquait pas non plus directement l'authenticité de l'épopée, et quant à sa forme extérieure, il louait l'extrême facilité avec laquelle Kreutzwald maniait la parole et la forme poétique dont il avait revêtu un grand nombre de contes. Mais il déclarait que toute la composition de l'épopée était absolument fausse, sans une idée des circonstances historiques et architectoniques qui devraient s'imposer dans une épopée. On a trouvé, dit-il, divers matériaux provenant des temps anciens et des temps modernes, mais on a fait remonter le tout à une seule et même antiquité, qu'on a voulu restaurer et faire revivre. Le sort du „Kalevipoeg" a été à peu près celui dont parle le proverbe:

„Den kater, den der jäger schoss,
macht nie der koch zum hasen!"

L'éditeur de l'épopée dit n'avoir jamais voulu écrire une épopée, il a tout simplement groupé les contes les uns à côté des autres. Mais il les a restaurés, collés et soudés ensemble sous forme de chansons et a ainsi donné au poème une forme épique. Quant au contenu, M. Schultz désapprouve qu'on y ait admis des sujets d'un burlesque trop scabreux. La poésie populaire peut, comme chez Homère, se présenter sous une forme naïve et nue, mais jamais frivole et malpropre. Sous ce rapport, les aventures de Kalevipoeg aux enfers ressemblent à la débauche moderne, surtout parce que celle-ci est à demi voilée. L'histoire des deux géants et du petit homme qui est ballotté par leurs exhalaisons était sans doute un galimatias moderne qui n'appartenait pas du tout au conte primitif. Du reste, M. Schultz avait peine à croire qu'un homme qui portait, comme un manteau de Nessus, le souvenir de sept années (ou davantage!) de gymnase et d'Université, fût capable d'entrer dans la manière de voir antique de le poésie populaire esthonienne, dont les idées tournaient dans un cercle trop primitif. Même dans les détails, l'éditeur n'avait pas su dominer son sujet, ainsi quand il avait inséré et traité comme faisant partie de l'épopée de simples notices qui appartenaient à l'histoire de la restauration du poème, c.-à-d. à la préface. Tels furent les passages suivants: I 115—125, indiquant que, seul un conte de Pleskau raconte les amours du héros; II 62—73, qui raconte que dans un seul des contes le héros est appelé Sohni, tandis que ce nom ne se retrouve dans aucun des autres contes; II 111, etc.

Quant à la traduction de Reinthal, elle était, selon l'avis du critique, trop souvent infidèle à l'original, quelquefois trop fleurie, et d'autres fois trop triviale. Quand parfois l'original personnifiait certaines forces de la nature, comme il en est le cas dans toute poésie, ces passages étaient interprêtés selon la manière de voir moderne. Mais certaines parties étaient cependant fort bien traduites [1]. M. Schultz conclut toutefois, concernant la rédaction du „Kalevipoeg", faite par Kreutzwald, que, malgré ses défauts, ce poème se distinguait par plusieurs passages d'une grande beauté poétique. Il doit être considéré comme un tout épique, propre à faire revivre chez les Esthoniens le sentiment dépérissant de leur nationalité et à relever ce peuple si découragé et si peu confiant en lui-même.

[1] Cette opinion était aussi partagée par Kreutzwald lui-même, qui dans ses lettres à Reinthal le priait d'être plus parcimonieux dans ses embellissements et de rendre la pensé de l'original avec plus de simplicité et moins de décor. On pourrait sans cela aisément l'accuser d'avoir fraudé à dessein. A cause de toutes ces remarques, Kreutzwald résolut de procéder luimême à la traduction des quatre derniers chants, ayant pour collaborateur le docteur Schultz, dont le nom fut seulement mentionné dans la publication. Une traduction absolument nouvelle du bibliothécaire F. Löwe à Saint-Pétersbourg fut publiée après sa mort avec préface et notes de W. Reiman. Revel, 1900. (v. F. Löwe, Kalewipoeg, p. XXV).

La critique si sévère de Schultz, qui contenait plusieurs expressions blessantes, exaspéra tout d'abord Kreutzwald, et il se plaignit des traits empoisonnés que Schultz lui avait décochés. Il lui sembla que Schultz prenait un plaisir tout particulier à voir gémir à ses pieds la victime sanglante. Mais avec la modestie avec laquelle il avait coutume de juger son travail, il écrivit bientôt à Reinthal dans une lettre du 6 déc. 1859: „Tout d'abord je n'avais pas beaucoup de confiance en moi-même; vinrent ensuite les éloges privés et publics, qui éblouirent mon pauvre cœur, et peu s'en fallut que l'amour-propre ne me fît croire que tout cela pourrait cependant devenir quelque chose! Maintenant je sais du moins que le travail est absolument manqué, et cette vérité, je la dois à Bertram.“ Et il garda cette opinion, quoiqu'il eût plus tard la joie d'entendre que Schultz lui-même avouait avec honte qu'il avait dépassé les limites du juste, quand il avait p. ex. comparé le poème à une grange sans fenêtres ni porte, un organisme sans yeux et sans nez, sans artères et sans chaleur.

Hors des frontières de l'Esthonie le poème eut plus de succès. Jakob Grimm en suivait la publication avec un intérêt tout particulier, et, ainsi qu'il a été dit plus haut, un grand nombre d'écrivains publièrent des comptes-rendus sur le contenu du poème et sur son importance comme épopée. Parmi ceux-ci il faut remarquer le rapport que F. Wiedemann et A. Schiefner publièrent ensemble, à la suite duquel l'Académie de Saint-Pétersbourg décerna à Kreutzwald le prix Demidow en 1859. Schiefner affirmait que Kreutzwald n'avait pas voulu créer une épopée nationale, ainsi que quelques naïfs enthousiastes avaient cru pouvoir l'espérer, et il caractérisait le but de l'ouvrage dans les termes chaleureux suivants: „Kreutzwald a fait don à la littérature esthonienne d'une œuvre fondamentale, qui de tout temps sera pour les Esthoniens ce que l'Iliade est pour les Grecs. C'est une œuvre populaire, pleine de précieux et abondants échantillons de la sagesse et de la manière de voir si ingénieuse des Esthoniens. Quand même un élément moderne ou bien une expression offensant les sévères lois de l'épique aurait pénétré çà et là, le tout est cependant un monument admirable, où le cœur de l'Esthonien vivra toujours, avec tous ses chagrins et ses joies, avec ses désirs et ses soupirs, et où il trouvera sans cesse récréation et consolation!“ Schiefner attira tout particulièrement l'attention sur l'importance des éléments mythiques qui se trouvent dans le „Kalevipoeg“.

Il aborda cependant aussi la question soulevée par différentes personnes, de savoir si on n'aurait pas fait mieux de présenter les chants épiques à part, avec toutes leurs variantes, au lieu de les fondre en un tout. Il est impossible de nier qu'une telle entreprise n'eût mérité la reconnaissance de tous ceux qui s'occupent de poésie épique. Mais d'un autre côté, c'est pardonnable, ajoute-t-il, si on a eu le courage de tenter de faire naître un tout des membres épars qui semblent avoir appartenu à un seul et même organisme. Mais ce tout correspond-il absolument aux lois qu'on a abstraites de l'épopée grecque? Voilà une question à part que l'esthéticien formulera avec plus d'empressement que l'historien et et l'explorateur des mythes.

Comme on le voit, Schiefner évite de se prononcer plus directement sur le procédé de Kreutzwald de réunir les matériaux existants en un tout artistique. Qu'on appelle ou non le conte de Kalevipoeg chant national ou épopée; qu'on l'appelle même tout simplement l'histoire du fils de Kalev et de ses aventures, il en résulte cependant que la mise en œuvre poétique et métrique d'un certain nombre de chants d'une étendue à peu près pareille en fait une œuvre poétique qui sera lue et appréciée comme telle. Elle ne veut pas prétendre à être une base pour des recherches scientifiques, car pour cela il faut les anciennes variantes primitives du conte; mais elle veut être le miroir où se reflète l'âme du peuple esthonien, telle qu'elle nous apparaît dans les précieux fragments de chants qui datent de l'antiquité, un témoin qui affirme que le peuple esthonien se considère comme une unité à part dans le monde et désire continuer à vivre comme telle. Sous ce point de vue, les allusions discrètes de Schiefner tombent d'accord avec la conclusion de Schultz sur la rédaction du conte faite par Kreutzwald.

Tant dans la préface du poème que dans des lettres privées, Kreutzwald a expressément déclaré que son travail ne doit d'aucune manière être un obstacle pour un autre explorateur de produire une meilleure refonte des matériaux du conte. Ce qui est fait est fait, dit-il, tel que le „Kalevipoeg“ a paru, tel il doit rester, jusqu'à ce que des mains plus habiles s'en chargent. G. Blumberg, dans sa brochure „Quellen und Realien des Kalewipoeg“ (1869), a exprimé la supposition qu'on pourrait encore découvrir plusieurs chaînons intermédiaires de chants jusqu'alors inconnus, grâce auxqeuls le poème atteindrait une forme plus parfaite, si seulement il se trouvait des personnes capables, qui voudraient suivre les traces du conte et combler, par de nouvelles trouvailles, les lacunes qui s'y montrent actuellement. Depuis lors les recherches sur le domaine folkloristique en Esthonie ont été poursuivies avec une ardeur et un résultat presque sans pareils dans aucun autre pays. Le directeur en chef du remarquable travail d'exploration qui a été exécuté a été le docteur Jakob Hurt, qui, dès le temps qu'il fut président du „Eesti kirjameeste selts“ (1871—1881), a mis toutes les forces en mouvement pour recueillir parmi le peuple les débris des créations du génie esthonien, conservés sous forme de chants, de contes et de traditions. Plus tard, en 1888, pendant qu'il exerçait la fonction de pasteur dans la paroisse esthonienne de Saint-Pétersbourg, il réussit, grâce à des appels vigoureux, faits de vive voix et par écrit dans les journaux, à persuader environ mille personnes, de toutes parts de l'Esthonie et de la Livonie, de recueillir et de lui envoyer des matériaux folkloristiques. Le succès fut éclatant. Jusqu'à présent le nombre des variantes de chants populaires recueillis monte déjà presque à 50,000, sans compter les matériaux de contes, de proverbes, d'énigmes, etc. Outre Hurt, il y a encore le pasteur M.-J. Eisen à Cronstadt, auteur esthonien connu, qui a déployé un zèle assidu à la récolte du folklore esthonien. Il y a deux ans, sa récolte de chants avait atteint le chiffre de 11,400.

Hurt entreprit en 1875 la publication de „Vana kannel“ dont le but était de devenir un recueil complet d'anciens chants populaires esthoniens, reproduits exactement tels qu'ils étaient chantés, avec indication du lieu où ils avaient été trouvés, ainsi que du nom du chanteur. Mais seulement trois livraisons avaient eu le temps de paraitre (1875—86), comprenant des chants de la paroisse de Põlve en Livonie, quand le schisme dans le „Eesti kirjameeste selts“ en empêcha la poursuite. Depuis que Hurt a quitté sa place à Saint-Pétersbourg, il a pu entièrement consacrer son temps à la rédaction de ses riches matériaux. C'est à la Société de littérature finnoise que revient le mérite de lui avoir fourni les moyens de le faire, et déjà au cours de cette année tous les amis de la poésie populaire esthonienne et finnoise pourront féliciter la Société à l'occasion de la publication du premier recueil de chants (un tome comprenant 800 pages) du domaine des Setukèses du gouvernement de Pleskau. Comme non seulement la langue, mais aussi le chant populaire a conservé ses traits les plus anciens dans ces parages, on conçoit aisément l'immense importance du fait que ces chants sont mis à la portée de la science. Mais il est a espérer que peu à peu tous ces matériaux énormément riches pourront être publiés. Leur valeur scientifique pour l'histoire de l'épopée nationale sera reconnue dans tous les pays.

Quant à la rédaction du „Kalevipoeg“ par Kreutzwald, les chants qui ont été recueillis après la publication de cette épopée nous permettent d'approuver ce que dit O. Kallas dans son article cité plus haut „Übersicht über das sammeln estnischer runen“ (Finn.-Ugr. Forsch. II 26): „Un examen détaillé confirmera sans doute ce qui est déjà connu dans ses traits généraux: que nous avons en Kalevipoeg plutôt un héros de la prose que de la poésie, — la plus grande partie de l'épopée est bien, comme l'affirme Kreutzwald lui-même, un conte versifié; que les contes dont on s'est servi ne se rapportent pas tous au héros qui a donné son nom à l'œuvre; qu'il est fort rare que les chants intercalés traitent d'un héros dont le nom est dit, et qu'il est encore plus rare que ce soit un héros du nom de Kalevipoeg; et enfin, que ces chants ont subi des altérations (du moins en ce qui concerne la langue) même aux endroits où Kreutzwald dit avoir présenté au public „le chant populaire original sans altérations et falsifications“.“

Donc, puisqu'il est possible de distinguer, aussi dans les créations de l'esprit populaire esthonien, les riches matériaux poétiques d'avec le contenu plus ou moins banal des contes et des „märchen“, on se demande, si ces matériaux si considérables n'exigeraient pas, comme le prévoyait déjà Kreutzwald, une révision et une nouvelle rédaction du „Kalevipoeg", de même que Lönnrot entreprit un remaniement complet de la première édition du „Kalevala". Sans une connaissance absolue de tous les matériaux considérables de chants, il est difficile de porter un jugement là-dessus. Si un tel remaniement était entrepris par une personne, ayant en même temps une connaissance intime de la manière de voir du peuple lui-même et une intuition poétique originale, il est certain qu'une quantité d'épisodes de moindre valeur et qui blessent aussi le sens commun populaire seraient éloignés de l'épopée. Il serait cependant possible que les fragments pussent se grouper plus aisément autour de certains sujets, en formant des cycles ou des groupes de ballades à part d'une étendue plus ou moins grande. Il n'est donné qu'à celui qui possède une connaissance plus intime du contenu des chants recueillis de se prononcer plus catégoriquement là-dessus. Mais ce que nous pouvons déjà affirmer avec conviction, sur la foi des chants populaires esthoniens originaux et surtout du grand recueil de chants de Setumaa que la Société de littérature finnoise est en train de publier, c'est qu'il serait aisé de tirer des variantes un recueil considérable de chants lyrico-épiques. Les fragments imprimés ont à tout jamais leur grande valeur scientifique. Un recueil de tels fragments, pareil au „Kanteletar" finnois, offrirait au peuple esthonien, ainsi qu'à tout ami de la poésie populaire, un trésor d'impérissable beauté. Parmi les chants, je veux seulement citer celui de la fille de l'air et de ses prétendants, dont l'étoile est préférée au soleil et à la lune.

Mais indépendamment de la question de savoir, si le „Kalevipoeg", comme épopée, sera présenté au peuple esthonien sous une forme nouvelle, ou si l'œuvre de Kreutzwald restera aussi dorénavant le seul recueil de chants et de contes du peuple esthonien, le souvenir de son travail assidu et plein d'amour et du puissant éveil donné par lui à la conscience nationale vivra à tout jamais chez le peuple esthonien reconnaissant.

Suomalais-ugrilaisen Seuran vuosikertomus v. 1903.

Niinä 20 vuotena, jotka Suomalais-ugrilainen Seura nyt on ollut olemassa, on sen tärkeimpiä tehtäviä ollut keräyttää kieli-, kansa- ja muinaistieteellisiä aineksia suomalais-ugrilaisten kansain keskuudessa, mikäli sopivia tutkijoita ja varoja sen käytettävissä on ollut. Yhteensä on Seura tähän saakka yksistään omasta puolestaan lähettänyt tutkimusmatkoille 20 eri tutkijaa, joll'emme ota lukuun niitä n. s. talonpoikaisstipendiaatteja, jotka omalla kotiseudullaan ovat Seuralle kansanrunoutta keräilleet. Kieli- ja kansatieteellisiä tutkimusretkiä on Seuran toimesta siten tehty vepsäläisten, lappalaisten, mordvalaisten, tsheremissien, votjakkien, ostjakkien ja vogulien luo sekä myös Mongoliaan ja Kiinaan, muinaistieteellisiä tutkimuksia toimeenpantu Permin ja Tobolskin kuvernementeissa sekä useissa eri seuduissa Siperiassa ja Venäjän Turkestanissa. Erittäin huomattakoon se grafologinen tutkimusretki (vv. 1890—91) Siperiaan ja Mongoliaan, jolla ensimäiset luotettavat kuvat Orkhonin muinaisturkkilaisista hautakirjoituksista saatiin. Sitäpaitsi Seuralla on ollut tilaisuus osaksi avustella yksityisten tutkijain tutkimuksia, samoin kuin se myöskin on ollut osallisena eräiden yhdessä muiden tieteellisten seurain kanssa toimeenpantujen tutkimusretkien kannattamisessa.

Tänä vuonna on kaksi Seuran stipendiaattia ollut tutkimusmatkoilla. Toinen, maisteri J. A. Kannisto, joka jo v. 1901 lähti matkalleen, jatkaa yhä tutkimuksiaan vogulien keskuudessa, toinen,

an yliopiston dosentti toht. KONRAD NIELSEN kävi viime
utkimassa Ruijan lappalaismurteita.

KANNISTON matkoista mainittiin viime vuosikertomuksessa
ttä hän elokuun lopulla 1902 siirtyi Tavdan sivujoelta, Va-
a ali-Loźvalle, asettuen ensin asumaan Tańšinan ja sittem-
skuun lopulla, Kūźinan kylään. Täältä hän joulukuun 22
tyi Loźva-jokea ylöspäin Permin kuvernementin puolelle,
ä on pari ali-Loźvan murrealueeseen kuuluvaa kylää. Täältä
oi matkaansa keski-Loźvalle Nikito-Ivdeľin kylään, jossa
li tilaisuus tutkia keski-Loźvan kielimurretta ainoan elossa
ämän murteen taitajan avulla. Senjälkeen hra K. ryhtyi
an vogulimurretta tutkimaan, ja teki tällä ajalla, kevättal-
ä vuonna Nikito-Ivdeľistä kaksiviikkoisen retken porokyy-
-Loźvalle ja sen syrjäjoille. Lopetettuaan viimemainitun
tutkimisen hän lähti elokuun 20 p:nä Nikito-Ivdeľistä pa-
lle Tobolskin kuvernementtiin ja saapui syyskuun alussa
varrella olevaan Janyčkovon kylään (25 virstan päässä
kirkonkylästä). Vaikka sikäläiset vogulit tavoiltaan ovat-
rasti venäläistyneet, ovat he kuitenkin vielä säilyttäneet
eensa, joka m. m. pitkän erikoiskehityksensä takia tarjoaa
paljon mieltäkiinnittävää. Joulun tienoissa hra K. arve-
vänsä Čandyrin kylän (n. s. „ylä-Tavdan") murretta tutki-
Viime aikoihin asti on Tavdalla ollut vielä kolmaskin murre,
monessa suhteessa eroava, Tabarin volostin Gorodokin ky-
Hra K. pitää kuitenkin epävarmana, voiko hän saada sitä
kituksi, kun ei murretta enää muutamiin aikoihin ole „pu-
kuin yksi ainoa vanha ukko. — Päätyönänsä hra K. edel-
n pitänyt murresanaston keräilemistä, mutta on sen ohessa
kielennäytteiksi koonnut lauluja, rukouksia, arvoituksia,
arinoita, kertomuksia y. m.

NIELSEN lähti Kristianiasta tutkimusretkelleen kesäkuun
ja matkusti Tromsan kautta Tenon meripiirissä olevaan
diin, jonne hän saapui kesäkuun 18 p:nä. Täällä hän vii-
kuun 5 p:ään, tutkien sikäläisten kalastajalappalaisten mur-
kooten heidän keskuudessaan kansatieteellisiä aineksia.
dista hra N. matkusti Puolmangin kautta Tenojokea ylös

Sirmaan, jossa hän, 14—18 p. heinäkuuta, kävi läpi kielelliset muistiinpanonsa utsjokelaisen kansakoulunopettajan, hra Guttormin kanssa. Sirmasta jatkui matka Kaarasjoelle, jonne hra N. Suomen puoleiselta Outakoskelta vei mukanaan lappalaisen kielimestarin saadakseen verrata hänen kielimurrettaan Utsjoen ja Kaarasjoen murteihin. Tämän jälkeen hän heinäkuun 27 p:nä siirtyi Suomen puolelle Roavesavvon'iin, voidakseen erään siellä tilapäisesti oleskelevan koutokeinolaisen lappalaisvaimon avulla tutustua Koutokeinon murteeseen. Elokuun 2 p:nä hra N. palasi Kaarasjoelle ja jatkoi sieltä parin päivän kuluttua matkaansa Puolmankiin, jossa hän viipyi kaksi viikkoa, tarkistaen ja täydentäen aikaisempia muistiinpanojaan tämän seudun murteesta. Täällä hänellä myös oli tilaisuus verrata toisiinsa Puolmangin ja Utsjoen murteiden kvantiteettiseikkoja sen kautta, että äskenmainittu hra Guttorm oli suostunut pariksi päiväksi tulemaan Utsjoelta Puolmankiin. Elokuun 19 p:nä hra N. lähti paluumatkalle Kristianiaan, jonne hän saapui elokuun 25 p:nä.

Seuran mordvalaiset stipendiaatit ovat edelleenkin ylitarkastaja H. Paasosen ohjaamina jatkaneet mordvalaisen kansanrunouden keräilemistä. Niinpä on I. Zorin Seuralle lähettänyt kolme pientä mutta arvokasta ersa-mordvalaista kansanrunouskokoelmaa Samaran kuvernementista, opettaja S. Čigin taas kaksi kokoelmaa moksha-mordvalaista kansanrunoutta Tambovin kuvernementin Temnikovin piiristä, ja opettaja I. Škoĺnikov ersa-mordvalaisia lauluja Saratovin kuvernementin Petrovskin piiristä. Sitäpaitsi on stipendiaatti Dormidontovilta saapunut kokoelma tshuvassilaisia satuja.

Viime vuosikertomuksessa mainittiin, että Kasanin seminaarin laulunopettaja, hra N. I. Suvorov Seuralta oli saanut apurahan keski-Volgan suomensukuisilta kansoilta keräämiensä sävelmien tarkentamista ja uusien kokoelemista varten. Tätä työtä hra S. vähitellen on jatkanut ja on tämän vuoden kuluessa Seuralle lähettänyt 20 niitty-tsheremissiläistä, 61 vuori-tsheremissiläistä ja 20 itä-tsheremissiläistä sävelmää.

Jo vuosikertomuksessa v:lta 1901 mainittiin, että Seuran stipendiaatti toht. G. J. Ramstedt, palatessaan tutkimusmatkaltaan Mongoliasta, uskoi suurimman osan tieteellisiä kokoelmiaan ja matkatavaroitaan rahtitavarana Siperian rautatien kuljetettavaksi, ja että nämät kokoelmat, suureksi vahingoksi Seuralle ja tutkijalle itselleen, jäljettömiin katosivat. Tämän johdosta Seura ryhtyi tarpeellisiin toimenpiteisiin saadakseen edes jonkilaista korvausta kärsitystä vahingosta, ja jo viime vuosikokouksessa voitiin Seuralle esittää tiedonanto siitä, että Siperian rautateiden hallitus oli Seuralle vahingonkorvaukseksi suorittanut 6,400 ruplaa. — Saatuaan tänä vuonna yliopistolta n. s. Antellin stipendin on toht. Ramstedt saanut tilaisuuden jatkaa seuran stipendiaattina alulle panemiansa mongolilaisia tutkimuksia ja siten ainakin osaksi korvata sitä tappiota, jonka hänen tutkimuksensa, äskenmainitun onnettomuuden tähden, olivat kärsineet. Tänä vuonna toht. R. on ollut tutkimusmatkalla kalmukkien luona ja sitäpaitsi tehnyt retken Afganistanin rajalle Kuškin linnoitukseen, jossa hänen onnistui saada käsiinsä kaksi Afganistanin mongolia. Tuskin oli hän saanut tutkimuksensa kielimestariensa kanssa hyvälle alulle, kun hän valitettavasti äkkiä sairastui malariaan. Parantuakseen täydellisesti on hänen täytynyt joksikin aikaa palata kotimaahan. Joka tapauksessa toht. R:n on onnistunut saada tärkeitä tietoja Afganistanin mongolimurteesta, joka m. m. on erittäin tärkeä lähde mongolin vanhan kirjakielen selvittämiseksi.

Vuosikertomuksessa v:lta 1900 mainittiin, että myöskin Seuran stipendiaatti maist. Hugo Lund tutkimusmatkallaan Kiinassa Pekingin piirityksen aikana kadotti suurimman osan kokoelmiaan ja tavaroitaan. Venäjän raha-asiainministeriön kautta Seura pyysi hra L:n ja Seuran kärsimien tappioiden korvaamiseksi 8,000 ruplaa, ja tämän vuoden syyskuunkokouksessa Seuralle ilmoitettiin, että hra L:lle vahingonkorvaukseksi oli myönnetty — 4,000 ruplaa.

Viime toukokuunkokouksessa Seuran hra esimies ilmoitti, että eräs henkilö, joka ei tahdo nimeään mainittavaksi, Seuran huostassa olevaan „Otto Donnerin rahastoon“ oli lahjoittanut 5,000 Smk puolen vuoden korkoineen. Tämän johdosta Seura samassa kokouksessa pyysi hra esimiestänsä perillesaattamaan tuntemattomalle jalomieliselle lahjoittajalle Seuran vilpittömät kiitokset. Tämä „suomalais-ugrilaisten tutkimusten edistämiseksi“ joulukuun 15 p:nä 1895 perustettu rahasto, joka alkujaan oli 15,000 Smk:n suuruinen, on nyt, kahden lahjoituksen kautta, noussut 25,125 Smk:aan.

Seuran tämänvuotinen kirjallinen toiminta näkyy seuraavasta.

Painosta on tänä vuonna ilmestynyt:

1) *Suomalais-ugrilaisen Seuran aikakauskirja XXI*, jonka sisällys on seuraava: 1. H. PAASONEN, *Die sogenannten Karataj-mordwinen oder karatajen* (51 s.). — 2. G. J. RAMSTEDT, *Das schriftmongolische und die Urgamundart phonetisch verglichen* (55 s.). — 3. YRJÖ WICHMANN, *Kurzer bericht über eine studienreise zu den syrjänen 1901—1902* (47 s. + 4 värillistä kuosikuvaa). — 4. KONRAD NIELSEN, *Lappalaisten murteiden tutkimisesta* (12 s.). — 5. H. PAASONEN, *Matkakertomuksia vuosilta 1900—1902* (22 s.). — 6. Otteita Suomalais-ugrilaisen Seuran keskustelemuksista v. 1902 (47 s.), jossa ovat seuraavat kirjoitukset: SUOMALAIS-UGRILAISEN SEURAN *adressi professori* VILH. THOMSENille *hänen täyttäessään 60 vuotta; Professori* VILH. THOMSENin *vastaus*; K. F. KARJALAINEN, *Matkakertomus ostjakkien maalta IV;* ARTTURI KANNISTO, *Matkakertomus vogulimailta I;* esimiehen, professori O. DONNERin *alkajaispuhe Suomalais-ugrilaisen Seuran vuosikokouksessa 19²/₁₂02* (myös ranskaksi); *Suomalais-ugrilaisen Seuran vuosikertomus v. 1902* (myös ranskaksi).

2) *Suomalais-ugrilaisen Seuran toimituksia XIX:* G. J. RAMSTEDT, *Über die konjugation des Khalkha-mongolischen* (XV + 128 s.).

3) *Suomalais-ugrilaisen Seuran toimituksia XX:* KONRAD NIELSEN, *Die quantitätsverhältnisse im Polmaklappischen* (XV + 312 s.).

4) *Suomalais-ugrilaisen Seuran toimituksia XXI*: YRJÖ WICHMANN, *Die tschuwassischen lehnwörter in den permischen sprachen* (XXVIII + 171 s.).

5) *Suomalais-ugrilaisen Seuran toimituksia XXII:* H. PAASONEN, *Mordvinische lautlehre* (XVII + 123 s., josta siv. 1—123 jo v. 1893 ilmestyi akatemiallisena väitöskirjana, tekijän ylipainoksena).

Sitäpaitsi ovat ylipainoksina ilmestyneet 1) U. T. SIRELIUS, *Die handarbeiten der ostjaken und wogulen* (= Aikakauskirjan XXII,1. 75 s.). 2) H. PAASONEN, *Die finnisch-ugrischen s-laute. I. Anlaut* (II + 136 s.; tekijän ylipainos Seuran „toimituksista").

Tämän yhteydessä on mainittava, että professorien E. N. SETÄLÄn ja K. KROHNin toimittamaa aikakauskirjaa *Finnisch-ugrische forschungen*, jonka perustamisesta ja suunnitelmasta jo kahdessa

vuosikertomuksessa on tehty selkoa, tähän saakka on
kaksi osaa. Kolmannen osan *Anzeiger*in ensi vihko il-
akkoin.
e vuosikokouksessa mainittiin, että hallitus toht. O. A.
tsheremissiläisten kuosien ja niihin kuuluvan tekstin jul-
varten Seuralle oli myöntänyt yhteensä 25,000 Smk:n
maksettavaksi kymmenen vuoden kuluessa 2,500 Smk:n
ımän johdosta hra H. nyt on voinut ryhtyä koolla olevien
iirustuttamiseen, ja on vuoden kuluessa tätä työtä suori-
paljon kuin tämän vuoden osalle tuleva määräraha on

seen toiseen, edelliselle läheistä sukua olevaan kirjalliseen
on Seura vuoden kuluessa päättänyt yksistään omilla
ryhtyä. Ollessaan Seuran stipendiaattina kansatieteelli-
musmatkalla ostjakkien ja vogulien keskuudessa sai mais-
. Sibelius kootuksi kauniin kokoelman näiden kansojen
ahkaornamentteja Oivaltaen tärkeäksi, että nämät mieltä-
ıt ainekset niin pian kuin suinkin pääsevät julkisuuteen
käytettäviksi, on Seura päättänyt erityisenä teoksena saat-
tut ornamentit julkisuuteen. Teos tulee käsittämään at-
ssa on yli 400 ornamenttikuvaa, kuin myös tekstiosan. At-
ı hra S. jo saanut painokuntoon järjestetyksi ja teksti-
urimman osan kirjoitetuksi. Näin ollen voi teos ilmestyä
ıoden alkupuolella.
ıe vuosikertomuksessa mainittiin, että Hampurissa pidetty
ikongressi oli ehdottanut perustettavaksi m. m. Suomeen
omitean keski-Aasian ja etäisimmän idän tutkimista var-
ais-, kansa- ja kielitieteellisessä sekä historiallisessa kat-
Tämä komitea muodostui Helsingissä viime vuoden lo-
:uuluvat siihen prof. O. Donner (puheenjohtaja), valtioar-
Γ. R. Aspelin (varapuheenjohtaja), ylitarkastaja H. Paa-
ısimäinen sihteeri), maisteri H. Lund (toinen sihteeri), in-
A. O. Heikel, professori J. J. Mikkola, tohtori G. J.
', professori E. N. Setälä, professori K. L. Tallqvist
:i Y. Wichmann.

Seuran hoidettavaksi annetun, „suomenkielen ja suomensukuiskielten tutkimuksen kannattamiseksi" määrätyn „Ahlqvistin rahaston" koroista on Suomalais-ugrilaisen Seuran ja Kotikielen Seuran yhteisesti asettama valiokunta tänä vuonna antanut apurahan maisteri J. A. KANNISTOlle.

Vuoden kuluessa on seuraavat esitelmät ja tiedonannot Seuran kokouksissa esitetty: M. BUCH: Harmaa- ja vuolukivestä uuninrakennusaineena Karjalassa; O. DONNER: 1) Alkajaisesitelmä viime vuosikokouksessa, 2) Toht. G. J. Ramstedtin tutkimusmatkasta; A. O. HEIKEL: Matkastansa Pietarin pukunäyttelyyn; H. PAASONEN: Seuran mordvalaisten stipendiaattien lähettämistä kansanrunouskokoelmista; G. J. RAMSTEDT: Tutkimusmatkastaan kalmukkien keskuudessa; E. N. SETÄLÄ: Maist. A. Kanniston ja toht. G. J. Ramstedtin tutkimusmatkoista; U. T. SIRELIUS: Viime keväänä suorittamistaan tutkimuksista Tukholman, Kristianian, Köpenhaminan ja Bernin kansatieteellisissä museoissa; E. A. TUNKELO: Toht. G. J. Ramstedtin tutkimusmatkasta; Y. WICHMANN: 1) Eräästä votjakkialueella löydetystä, itä-aasialaista tyyppiä olevasta pronssikuvasta, 2) Maist. A. Kanniston tutkimusmatkasta.

Julkaisujen vaihtoon Seuran kanssa ovat tänä vuonna ryhtyneet: Suomen valtioarkisto (Helsinki), Société Académique Indo-Chinoise de France (Parisi), The American Oriental Society (New-Haven, Conn.), The Asiatic Society of Japan (Tokio), Tambovin kuvernementin arkistokomisioni (Tambov) sekä Tobolskin kuvernementinmuseo (Tobolsk).

Kunniajäsenekseen on Seura kutsunut suomalaisen kansanrunouden ja muinaishistorian tutkijan JOHN ABERCROMBYn, joka jo v:sta 1888 alkaen on ollut Seuran kirjeenvaihtajajäsen, sekä työskenteleväksi jäsenekseen mordvalaisen kansanrunouden keräilijän, kansakoulunopettaja S. ČIGINin.

Vuoden kuluessa ovat Seuraan liittyneet

perustajajäseninä:

Lindberg, Richard Oskar, protokollasihteeri, Helsinki;
Renqvist, Alvar, pankinjohtaja, Helsinki;

vuosijäseninä:

O. J., seminarinkollega, Jyväskylä;
. J., fil. maisteri, Helsinki;
fil. maisteri, Helsinki;
G. J., fil. tohtori, Helsinki;
K. A. O., seminarinlehtori, Jyväskylä;
H. F., lehtori, Helsinki.

alle on vuoden kuluessa mennyt Seuran kunniajäsen va-
. G. VON TIESENHAUSEN (Pietari) sekä kaksi Seuran kir-
jajäsentä, nimittäin vertailevan kielitieteen professori Ba-
pistossa FRANZ MISTELI sekä kiinankielen tutkija, Lei-
ypiston professori GUSTAV SCHLEGEL. Kotimaisista jäse-
vainajina mainittavat perustajajäsenet: kamariherra, va-
ANS GUSTAF BOIJE AF GENNÄS, rehtori AXEL GABRIEL
nralimajuri JAKOB JULIUS AF LINDFORS, esittelijäsihteeri,
ANS NORDLUND, pääkonsuli ADOLF FREDRIK WASENIUS ja
, vapaahra GEORG ZACHRIS YRJÖ-KOSKINEN, alituinen jä-
inrovasti JOSEF GRÖNBERG sekä vuosijäsenet: kihlak.-tuo-
nanni CARL FERDINAND FORSSTRÖM ja konsuli FRANS HEN-
.

an toimimiehinä ovat kuluneena vuonna olleet: esimiehenä
O. DONNER, varaesimiehenä professori E. N. SETÄLÄ, en-
sihteerinä dosentti Y. WICHMANN, toisena professori J.
LA, rahainvartijana tierehtöri J. HÖCKERT, kirjastonhoi-
isteri E. A. TUNKELO ja professori K. KROHN, kirjavarain-
maisteri U. T. SIRELIUS, sekä yliasiamiehenä varatuomari
. — Tilintarkastajina ovat olleet vakuutustoimen tarkas-
isteri O. HALLSTÉN ja kapteeni O. F. QVICKSTRÖM, sekä
ramiehenään pankinjohtaja A. RENQVIST.
an edustajina tieteellisten seurojen valtuuskunnassa ovat
uonna olleet professorit O. DONNER ja E. N. SETÄLÄ.

ä ja edellisistä vuosikertomuksista käy selville, että Suo-
rilainen Seura, milloin suuremmalla milloin pienemmällä

voimalla, on pitänyt vireillä kirjallista toimintaansa antamalla aikakautisissa ja muissa julkaisuissaan yleisölle tietoja toiminnastaan ja toimeenpanemiensa tutkimusten tuloksista. Niinpä Seura kahdenkymmenen vuotensa aikana on julkaissut 21 osaa aikakauskirjaansa, 22 „toimitusten" sarjaan kuuluvaa erikoistutkimusta, sekä sitäpaitsi kaksi erikoisjulkaisua: „Inscriptions de l'Orkhon" ja „Mordvalaisten pukuja ja kuoseja".

Toimittaessaan v. 1886 julkisuuteen Seuran ensimäisen „Aikakauskirjan" lausui Seuran silloinen sihteeri, nykyinen esimies alkulauseessaan m. m. seuraavaa: „Yksi Seuran päätarkoituksista on kyllä tutkijain lähettämisellä koota ja siten häviöstä pelastaa tieteelle kallisarvoista ainekokoelmaa omituisuuksista kielen, katsantotavan ja tapojen suhteen, jotka Venäjällä asuvien suomalaisten kansanheimojen vähitellen tapahtuvan sulautumisen kautta hallitsevan kansan kanssa vuosi vuodelta aina enemmän joutuvat kaikelta tulevaisuudelta kadoksiin; mutta Seura tarvitsee samalla äänenkannattajaa julaistakseen tutkimustensa hedelmät, käsitelläkseen tähän kuuluvia kysymyksiä ynnä levittääkseen ja ylläpitääkseen yleisössä harrastusta laajempaan tutkimukseen suomalaisten kansojen kehityshistorian ja nykyisen sivistyskannan alalla." Tätä perustajansa asettamaa ohjelmaa Suomalais-ugrilainen Seura voimiensa mukaan on koettanut toteuttaa ja on sille vast'edeskin pysyvä uskollisena.

Helsingissä joulukuun 2 p:nä 1903.

Rapport annuel de la Société Finno-ougrienne. Année 1903.

Pendant les vingt années que la Société Finno-ougrienne a existé, elle s'est donné comme but essentiel de recueillir parmi les peuples finno-ougriens des matériaux linguistiques, ethnographiques et archéologiques, en tant qu'elle a eu à sa disposition des explorateurs qualifiés et les moyens nécessaires. En tout la Société a jusqu'à présent envoyé en mission, à ses propres frais, vingt explorateurs, sans tenir compte des boursiers paysans, qui, chacun dans sa province, ont fait des récoltes de poésies populaires pour la Société. Ainsi la Société a organisé des expéditions dans un but linguistique et ethnographique auprès des Vepses, des Lapons, des Mordouins, des Tchérémisses, des Votiaks, des Ostiaks, des Vogoules, ainsi qu'en Mongolie et en Chine, et des recherches archéologiques ont été entreprises dans les gouvernements de Perm et de Tobolsk, ainsi que dans différentes parties de la Sibérie et du Turkestan russe. En particulier il faut mentionner l'expédition graphologique (1890—91) en Sibérie et en Mongolie, qui rapporta les premières copies dignes de foi des inscriptions tumulaires en vieux turc de l'Orkhon. En outre la Société a eu l'occasion de subventionner partiellement les recherches d'explorateurs privés et de participer aux frais de voyages d'exploration, organisés de concert avec d'autres sociétés scientifiques.

Pendant cette année deux boursiers de la Société ont entrepris des expéditions. L'un d'eux, M. J.-A. Kannisto, qui commença son voyage en 1901, continue toujours ses recherches auprès des

Vogoules, l'autre, M. KONRAD NIELSEN, docteur et agrégé à l'université de Christiania se rendit l'été dernier en Laponie pour étudier les dialectes des Lapons du Finnmarken (Ruija).

Quant à M. KANNISTO, il a été dit, dans le rapport de l'année dernière, qu'il quitta à la fin d'août 1902 les parages de la Vagilskaja, affluent de la Tavda, pour se rendre vers la Loźva inférieure, où il habita d'abord le village de Tańšina, et ensuite, dès la fin de septembre, celui de Kūźina. Le 22 décembre il se rendit, en remontant la Loźva, dans le gouvernement de Perm, où il y a encore quelques villages qui appartiennent au domaine des dialectes de la Loźva inférieure. De là il se rendit au village de Nikito-Ivdeľ, dans les parages de la Loźva centrale, où il put étudier le dialecte de la Loźva centrale à l'aide de la seule personne vivante connaissant encore ce dialecte. Ensuite M. Kannisto étudia le dialecte de la Loźva supérieure, et cette année, au commencement du printemps, il fit de Nikito-Ivdeľ une excursion de deux semaines, en traîneau à renne, à la Loźva supérieure et à ses affluents. Après avoir achevé ses études du dit dialecte, il quitta Nikito-Ivdeľ le 20 août pour retourner dans le gouvernement de Tobolsk, et arriva au commencement de septembre au village de Janyčkovo, situé sur les bords de la Tavda (à 25 verstes du village de Košuk). Bien que les Vogoules de ces parages soient fortement russifiés dans leurs mœurs et coutumes, ils ont pourtant conservé leur dialecte, qui offre à l'explorateur beaucoup de traits intéressants, entre autres à cause de son long développement spécial. Vers Noël M. Kannisto croit pouvoir commencer l'étude du dialecte du village de Čandyr (appelé le dialecte de la „Tavda supérieure"). Jusqu'à nos jours il a encore existé dans les parages de la Tavda un troisième dialecte, qui diffère des autres sous plusieurs rapports: celui du village de Gorodok, dans le volost de Tabar. M. Kannisto doute cependant qu'il réussisse à étudier ce dialecte, car il y a déjà quelque temps que ce dialecte n'est plus parlé que par un seul vieillard. — Le but essentiel de M. Kannisto a continué d'être la récolte de glossaires dialectaux; mais en même temps il a recueilli, dans un but linguistique, des chants, des prières, des énigmes, des fables, des contes, des récits, etc.

M. Nielsen quitta Christiania le 3 juin et se dirigea, en passant par Tromsœ, vers le Troldfjord, dans le district maritime de Tana, où il parvint le 18 juin. Il y resta jusqu'au 5 juillet pour étudier le dialecte des Lapons pêcheurs de ces parages et pour recueillir parmi eux des objets ethnographiques. De Troldfjord M. Nielsen se rendit, en passant par Polmak et en remontant la rivière de Tana, à Sirma, où il parcourut, du 14 au 18 juillet, ses notes linguistiques avec le concours du maître de l'école primaire d'Utsjoki, M. Guttorm. De Sirma il poussa vers la Kaarasjoki, accompagné d'un maître de langue laponne d'Outakoski (du côté finlandais), afin de comparer son dialecte avec ceux d'Utsjoki et de Kaarasjoki. Ensuite il se rendit le 27 juillet à Roavesavvon (côté finlandais) pour y étudier le dialecte de Koutokeino à l'aide d'une femme laponne de Koutokeino qui s'y trouvait par occasion. Le 2 août M. Nielsen revint à Kaarasjoki et y demeura quelques jours pour continuer ensuite vers Polmak, où il resta quinze jours afin de rectifier et compléter les notes qu'il avait prises antérieurement concernant le dialecte de cette contrée. Là il eut aussi l'occasion de comparer les dialectes de Polmak et d'Utsjoki au point de vue de la quantité, car M. Guttorm, mentionné plus haut, avait consenti à venir d'Utsjoki à Polmak pour y passer quelques jours. Le 19 août M. Nielsen entreprit son voyage de retour et revint à Christiania le 25 du même mois.

Les boursiers mordouins de la Société ont continué leur récolte de poésies populaires mordouines sous la direction de M. H. Paasonen, inspecteur général des écoles élémentaires. Ainsi I. Zorin a envoyé à la Société, du gouvernement de Samara, trois petits recueils de poésies populaires ersa-mordouines de grande valeur; le maître d'école S. Čigin, deux recueils de poésies populaires mokcha-mordouines du district de Temnikov, gouvernement de Tambov, et le maître d'école I. Školnikov du district de Petrovsk, gouvernement de Saratov, des chants ersa-mordouins. En outre le boursier Dormidontov a fait parvenir à la Société une collection de contes tchouvaches.

Dans le rapport de l'année dernière nous avons dit que le professeur de chant du séminaire de Kasan, M. N.-I. Suvorov, avait reçu une bourse de la Société pour reviser les mélodies qu'il avait recueillies parmi les tribus de race finnoise des parages du Volga central et pour en recueillir de nouvelles. M. Suvorov a peu à peu continué ce travail, et au cours de cette année il a envoyé à la Société vingt mélodies recueillies parmi les Tchérémisses des prairies, soixante et une recueillies parmi les Tchérémisses montagnards, et vingt recueillies parmi les Tchérémisses de l'est.

Déjà dans le rapport de l'année 1901 il fut dit que le boursier de la Société, le docteur G.-J. Ramstedt, en revenant de son expédition en Mongolie, avait envoyé la plus grande partie de sa récolte scientifique et de ses effets par petite vitesse avec le chemin de fer de Sibérie, et que ces collections disparurent sans laisser de trace, ce qui fut une grande perte pour la Société, ainsi que pour l'explorateur lui-même. La Société fit alors les démarches nécessaires pour obtenir au moins quelque indemnité pour la perte qu'elle venait de subir, et déjà à la dernière séance annuelle la Société fut informée de ce que la direction des chemins de fer de la Sibérie avait accordé à la Société 6,400 roubles en dommages-intérêts. — Ayant cette année reçu de l'Université la bourse Antell, M. Ramstedt a été à même de continuer ses explorations en Mongolie, qu'il avait entreprises comme boursier de la Société, et de réparer ainsi, du moins en partie, le dommage que l'accident dont nous venons de parler avait causé à ses recherches. Cette année M. Ramstedt s'est rendu auprès des Kalmouks et il a, en outre, fait une expédition à la forteresse de Kušk, située sur la frontière de l'Afghanistan, où il eut la chance de mettre les mains sur deux Mongoles de l'Afghanistan. A peine eut-il eu le temps de donner un bon commencement à ses études à l'aide de ses professeurs de langue, que, malheureusement, il fut subitement atteint de la malaria. Pour guérir complètement il lui a fallu retourner pour quelque temps dans son pays. Dans tous les cas M. Ramstedt a réussi à recueillir des renseignements importants sur le dialecte mongole de l'Afghanistan, qui est entre autres une source très importante pour la compréhension de l'ancienne langue littéraire.

Dans le rapport de l'année 1900 il a été dit, que le boursier de la Société, le licencié Hugo Lund, qui faisait de son côté des études en Chine, perdit, lors du siège de Pékin, la plus grande partie de ses collections et de ses effets. Par l'intermédiaire du Ministère des Finances de la Russie, la Société demanda des dommages-intérêts de 8,000 roubles pour les pertes que M. Lund et la Société avaient subies, et à la séance du mois de septembre de cette année la Société reçut la notification qu'on avait accordé à M. Lund une indemnité de 4,000 roubles.

A la séance du mois de mai dernier le président de la Société annonça qu'une personne qui veut rester inconnue avait fait don de 5,000 marcs (y compris les intérêts d'une demie année) aux „fonds Otto Donner", gérés par la Société. La Société pria son président de transmettre au généreux donateur inconnu ses remerciements les plus sincères. Ces fonds, institués le 15 décembre 1895 „pour la propagation des recherches finno-ougriennes" et qui montaient d'abord à la somme de 15,000 marcs, atteignent maintenant, grâce à deux donations, le chiffre de 25,125 marcs.

Pour ce qui concerne les travaux littéraires de cette année il faut signaler:

Ouvrages parus au cours de cette année:

1) *Journal de la Société Finno-Ougrienne* XXI, qui contient ce qui suit: 1. H. PAASONEN, *Die sogenannten Karataj-mordwinen oder karatajen* (51 pp.). — 2. G. J. RAMSTEDT, *Das schriftmongolische und die Urgamundart phonetisch verglichen* (55 pp.). — 3. YRJÖ WICHMANN, *Kurzer bericht über eine studienreise zu den syrjänen* 1901—1902 (47 pp. + 4 gravures de modèles coloriées). — 4. KONRAD NIELSEN, *Sur l'étude des dialectes lapons* (12 pp.). — 5. H. PAASONEN, *Récits de voyages* 1900—1902 (22 pp.). — Extraits des procès-verbaux de la Société, année 1902 (47 pp.) qui comprennent les articles suivants: *L'adresse de la* SOCIÉTÉ FINNO-OUGRIENNE *au professeur* VILH. THOMSEN *à l'occasion de son 60me anniversaire; la réponse du professeur* VILH. THOMSEN; K. F. KARJALAINEN, *Sur un voyage chez les Ostiaks* IV; ARTTURI KANNISTO, *Sur un voyage chez les Vogoules; Discours d'ouverture prononcé par le professeur* O. DONNER *à la séance annuelle* $19^{2}/_{12}02$ (en finnois et en français); *Rapport annuel de la Société Finno-ougrienne, année* 1902 (en finnois et en français).

2) *Mémoires de la Société Finno-ougrienne* XIX: G. J. Ramstedt, *Über die konjugation des Khalkha-mongolischen* (XV + 128 pp.).

3) *Mémoires de la Société Finno-ougrienne* XX: Konrad Nielsen, *Die quantitätsverhältnisse im Polmaklappischen* (XV + 312 pp).

4) *Mémoires de la Société Finno-ougrienne* XXI: Yrjö Wichmann, *Die tschuwassischen lehnwörter in den permischen sprachen* (XXVIII + 171 pp.).

5) *Mémoires de la Société Finno ougrienne* XXII: H. Paasonen, *Mordvinische lautlehre* (XVII + 123 pp. dont les pp. 1—123 parurent déjà en 1893 sous forme de thèse académique comme tirage à part aux frais de l'auteur).

En outre ont paru comme tirages à part: 1) U. T. Sirelius, *Die handarbeiten der ostjaken und wogulen* (= Journal XXII,1. 75 pp). 2) H. Paasonen, *Die finnisch-ugrischen s-laute. I. Anlaut* (II + 136 pp; comme tirage à part, aux frais de l'auteur, des „Mémoires" de la Société).

A ce propos il faut mentionner qu'il a jusqu'à présent paru deux tomes de la revue *„Finnisch-ugrische forschungen"* publiée par les professeurs E.-N. Setälä et K. Krohn, et dont la fondation et le but ont été commentés déjà dans les deux rapports annuels précédents. La première livraison de *„l'Anzeiger"*, tome III, paraîtra sous peu.

Dans le dernier rapport annuel nous avons dit que le gouvernement avait accordé, pour la publication des modèles tchérémisses du docteur A.-O. Heikel et du texte qui s'y rapporte. une somme totale de 25,000 marcs, sur les fonds de l'État, payable au cours de dix ans, 2,500 marcs par an. Par conséquent, il a été possible à M. Heikel de commencer à copier les objets recueillis, et au cours de cette année ce travail a avancé, autant que la somme accordée pour cette année y a suffi.

La Société a décidé au cours de cette année de soutenir à ses propres frais une autre entreprise littéraire qui touche de près celle dont nous venons de parler. M. U.-T. Sirelius, qui, en sa qualité de boursier de la Société, a fait des recherches ethnographiques parmi les Ostiaks et les Vogoules, a dans ses voyages re-

une belle collection d'ornements en écorce de bouleau et en
Comprenant l'importance qu'il y avait à ce que ces orne-
si intéressants fussent publiés aussi vite que possible, pour
la portée des savants, la Société a décidé de faire paraître
ements dans une publication à part. Cet ouvrage contiendra
s où il y aura plus de 400 gravures d'ornements, ainsi qu'un
L'atlas est déjà prêt à mettre sous presse, et la plus grande
du texte est écrite. Dans ces conditions l'ouvrage pourra
e déjà au commencement de l'année prochaine.

Dans le dernier rapport annuel il a été dit que le Congrès des
alistes, tenu à Hambourg, avait proposé de fonder entre au-
n Finlande un comité local ayant pour but l'exploration de
centrale et de l'Extrême Orient, au point de vue archéolo-
ethnographique, linguistique et historique. Ce comité fut
à Helsingfors à la fin de l'année dernière; les membres en
le professeur O. DONNER (président), l'archéologue de l'État
ASPELIN (vice-président), l'inspecteur général H. PAASONEN
ier secrétaire), le licencié H. LUND (second secrétaire), l'in-
t A.-O. HEIKEL, le professeur J.-J. MIKKOLA, le docteur G.-
MSTEDT, le professeur E.-N. SETÄLÄ, le professeur K.-L. TALL-
et le professeur agrégé Y. WICHMANN.

La délégation élue en commun par la Société Finno-ougrienne
Société pour la langue maternelle a cette année accordé à M.
KANNISTO une bourse provenant des „fonds Ahlqvist", confiés
garde de la Société et destinés à „soutenir les études de la
e finnoise et des langues apparentées."

Dans le courant de l'année les conférences et les communica-
suivantes ont été faites aux séances de la Société: M. BUCH:
la pierre de roc et la pierre taillée employée dans les construc-
des cheminées en Carélie; O. DONNER: 1) Discours d'ouver-
à la dernière séance annuelle, 2) Sur l'expédition de M. G.-J.
stedt; A.-O. HEIKEL: Sur son voyage à l'exposition de costu-
de Saint-Pétersbourg; H. PAASONEN: Sur les collections de
ies populaires des boursiers mordouins de la Société; G.-J.
STEDT: Récit d'une expédition chez les Kalmouks; E.-N. SE-
: Sur les expéditions de MM. A. Kannisto et G.-J. Ram-

stedt; U.-T. Sirelius: Sur quelques recherches faites le printemps dernier dans les musées ethnographiques de Stockholm, de Christiania, de Copenhague et de Berne; E.-A. Tunkelo: Sur l'expédition de M. G.-J. Ramstedt; Y. Wichmann: 1) Sur une image en bronze du type asiatique oriental, trouvée dans le domaine des Votiaks, 2) Sur l'expédition de M. A. Kannisto.

La Société est, cette année, entrée en échange de publications avec les Archives publiques de la Finlande (Helsingfors), la Société Académique Indo-Chinoise de France (Paris), The American Oriental Society (New-Haven, Conn.), The Asiatic Society of Japan (Tokio), la Commission des Archives du gouvernement de Tambov (Tambov), et le Musée gouvernemental de Tobolsk (Tobolsk).

La Société a nommé membre honoraire M. John Abercromby, connaisseur éminent de la poésie populaire et de l'histoire ancienne finnoise, qui, déjà à partir de 1888, a été membre correspondant de la Société, et elle a nommé membre collaborateur S. Čigin, maître d'école primaire et collectionneur de poésies populaires mordouines.

Au cours de cette année la Société a reçu comme

membres fondateurs:

Lindberg, Richard Oscar, greffier au Sénat, Helsingfors;
Renqvist, Alvar, chef de banque, Helsingfors;

membres annuels:

Brummer, O.-J., professeur de séminaire, Jyväskylä;
Heikel, H.-J., licencié, Helsingfors;
Lund, H., licencié, Helsingfors;
Ramstedt, G.-J., docteur ès lettres, Helsingfors;
Relander, K.-A.-O., lecteur de séminaire, Jyväskylä;
Silander, H.-F., lecteur, Helsingfors.

Au cours de l'année sont décédés: le membre honoraire de la Société, V.-G. v. Tiesenhausen (Saint-Pétersbourg) baron, ainsi que deux membres correspondants de la Société; le professeur de linguistique comparée à l'Université de Bâle Franz Misteli, et le siue GUSTAV SCHLEGEL, professeur à l'Université de Leyde. Parmi iembres fondateurs indigènes il faut nommer: le baron HANS AF BOIJE AF GENNÄS, chambellan, le recteur AXEL GABRIEL , le major général JAKOB JULIUS AF LINDFORS, le référendaire s NORDLUND, doyen; le consul général ADOLF FREDRIK WA-s, et le baron GEORG ZACHRIS YRJÖ-KOSKINEN, sénateur; :e le membre perpétuel: JOSEF GRÖNBERG, doyen rural, et i les membres annuels: le juge provincial CARL FERDINAND STRÖM et le consul FRANS HENRIK MALIN.

Fonctionnaires de la Société durant l'année dernière furent: lent, le professeur O. DONNER; vice-président le professeur E.-ETÄLÄ; premier secrétaire, le professeur agrégé Y. WICHMANN; ème secrétaire, le professeur J.-J. MIKKOLA; trésorier, le di-ır J. HÖCKERT; bibliothécaires, le licencié E.-A. TUNKELO et ofesseur K. KROHN; conservateur des livres de fond, le licen-J.-T. SIRELIUS, et chargé d'affaires, le substitut E. POLÓN. — eurs ont été le licencié O. HALLSTÉN, inspecteur des compag-d'assurances, et le capitaine O.-F. QVICKSTRÖM, et comme leur éant le chef de banque A. RENQVIST.

Les proff. O. DONNER et E.-N. SETÄLÄ ont aussi cette année li les fonctions de représentants de la Société à la délégation ociétés scientifiques.

Il ressort de ce rapport, ainsi que de ceux des années précé-s, que la Société Finno-ougrienne continue, tantôt avec plus, t avec moins d'énergie, son activité littéraire, en donnant au c, moyennant ses périodiques ainsi que ses autres publications, perçu de son travail, et du résultat des expéditions organisées elle. Ainsi la Société a publié pendant ces vingt années de existence 21 tomes de son journal, 22 publications appartenant série des „Mémoires" et, en plus, 2 publications spéciales: riptions de l'Orkhon" et „Costumes et modèles des Mordouins". Lorsque, en 1886, le premier „Journal" de la Société fut é, le président actuel de la Société, alors son secrétaire, s'ex-ı dans son avant-propos dans les termes suivants: „Le but ipal de la Société est d'envoyer des personnes intéressées pour receuillir et garder ainsi de l'oubli les particularités de la langue, de la manière de juger, et des mœurs des tribus finnoises en Russie, qui, par une amalgamation progressive sous l'influence de la nationalité dominante, vont se perdre de plus en plus pour la postérité. Mais la Société a également besoin d'un organe pour la publication de la récolte, qu'elle a réussi de faire, pour l'élaboration des questions analogues, ainsi que pour répandre et soutenir un plus grand intérêt chez le public, pour l'histoire, le développement et l'état actuel de la civilisation des tribus finnoises.“ La Société a pris à tâche jusqu'à présent de réaliser, tant qu'il a été en son pouvoir, le programme dressé par son fondateur et elle lui restera fidèle aussi à l'avenir.

Helsingfors, le 2 déc. 1903.

Suomalais-ugrilainen Seura. — Société Finno-Ougrienne. 1903.

Toimimiehet. — Fonctionnaires.

nies: **Otto Donner**, professori.
aesimies: **Eemil N. Setälä**, professori.
imäinen sihteeri: **Yrjö Wichmann**, dosentti.
en sihteeri: **Joos. J. Mikkola**, professori.
avartia: **John Höckert**, tirehtööri.
jastonhoitajat: { **Kaarle Krohn**, professori. / **E. A. Tunkelo**, filosofian kandidaatti.
javarainhoitaja: **U. T. Sirelius**, filosofian maisteri.
asiamies: **Eduard Polón**, varatuomari.

Kunniajäseniä. — Membres honoraires.

as **Lönnrot**, professori, kanslianeuvos. 84. † 1884.
dor **Logginowitsh Heiden**, kreivi, kenraalikuvernööri. 84. † 1900.
eodor **Bruun**, vapaaherra, ministerivaltiosihteeri. 84. † 1888.
dinand **Johann Wiedemann**, akateemikko, salaneuvos, Pietari. 84. † 1887.
Hunfalvy, akateemikko, Budapest. 84. † 1891.
sef **Budenz**, altailaisen kielitieteen professori, akateemikko, Budapest. 84. † 1892.

Wilhelm Schott, kiinan ja japanin kielen ja kirjallisuuden professori, Berliini. 84. † 1889.

J. A. Friis, lapin ja suomen kielen professori, Kristiania. 84. † 1896.

Aleksej S. Uvarov, kreivi, muinaistutkia, Moskova. 84. †.

Jens Jakob Asmussen Worsaae, kamariherra, muinaistutkia, Kööpenhamina. 84. † 1885.

Constantin Grewingk, professori, valtioneuvos, Tartto. 84. † 1887.

Louis Lucien Bonaparte, ruhtinas, Lontoo. 84. † 1891.

Nils Adolf Erik Nordenskiöld, vapaaherra, professori, akateemikko, Tukholma. 85. † 1901.

Bernhard Jülg, professori, Innsbruck. 86. † 1886.

Rudolf Virchov, patol. anatomian professori, akateemikko, salaneuvos, Berliini. 86. † 1902.

Julien Vinson. hindustaninkielen professori, Pariisi. 86.

Gustaf von Düben, vapaaherra, professori, Tukholma. 86. † 1892.

Friedrich Max Müller, professori, Oxford. 89. † 1900.

Wilhelm Radloff, akateemikko (aasialaisten kansain kirjall. ja hist.), tod. valtioneuvos, Pietari. 90.

Paraskovja Sergejevna Uvarova, kreivitär, muinaistiet. seuran puheenjohtaja, Moskova. 91.

Woldemar Carl von Daehn, ministerivaltiosihteeri, kenraaliluutnantti, Sippola. 92. † 1901.

Vilhelm Thomsen, vertailevan kielitieteen professori, Kööpenhamina. Kirjeenvaiht.-j. 84, kunniajäsen 92.

Domenico Comparetti, professori, akateemikko, senaattori, Firenze. 92.

Ernst Kunik, akateemikko (Venäjän hist. ja muinaistiet.), salaneuvos, Pietari. 94. † 1899.

Aleksej Aleksandrovitsh Bobrinskij, kreivi, keisarill. muinaistieteellisen komissionin presidentti, Pietari. 95.

Vladimir Gustavovitsh von Tiesenhausen, vapaaherra, keisarill. muinaistieteellisen komissionin jäsen, Pietari. 95. †

Géza Kuun, kreivi, tohtori, Unkarin tiedeakatemian kunniajäsen, unkarilaisten vanhimman historian sekä turkkilaisten kielten tutkia. Maros-Németi, Unkari. 97.

Otto von Böhtlingk, akateemikko, salaneuvos, Leipzig. 97.

August Leskien, slaavilaisten kielten professori, salaneuvos, Leipzig. 97

Herman Vámbéry, itämaisten kielten professori, akateemikko, Budapest. 98.

Aleksandr Nikolajevitsh Veselovskij, professori, akateemikko, salaneuvos, Pietari. 02.

John Abercromby, suomal. kansanrunouden ja muinaishistorian tutkia, Edinburgh. 03 (kirjeenvaihtajajäsen v:sta 1888).

Kirjeenvaihtaja-jäseniä. — Membres correspondants.

Nikolai Ivanovitsh, Ilminskij, professori, seminaarinjohtaja, Kasani. 84. † 1892.

Jakob Hurt, pastori, tohtori, Pietari. 84.

József Szinnyei, urali-altailaisten kielten professori, akateemikko, Budapest. 84.

Ferdinánd Barna, kirjastonhoitaja, Budapest. 84. †.

Aleksandr Teplouhov, metsäherra, muinaistutkia, Iljinsk. 84. †.

Gustaf Retzius, professori, Tukholma. 85.

Stepan Kirillovitsh Kuznetsov, kirjastonhoitaja, Tomsk. 85.

Sergej Mihailovitsh Shpilevskij, valtio-oikeuden professori, Demidovin lainopill. lyseon johtaja, Jaroslavlj. 85.

Jens Knud Qvigstad, seminaarinjohtaja, lapinkielen tutkia, Tromsa. 85.

Eugène Beauvois, Corberon. 86.

Franz Misteli, vertailevan kielitieteen professori, Basel. 88. † 1903.

Georgij Stepanovitsh Lytkin, kymnaasin-opettaja, Pietari. 88.

Zsigmond Simonyi, unkarin kielen ja kirjallisuuden professori, akateemikko, Budapest. 88.

Gábor Szarvas, professori, akateemikko, kuninkaallinen neuvos, Budapest. 88. † 1895.

Ignácz Halász, unkarinkielen professori, Kolozsvár (Klausenburg). 89. † 1901.

Paul Sébillot, professori, kansanrunouden tutkia, Pariisi. 89.

Mikael Weske, suomalaisten kielten ylimäär. professori, Kasani. 89. † 1890.

Nikolai Anderson, suomalaisten kielten ylimäär. professori, valtioneuvos, Kasani. 90.

Heinrich Winkler, professori, urali-alt. kielt. tutkia, Breslau. 90.

Dimitrij Nikolajevitsh Anutshin, maantieteen ja kansatieteen professori, akateemikko, Moskova. 91.

Ivan Nikolajevitsh Smirnov, yleisen historian professori, Kasani. 91.

Bernát Munkácsi, tohtori, suom.-ugr. kielt. ja kansatieteen tutkia, Budapest. 91.

Charles Norton Edcumbe Eliot, lähetystön sihteeri, suomen kieliopin kirjoittaja, Mombasa, East Africa. 92.

G. Devéria, kiinankielen professori, Pariisi. 94. † 1900.

Gustav Schlegel, kiinankielen professori, Leiden. 94. † 1903.

Emilio Teza, sanskritin ja klassillisten kielten vertailevan historian professori, Padova. 94.

Fedor Jevgenievitsh Korsch, klassillisen filologian professori, turkkilaisten kielten tutkia, Moskova. 95.

Karl Bernhard Wiklund, suomalais-ugrilaisten kielten dosentti, Upsala. 97.

Móricz Szilasi, unkarinkielen ja vertail. ugrilaisen kielitieteen professori, Kolozsvár. 99.

Wilhelm Reiman, pastori, kirjallisuushistorioitsia, Klein S. Johannis, Viro. 99.

Leopold von Schrœder, professori, Wien. 99.

Nikolai Haruzin, kansatieteen professori, Moskova. 99. † 1900.

Nikolai Fedorovitsh Katanov, turkkilaiskielten professori, Kasani. 01.

Jan Baudouin de Courtenay, professori, Pietari. 02.

Petr Petrovitsh Semenov, senaattori, Pietari. 02.

Työskenteleviä jäseniä. — Membres collaborateurs.

Nikolai Petrovitsh Barsov, pappi (mordvalaisten alueella), Pshenevo. 92.

Vladislav Aleksejevitsh Islentjev, kansak.-tarkastaja, votjakkilaisen sanakirjan tekiä, Kasani. 92.

Sergej Fedorovitsh Tshigin, kansak.-opettaja, mordv. kansanrunouden keräilijä. 03.

Seuran perustajat. — Membres fondateurs.

	Smk.
…mby, John, kunniajäsen, Edinburg. 350 £ = . . .	8,815.
…eus, Sanfrid August, protokollasihteeri, Helsinki . .	200.
…t, August, täysinpalv. professori, valtioneuvos † . . .	200.
…m, Antti, kauppaneuvos †	2,000.
…m, Antti Walter, ylioppilas, Pori	200.
…s, Carl Henrik, piispa †	200.
…s, Magnus, hovioikeudenneuvos †	200.
…s, Oskar, tehtaanisännöitsiä, Sortavala	300.
Herman Frithiof, lääket. tohtori †	200.
…ren, Hjalmar, konservaattori, tohtori, Helsinki . . .	200.
…t, Carl Alexander, kreivi, hovimestari, Halikko . . .	200.
…, Eliel, professori, Helsinki	200.
…, Johan Reinhold, valtionarkeologi, professori, Helsinki	200.
Willy, professori, Louvain	200.
…m, Carl Henrik, lääkäri, kolleegineuvos, Hämeenlinna .	200.
…m, Johan Gustaf, kauppaneuvos †	200.
…m, Ossian, senaattori, Helsinki	200.
…, Arvid, liikennetirehtööri, Helsinki	200.
…i, Emanuel, tuomari, pankinjohtaja, Mikkeli	200.
Ernst, tirehtööri, Helsinki	200.
…nheim, Adolf Edvard, maanviljelysneuvos, Orismala . .	200.
…nheim, Gösta, tehtaanisännöitsiä, Helsinki	200.
…rkesten, Sune Birger Johan, senaattori †	200.
af Gennäs, Hans Gustaf, vapaaherra, kamariherra † . .	200.
…ius, Henrik Gustaf, presidentti, Vaasa	200.
Axel Gabriel, lehtori †	200.
Carl Gustaf, kanslianeuvos †	200.
Karl Fredrik, konsuli, Oulu	200.
…tröm, August, kauppaneuvos †	200.
…tröm, Leonard, kauppaneuvos, Helsinki	200.
…er, Hjalmar, tilanomistaja, Loppi	200.
…er, Karl Alfred, toimitusjohtaja, tohtori (ennen vuosi-**…jäsen)**	200.

Breitenstein, William, kauppias, Viipuri . . . . 200.
Brummer, Alexander Wilhelm, hovineuvos, Helsinki . . . 200.
Bruun, Theodor, vapaaherra, ministerivaltiosihteeri †. . . . 500.
Bruun, Theodor, vapaaherra, passitoimiston päällikkö, kamarijunkkari, Pietari . . . . 200.
Buddén, Emil Johannes, lehtori, rehtori, Savonlinna. . . . 200.
Budenz, József, professori, akateemikko. Kunniajäsen 84. † 200.
Cajander, Lennart, pormestari, Helsinki . . . . 200.
Candelin, Leonard, j:r, konsuli, Helsinki. . . . . 200.
Castrén, Robert, mol. oik. kandid. †. . . . . 200.
Cederberg, C. J., kauppias, Joensuu . . . . 200.
Cederholm, Carl Anton Theodor, senaattori, Helsinki . . . 200.
Churberg, Waldemar, maisteri, Södertelje . . . . 200.
Chmelewsky, Paul, kauppaneuvos, Helsinki . . . . 200.
Cleve, Zacharias Joachim, täysinpalv. professori, kanslianeuvos † . . . . 200.
Clouberg, Ludvig Gustaf Leonhard, senaattori, Helsinki . . 200.
Colliauder, Otto Immanuel, piispa, Savonlinna . . . . . . 200.
Costiander, Torsten, salaneuvos, Helsinki . . . . 200.
Creutz, Carl Magnus, kreivi, kuvernööri † . . . . 200.
Cronstedt, Johan Frans Andreas, vapaaherra, pankinjohtaja, Helsinki . . . . 300.
Cygnæus, Uno, yli-inspehtori, tohtori † . . . . 200.
Dahlström, Ernst, kauppaneuvos, Turku . . . . 500.
Dahlström, Robert Magnus, kauppias, Turku . . . . . . 500.
Danielson, Johan Richard, yliopiston v. t. sijaiskansleri, valtioneuvos, Helsinki. . . . . 200.
Decker, Alexander Theodor, arkkitehti † . . . . 200.
Dippell, Wilhelm, konsuli, Viipuri . . . . 200.
Donner, Anders Severin, professori, Helsinki . . . . . . 200.
Donner, Ossian, insinööri, Helsinki . . . . 200.
Donner, Otto, professori, Helsinki . . . . 300.
Donner, Otto, maisteri, Helsinki. . . . . 200.
Donner, Uno, insinööri, Helsinki . . . . 200.
Edelheim, Frans, insinööri, Nastola . . . . 200.

rooth, **Johan Casimir,** ministerivaltiosihteeri, kenraaliluutnantti, Nastola . . . . 200.
Viktor, kauppaneuvos, Helsinki . . . . 200.
f, **August,** kauppaneuvos, Porvoo . . . . 200.
os, **Carl Viktor,** maistraatinsihteeri, Helsinki . . . . . 200.
röm, **Carl August,** kapteeni † . . . . 200.
ist, **Johan Waldemar,** liikemies, Tampere . . . . . 200.
st, **Karl,** yliopettaja †. . . . . 200.
ssen, **Carl Gustaf,** täysinpalvellut professori † . . . . 200.
nder, **Carl Gustaf,** täysinpalvellut professori, valtioneuvos, Helsinki . . . . 200.
man, **Severin,** taiteilia † . . . . 200.
nan, **Abraham August,** alikapteeni, hovineuvos . . . . 1,000.
nan, **Nils Isak,** presidentti, Helsinki . . . . 200.
ieandt, **Karl Johan,** piirilääkäri, Hämeenlinna . . . . 200.
elius, **Karl Victor Gustaf,** kauppaneuvos, Turku . . . 200.
ius, **Kristian Fredrik,** piirilääkäri, lääket. tohtori, Helsinki 200.
man, **Jaakko Oskar,** professori, valtioneuvos † . . . . 200.
nhjelm, **Johan Otto Vladimir,** kenraaliluutnantti † . . . 250.
lin, **Johan Gabriel,** yliopettaja, tohtori † . . . . . . 200.
el, **Gustaf Fredrik,** senaattori † . . . . 200.
etz, **Arvid Oskar Gustaf,** senaattori, Helsinki . . . . . 200.
enhjelm, **Bernhard Fredrik,** yliop.-lehtori, Helsinki . . 200.
nberg, **Thure,** kruununvouti, Tampere. . . . . 200.
nfelt, **August Edvard,** sotaprovasti, jumaluusop. tohtori † 200.
nfelt, **Axel Fredrik,** täysinpalvellut professori † . . . . 200.
nlund **Gabriel,** j:r, kauppias, Rauma . . . . 200.
penberg, **Alexander Lennart,** senaattori . . . . 200.
penberg, **Odert Sebastian,** vapaaherra, ylitirehtööri, Helsinki 200.
t, **Jakob,** akateemikko, tod. salaneuvos † . . . . . . 200.
sbeck, **Georg Oskar,** eversti † . . . . 200.
ndahl, **Hugo,** esitteliäsihteeri, Helsinki . . . . 200.
nfors, **J. G.,** kauppias, Hämeenlinna . . . . 200.
nroos, **V. F.,** kauppias, Viipuri . . . . 300.
nvik, **Axel Henrik Georg,** hovioikeuden-asessori † . . . 200.
s, **Karl Gustaf,** lehtori, Janakkala . . . . 200.

v. **Haartman, Lars Emil**, eversti, Helsinki . . . . 200.
v. **Haartman, Victor Georg Gustaf Gabriel**, senaattori, salaneuvos † . . . . 200.
Hackman, Alfred, maisteri, Helsinki . . . . 200.
Hackman, Wilhelm, kauppaneuvos, Viipuri . . . . 2,000.
Hallberg, Mauritz Emil Fredrik, kauppias, Helsinki . . . 200.
Hallman, Anders Mortimer, apteekkari, Lappeenranta . . . 200.
Hallonblad, Herman, valtioneuvos † . . . . 300.
Hallonblad, Elisabeth, valtioneuvoksen leski, Sortavala . . . 200.
Hammarén, L. J., kauppaneuvos, Tampere . . . . 200.
Hartman, Carl Johan, kauppaneuvos, Vaasa . . . . 200.
Heiden, Feodor Logginovitsh, kreivi, ent. kenraalikuvernööri. Kunniajäsen 1884. † . . . . 500.
Heikel, Frans Viktor, yliop.-lehtori, Helsinki . . . . . . 200.
v. **Hellens, Lars Theodor**, presidentti † . . . . 200.
Herckman, Karl August, tuomiokapit.-sihteeri, Oulu . . . . 200.
Hisinger, Edvard, vapaaherra, tohtori, tilanomistaja, Pohja . 200.
Hjelmman, Fredrik Werner, senaattori, Helsinki . . . . . 200.
Hjelt, Edvard Immanuel, professori, yliopiston rehtori, Helsinki . . . . 200.
Hjelt, Ernst Albin, konsuli, Helsinki . . . . 200.
Hjelt, Frans Wilhelm Gustaf, tuomiorovasti † . . . . . 200.
Hjelt, Otto Edvard August, täysinpalvellut professori, arkiaatteri, Tuusula . . . . 200.
Hoffrén, Johan Viktor, apteekkari, Helsinki . . . . . . 200.
Homén, Gustaf William, hovioikeudenneuvos, Viipuri . . . 200.
Hornborg, Anders Mauritz, senaattori, Helsinki . . . . . 200.
Hornborg, Nikolai Konstantin, senaattori † . . . . . 200.
Hougberg, Emil, professori, Pitkäniemi . . . . 200.
Huuri, J. F., kauppias, Pietari . . . . 200.
Härdh, Henrik Eliel, lehtori, Hämeenlinna . . . . 200.
Häkli, Jaakko, kauppias † . . . . 200.
Hällstén, Konrad Gabriel, täysinpalvellut professori, valtioneuvos, Helsinki . . . . 200.
Höckert, John, tirehtööri, Helsinki . . . . 200.
Idestam, Knut Fredrik, tehtaanomistaja, Helsinki . . . . 200.

, **Gösta,** tohtori, Tampere . . . . 200.
., **Gustaf Rudolf,** tohtori, Tampere . . . . 200.
. **Nils,** pankinjohtaja, mol. oik. kand., Tampere (ennen vuosijäsen) . . . . 1,000.
ius, **Karl Emil Ferdinand,** senaattori, Helsinki . . . . 200.
aius, **Bernhard Anton Harald,** vapaaherra, päätirehtööri, Pietari . . . . 200.
aen, **Axel Mathias,** tuomari, Helsinki . . . . 200.
son, **Adolf Waldemar,** tohtori † . . . . 200.
lainen, **Pietari,** pääpostitirehtööri, Helsinki (ennen vuosijäsen) . . . . 200.
now, **Aleksander,** ylitarkastaja, Helsinki . . . . . 200.
ısson, **Gustaf,** arkkipiispa, Turku. . . . . 200.
sen, **Julius,** kauppaneuvos, Jyväskylä . . . . 200.
son, **Johan Mårten Eliel,** prokuraattori, Helsinki . . . 200.
John, konsuli † . . . . 200.
ius, **F. A.,** puutavaraeksportöri, Pori . . . . 200.
onen, **Juhana Jaakko,** professori, Helsinki (ennen vuosijäsen) . . . . 200.
ıan, **Alfred,** professori, Helsinki (ennen vuosijäsen) . . 200.
aan, **Alfred Osvald,** senaattori, Helsinki . . . . . . 200.
ıpa, **Gustav,** tohtori, Polyteknill. opiston opettaja, Helsinki 200.
æmer, **Carl Gustaf Mortimer,** senaattori † . . . . . 200.
ius, **Lars Karl,** kauppaneuvos, Helsinki . . . . . . 200.
én, **Joachim,** kauppaneuvos †. . . . . 200.
nen, **Johannes,** varatuomari, Helsinki . . . . 200.
rstedt, **Fredrik Wilhelm,** kunnallisneuvos, Lapua . . . 200.
s, **Jakob Johan Wilhelm,** täysinpalvellut professori, valtioneuvos, Helsinki . . . . 200.
ıkka, **Juho,** kauppias, Viipuri . . . . 200.
ell, **Axel Fredrik,** ylitarkastaja † . . . . 300.
roos, **Henrik,** tehtailia, Tampere . . . . 200.
berg, **Richard Oskar,** protokollasihteeri, Helsinki . . . 200.
blom, **Gustaf Adolf,** kauppaneuvos † . . . . 500.
eberg, **Anton,** kirjakauppias, Pietari . . . . 200.
eberg, **Karl Leonard,** kanslianeuvos † . . . . 200.

Lindelöf, Lorenz Leonard, tod. valtioneuvos, Helsinki . . . 200.
af Lindfors, Jakob Julius, kenraalimajuri † . . . . . . 300.
Lindstedt, Wilhelm, provasti, Huittinen . . . . 200.
Lojander, Uno, lääkäri, hovineuvos. v. t. lääkintäneuvos, Helsinki 200.
Lundqvist, Evald Ferdinand, tullinhoitaja, Turku . . . . . 200.
Länkelä, Jaakko, lehtori, Jyväskylä . . . . 200.
Löfgren, Viktor, toimittaja, maisteri, Helsinki . . . . . 200.
Lönnrot, Elias, kunniajäsen 1884. † . . . . 200.
Malin, Alexander Verner Theodor, lehtori, Tampere . . . 200.
Malm. Otto August, kauppaneuvos † . . . . 2,000.
Malmgren, Anders Johan, kuvernööri † . . . . 200.
Malmgren, Karl Petter, piirilääkäri, hovineuvos † . . . 200.
Mechelin, Leopold Henrik Stanislaus, senaattori . . . . . 200.
Melander, Henrik, lehtori, rehtori, Turku . . . . 200.
Messman, Johan Vilhelm, fil. maisteri, toimittaja, Helsinki. . 200.
Meurman, Agathon, kunnallisneuvos, Helsinki . . . . . . 200.
Meurman, Verner Elias, maisteri, kolleega, Helsinki. . . . 200.
Moberg, Adolf, täysinpalvellut professori, valtioneuvos † . . . 200.
Molander, Clas Herman, vapaaherra, senaattori, salaneuvos. Kunniaesimies 1893. † . . . . 200.
Montgomery, Robert August, senaattori, hovimestari † . . . 200.
Neovius, Edvard Rudolf, senaattori, Helsinki . . . . . . 200.
Nordenskiöld, Nils Adolf Erik, vapaaherra, professori, akateemikko. Kunniajäsen 85. † . . . . 200.
Nordlund, Frans, provasti, esitteliäsihteeri † . . . . . . 200.
Norrlin, Johan Petter, täysinpalvellut professori, Helsinki . . 200.
Nybergh, August, senaattori . . . . 200.
af Nyborg, Karl August, senaattori, Helsinki . . . . . . 200.
Oker-Blom, Christian Theodor, senaattori, kenraaliluutnantti † 200.
Paischeff, Wilhelm, kauppias † . . . . 200.
Palin, Hjalmar Georg, senaattori, salaneuvos, Helsinki. . . 200.
Palmén, Ernst Gustaf, vapaaherra, professori, Helsinki . . . 200.
Palmén, Hjalmar Filip, vapaaherra, toimitussihteeri † . . . 200.
Palmén, Johan Axel, vapaaherra, professori, Helsinki . . . 200.
Palmén, Johan Philip, vapaaherra, senaattori † . . . . . 200.
Palmroth, Fredrik Immanuel, esitteliäsihteeri, valtioneuvos † 200.

Parviainen, Idor, kauppias † . . . . 200.
Parviainen, Johan, kauppias † . . . . 200.
Parviainen, Johan, kauppaneuvos † . . . . 200.
Parviainen, Walter, lääket. tohtori, Helsinki . . . . . . 200.
Pentzin, Birger, lääkäri, Tampere . . . . 200.
Perander, Frithiof, professori † . . . . 200.
Petrelius, G. A., kunnallisneuvos, Turku . . . . 200.
Piispanen, Maria Natalia, neiti, Sortavala . . . . 200.
Pippingsköld, Josef Adam Joachim, professori, valtioneuvos † 200.
Pelón, Eduard, varatuomari, Helsinki . . . . 200.
De Pont, Kasten Fredrik Ferdinand, kenraalimajuri, Vihti . 200.
Pylkkänen, Adam, kauppias † . . . . 200.
Qvickström, Otto Frithiof, kapteeni, Helsinki . . . . . . 500.
Ramsay, Georg Edvard, vapaaherra, kenraali, Helsinki . . . 200.
Ranin, Gustaf, kauppaneuvos † . . . . 400.
Relander, Karl Konrad, piirilääkäri, Oulu . . . . 200.
Renlund, Karl Herman, kauppias, Helsinki . . . . 200.
Renqvist, Alvar, pankinjohtaja, Helsinki . . . . 200.
Renvall, Henrik Gabriel, lakit. tohtori, Helsinki . . . . . 200.
Renvall, Torsten Thure, arkkipiispa † . . . . 200.
v. **Rettig, Fredrik,** kauppaneuvos, Turku . . . . 1,000.
Revell, Gabriel, raatimies † . . . . 200.
Rosendahl, Frans Brynolf, esitteliäsihteeri, Helsinki . . . . 200.
Rosenlev, Fredrik Wilhelm, kauppaneuvos † . . . . 200.
Ruth, William, kapteeni, Karhula . . . . 500.
Råbergh, Herman, piispa, Porvoo . . . . 200.
Salingre, Richard Wilhelm Waldemar, lääket. tohtori † . . 200.
Saltzman, Fredrik, tod. valtioneuvos, Helsinki . . . . . . 200.
Sandman, Gustaf Zachris, kolleegiasessori, Viipuri . . . . 200.
Sanmark, Carl Gustaf, yli-intendentti † . . . . 200.
Santaholma, Juho, kauppias, Oulu . . . . 200.
Savonius, Selim Viktor, eversti, Helsinki . . . . 200.
Schauman, August, maisteri † . . . . 200.
Schildt, Volmar Styrbjörn, lääket. tohtori † . . . . 200.
Schulman, Rudolf, everstiluutnantti, Helsinki . . . . . . 200.
Sergejeff, Feodor, kauppaneuvos, Viipuri . . . . 200.

Serlachius, Carl Allan, professori, Helsinki . . . .
Serlachius, Gustaf Adolf, tehtaanomistaja, kauppaneuvos † .
Setälä, Eemil Nestor, professori, Helsinki (ennen vuosijäsen) .
Sinebrychoff, Aurora, kauppaneuvoksen leski, Helsinki . . .
Sinebrychoff, Nicolas, kauppaneuvos † . . . .
Sinebrychoff, Paul, kauppias, Helsinki . . . .
Sjöblom, Karl Fredrik, tehtailia, Rauma . . . .
Sjölin, Jaakko, ylitirehtööri, Helsinki . . . .
Snellman, Albert Oskar, kauppaneuvos † . . . .
Snellman, Henrik Wilhelm, kauppaneuvos † . . . .
Snellman, Karl August, kauppaneuvos, Oulu . . . .
Sohlberg, Gabriel Wilhelm, tehtailia, Helsinki . . . .
Sohlman, Johan Gustaf, senaattori, oikeusosaston varapuheenjohtaja, Helsinki . . . .
Solin, Henrik, tehtaanisännöitsiä † . . . .
Sommer, Arthur, kauppaneuvos, Tampere . . . .
Sourander, Wilhelm, tullinhoitaja † . . . .
Stjernvall-Walleen, Emil, vapaaherra, ministerivaltiosihteeri †
Stockman, Georg Frans, kauppaneuvos, Helsinki . . . . .
Sulin, Karl Wilhelm, hovioik.-asessori † . . . .
Sundman, Karl Wilhelm Ignatius, kauppaneuvos † . . . .
Svinhufvud, Pehr Evind, hovioik.-asessori, Helsinki . . . .
Synnerberg, Carl, kanslianeuvos, Helsinki . . . .
Söderlund, Johan Wilhelm, kauppias, kunnallisneuvos, Rauma
Söderström, Gustaf Leopold, konsuli, Porvoo . . . . . .
Söderström, Werner, kirjankustantaja, Porvoo . . . . . .
Tallberg, Julius, kauppias, Helsinki . . . .
Tallqvist, Knut Leopold, professori, Helsinki . . . . . .
Taucher, Isidor Eskil Henrik, tuomari, Rantasalmi . . . .
Tavaststjerna, Axel Gabriel Wilhelm, senaatinkamreeri † . .
Topelius, Zachris, täysinpalv. professori, valtioneuvos † . .
Tornberg, John, kapteeni, Helsinki . . . .
v. Troil, Gustaf Axel Samuel, vapaaherra, senaattori salaneuvos, Helsinki . . . .
v. Troil, Samuel Werner, vapaaherra, senaattori, hovimestari † . . . .

ıvist, **Onni Alcides**, arkkitehti, Helsinki . . . . . . 200.
ren, Axel Wilhelm, kauppaneuvos † . . . . 200.
enius, Alexander Eugen, valtioneuvos † . . . . . . 200.
lius, Antero, provasti, Loimaa . . . . 200.
nius, Adolf Fredrik, pääkonsuli † . . . . 200.
stjerna, Osvald, professori, Helsinki . . . . . . 200.
stjerna, Jakob Viktor, senaattori † . . . . 200.
man, Reinhold, luutnantti, liikemies, Oulu . . . . . 200.
lius, Karl Aron, maisteri, apteekkari † . . . . . . 200.
, Fredrik Wilhelm, täysinpalv. professori, Helsinki . . 200.
tén, Anders, pankinjohtaja, Helsinki . . . . 200.
a, Gustaf Wilhelm, kirjanpainaja, Turku . . . . . . 200.
illebrand, K. F., vapaaherra, tod. valtioneuvos † . . . 200.
man, Oskar Waldemar, hovioikeudenneuvos, Viipuri . 200.
, Eugen, konsuli . . . . 200.
Koskinen, Georg Zacharias, vapaaherra, senaattori † . 200.
g, Carl Anders, kanslianeuvos † . . . . 200.
blom, Viktor, tehtaanomistaja † . . . . 200.
m, Hemming, kauppaneuvos † . . . . 200.
Åström, Karl Robert, kunnallisneuvos † . . . . . . 200.

Alituisia jäseniä. — Membres perpétuels.

hjelm, Enoch Hjalmar, vuorimestari †.
berg, Josef, lääninprovasti †.
othen, Adolf, vapaaherra, tirehtööri †.
lertskjöld, Mauritz, kenraalimajuri †.

Vuosijäseniä. — Membres annuels.

elæus, F. A., kihlakunnantuomari, Ruovesi.
an, K. F., lehtori, Turku.
Akola, F. E., tilallinen, Ii.
Alander, A., hovioik.-asessori, Turku.

Alho, A., lehtori, Rauma.
Almberg, A. F., yliop.-lehtori, Helsinki.
Almberg, E. A., lehtori, Turku.
Almberg, K. A. E., lehtori, Vaasa.
Alopæus, F. H., lehtori, Mikkeli.
Andersin, **Hanna**, opettajatar, Helsinki.
Arrhenius, C. J., lehtori, Turku.
Basilier, Hj. W., kansak.-tarkastaja, Helsinki.
Bergh, M. A., kuvernööri, Kuopio.
Bergholm, A., lehtori, Porvoo.
Blomqvist, A., Evon metsäopiston johtaja, Evo.
Blomstedt, Y. O., lehtori, Jyväskylä.
Bonsdorff, E., yliopettaja, professori, Helsinki.
Borenius, E., pankinjohtaja, Tampere.
Brander, M. G., kirkkoherra, Tuusula.
Brax, P. F., kolleega, Savonlinna.
Brofeldt, H. G. Th., provasti, Iisalmi.
Brummer, O. J., kolleega, Jyväskylä.
Buch, M. T., lääkäri, kolleegineuvos, Helsinki.
Bärnlund, J. N., senaattori, Helsinki.
Böök, E., yliopettaja, Helsinki.
Cajander, P. E., yliop.-lehtori, Helsinki.
Cannelin, K. L., lehtori, Joensuu.
Castrén, **K. A.**, **lakit. kandidaatti**, Helsinki.
Castrén, **Zach.**, **dosentti, Helsinki.**
v. **Christierson**, **G. M.**, **valtioneuvos**, Espoo.
Chydenius, **J. W.**, **professori, Helsinki.**
Cotter, **Arthur**, **Lontoo.**
Durchman, **K. F.**, **provasti, tuomiok.-asessori, Oulu.**
Ekroos, **J. K.**, **maisteri, Helsinki.**
Erenius, **R. I.**, **senaatinkamreeri.** Helsinki.
Favén, **A. E.**, **kolleega, Hämeenlinna.**
Fieandt, **K.**, **kunnallisneuvos, Padasjoki.**
Floman, **A. W.**, **apulais-ylitirehtööri, Helsinki.**
Forsman, **A. O.**, **lehtori, Oulu.**
Forsman, **A. V.**, **lehtori, Helsinki.**
Forsman, **Emil**, **presidentti, Helsinki.**
Forsman, **Ernesti**, **presidentti, Viipuri.**
Forsman, **G. G.**, **provasti. Liminka.**
Forsman, **K. J. J.**, **lehtori, Savonlinna.**
Forsström, **O. A.**, **lehtori, Sortavala.**
Frosterus, **A. W.**, **provasti, Porvoo.**
Gauthiot, **Robert**, **professori, Tourcoing, Ranska.**
Geitlin, **W. G.**, **tod. valtioneuvos. Helsinki.**

...z, M. K. E., lehtori, Hamina.
...felt, A. A., Kansanvalistus-...ran sihteeri, Helsinki.
...it, B., kolleega, Kuopio.
...nfelt, A., dosentti, Helsinki.
...nfelt, K., dosentti, Helsinki.
...nfelt, K. H. O., lehtori, ...voo.
...dahl, A. A., kolleega, Vaasa.
...vist, F. W., kunnallisneu-... Helsinki.
...os, K. A., lääninkamreeri, ...pio.
...erus, V., senaattori, Hel-...i.
...sson, F. W., professori, Hel-...i.
...nan, V., dosentti, Helsinki.
...n, L. F., kolleega, Oulu.
F. Hj., lehtori, Helsinki.
...arainen, A., kirkkoherra, ...tari.
...nberg, J., kauppias, Viipuri.
...tén, L., rouva, Helsinki.
...stén, G. O. I., kolleega, Hel-...ki.
...nula, E., tuomiokap.-asessori, ...rku.
...eman, H. E., senaatin kielen-...ntäjä, Helsinki.
...el, A. O., arkeologisen toimis-... intendentti, Helsinki.
...el, H. J. maisteri, Helsinki.
...nder, A. D., lehtori, Viipuri.
...ellens, G. W., vapaah., ho-...ikeudenneuvos, Turku.

af Heurlin, A., rouva, Helsinki.
Hildén, K. E., lehtori, Heinola.
Hjelt, A. J., ylitirehtööri, Helsinki.
Hjelt, A. L. M., tohtori, Helsinki.
Holmström, A., seminaarinjohtaja, Raahe.
Hurmalainen, V., maisteri, Hamina.
Hyyryläinen, O., lakit. kandidaatti, Helsinki.
Hårdh, K. E., lehtori, Helsinki.
Hällström, H. G., piirilääkäri, Mikkeli.
Ignatius, K., apteekkari, Helsinki.
Ingman, H. A., rehtori, Raahe.
Jaakkola, K. K., tohtori, Pori.
Johnsson, M. A., seminaarinjohtaja, Heinola.
Juvelius, W. H., kolleega, Turku.
Kannisto, J. A., maisteri, Helsinki.
Karander, A. I., v.-tuomari, nimismies, Lammi.
Karjalainen, K. F., maisteri, Helsinki.
Karttunen, U., maisteri, Helsinki.
Kekomäki, E., kolleega, Savonlinna.
Krohn, K., professori, Helsinki
Kumlin, A., kihlak.-tuomari, Tammisaari.
Kumlin, A. A., senaattori, Helsinki.
Kyrklund, K. G., rautatienlääkäri, Turku.
Lagerborg, K. Hj., päätirehtööri, Helsinki.

Lagus, J., maanviljelysneuvos, Iisalmi.

Lagus, L. R., kolleega, Helsinki.

Laurell, T., kauppias, Vaasa.

Leinberg, K. G., professori, Helsinki.

Levón, E. E., rehtori, Vaasa.

Levón, K., kansakouluntarkastaja, Tampere.

Lilius, K. O., pankinjohtaja, Pori.

Liljeblad, V. E., senaattori, Helsinki.

Lindeqvist, K. O., lehtori, rehtori, Hameenlinna.

Lindholm, A. J., lehtori, Mikkeli.

Liukkonen, G. W., lääninkamreeri, Hameenlinna.

Lund, H., maisteri, Helsinki.

Luoma, E. J. K., kuuromykkäinopiston johtaja, Jyväskylä.

Lyra, A. V., provasti, tuomiok.-asessori, Porvoo.

Lyytikäinen, K., sokeainkoulunjohtaja, Kuopio.

Lönnbohm, O. A. F., kansak.-tarkastaja, Kuopio.

Majander, K. H., pankinjohtaja, Vaasa.

Malin, K., kolleega, rehtori, Tammisaari.

Manninen, S., kirkkoherra, Liperi.

Mela, A. J., lehtori, Helsinki.

Melander, K. R., lehtori, dosentti, Helsinki.

Melander, G., dosentti, Helsinki.

Mether-Borgström, E., maanviljelyskoulunjohtaja, Padasjoki.

Meurman, A. A., hovioik.-asessori, Turku.

Mikkola, Antti, lakit. kand., Turku.

Mikkola, J. J., professori, Helsinki.

Montin, K. U., pormestari, Rauma.

Mäkkylä, J. B., kunnanlääkäri, Hameenkyrö.

Neovius, E., senaatinkamreeri, Helsinki.

Neovius, L. Th., ylitarkastaja, Helsinki.

Niemi, A. R., dosentti, Helsinki.

Nordling, N., kirkkoherra, Hollola.

Nordlund, W., lehtori, Oulu.

Nordström, G. O. T., provasti, Lappeenranta.

Nyberg, V., vankilan tirehtööri.

Nybom, F. K., pankinjohtaja, Helsinki.

Ojansuu, H. A., dosentti, Helsinki.

Paasikivi, J. K., ylitirehtööri, Helsinki.

Paasonen, H., ylitarkastaja, dosentti, Helsinki.

Pajula, J. S., lehtori, Hämeenlinna.

Palander, G. W., dosentti, Helsinki.

Palmén, Eskil, vapaah., varatuomari, Vaasa.

Palmén, K. E., vapaah., toimitusjohtaja, Forssa.

rsson, G., provasti, Kurki-i.
ing, K. H., dosentti, Helsinki.
ppé, B. N., hovioikeudenneu-, Tampere.
tedt, G. J., tohtori, Helsinki.
la, F. O., lehtori, Pori.
der, H. M. J., lehtori, reh-i, Tampere.
der, K. A. O., lehtori, Jy-kylä.
ald, V. H., kolleega, Mikkeli.
ettig, H., tehtaanomistaja, ku.
l, O. J., hovioik.-asessori, sa.
nen, P. J., komissionimaan-tari, Vaasa.
qvist, V. T., yliopettaja, reh-i, Helsinki.
holm, K. A., lääket. tohtori, lsinki.
nius, K. J., kolleega, Tampere.
n, A. T., ylilääkäri, Helsinki.
stén, P. A., lehtori, Mikkeli.
nius, J. M., kolleega, Kuo-o.
dberg, H. R., metsänhoitaja, ovaniemi.
delin, L. H., lehtori, rehtori, ori.
én, R., lehtori, Helsinki.
vartzberg, Joh., tuomiopro-sti, Kuopio.
rindt, P. Th., arkeologisen toi-ston intendentti, Helsinki.

Sellgren, E. V., kauppias, Viipuri.
Semenoff, V., valtioneuvos, Helsinki.
Setälä, Helmi, rouva, Helsinki.
Silander, H. F., lehtori, Helsinki.
Sirelius, U. T., maisteri, Helsinki.
Sjöblom j:r, K. F., tehtailia, Rauma.
Sjöström, A. W., ylitarkastaja, Helsinki.
Snellman, A. H., ylitarkastaja, Helsinki.
Snellman, A. H., hovioik.-neuvos, Joensuu.
Snellman, J. L., esitteliäsihteeri, Helsinki.
Snellman, W. J., lehtori, Joensuu.
Soini, V., sanomal.-toimittaja, Helsinki.
Spolander, N. F., kolleega, Jyväskylä.
Starckjohann, J., kauppias, Viipuri.
Stenberg, E. A., dosentti, Helsinki.
Stenbäck, K. E., lääninprovasti, Ulvila.
Stenij, S. E., professori, Helsinki.
Stenvik, G., maisteri, Oulu.
Streng, E., presidentti, Turku.
Sundell, A. F., professori, Helsinki.
Sundman, K., kapteeni, Kuopio.
Sundvall, A. W., seminaarinjohtaja, Helsinki.
Suomalainen, J., rehtori, Rauma.
Söderhjelm, J. W., professori, Helsinki.

Tallgrén, J. M., tuomiokap.-asessori, Turku.

Tamelander, K. A., metsänhoitaja, Evo.

Tammelin, E. J., lehtori, Pori.

Tandefelt, A. H. R., vapaah., everstiluutnantti, Hamina.

Tenlén, G. M., hovioik.-neuvos, Turku.

Thylin, O., kauppias, Helsinki.

Tirkkonen, J. P., kolleega, Kuopio.

Toppelius, O. A., tohtori, Helsinki.

Tudeer, O. E., professori, Helsinki.

Tunkelo, E. A., maisteri, Helsinki.

Törnqvist, A. J., kansak.-tarkastaja, Viipuri.

Tötterman, K. A. R., professori, Helsinki.

Wahlberg, K. F., päätirehtööri, Helsinki.

Walle, D. A., kolleega, rehtori, Joensuu.

Walle, A. G., lääninprovasti, Uukuniemi.

Walle, G. W., lehtori, rehtori, Viipuri.

Walle. K. F., piirilääkäri, Lohja.

Waronen, M., lehtori, Sortavala.

Vasenius, G. V., professori, Helsinki.

Wegelius, Th., pankinjohtaja, Helsinki.

Westerlund, S. A., kolleega, rehtori, Oulu.

Wialén, A., kolleega, Tammisaari.

Wichmann, Y. J., dosentti, Helsinki.

Wissendorff, H., kansanvalistusministeriön oppineen komitean jäsen, Pietari.

Wrede, R. A., vapaah., professori, Helsinki.

Yrjö-Koskinen, Y. K., vapaah., ylitirehtööri, Helsinki.

Åkerlund, C. V., kunnallisneuvos, Tampere.

213. **Äimä**, F. K., maisteri, Helsinki.

Kuoleman kautta eronneita vuosijäseniä.
Membres annuels défunts.

Aminoff, J. F. G., kuvernööri.

Biaudet, L. G., lehtori.

Blomstedt, K., rehtori.

v. **Bonsdorff**, E., piirilääkäri.

Ebeling, K. A., kolleega, rehtori.

Ehrström, G., prokuraattori.

Ekberg, F. E., leipurimestari.

Fabritius, K. J. B., laamanni.

Forss, J. A. I., provasti.

Forsström, C. F., laamanni.

Frosterus, J. G., ylitarkastaja.

Gripenberg, Joh., vapaaherra.

Hackzell, M., lehtori.

Hellgren, A., lehtori.

Hellman, A. V., kolleega.

Hertz, N., maanmittari.

N., tiedemies.
E., kansak.-tarkastaja.
I., kolleega.
A., vapaaherra, valtiokont-
ehtööri.
professori.
pankinjohtaja.
henkikirjuri.
C. J., professori.
F., kauppias.
E., presidentti.
valtioneuvos.
I., konsuli.
J., kolleega.
C. J., seminaarinjohtaja.
A., eversti.
E., kolleega.

Petander, F. L., kolleega.
Polén, F., tohtori, lehtori.
Porkka, F. V., tohtori.
Päivärinta, J. H., provasti.
Rikberg, H., kolleega.
Rydman, F. Hj. G., maistraatinsihteeri.
Råbergh, G. W., presidentti.
Savon, E. J., konsuli.
v. **Schrowe**, U., maisteri.
af **Schultén**, M. W., professori.
Sirelius, K. J. G., lääninprovasti.
Sjöros, J., maisteri.
Sjöros, K., hovioik.-asessori.
Sumelius, **Frans**, kauppias.
Thuneberg, I., maisteri.
Walmari, Z., piirilääkäri.
Warén, F. N., maisteri.

Asiamiehet. — Chargés d'affaires.

nies: **Eduard Polén**, varatuomari, Helsinki.
mqvist, **A**., tirehtööri.
Hurmalainen, W., maisteri.
Johnsson, M., seminaarinjohtaja.
nna: **Lindeqvist**, K. O., rehtori.
Lagus, **J**., maanviljelysneuvos.
Walle, A., rehtori.
a: **Blomstedt**, Y. O., lehtori.
Salenius, J. M., kolleega.
Sahlstén, P. A., lehtori.
: **Gadelli**, G. F., kauppias.
Westerlund, S. A., rehtori.
pola, **F**. O., lehtori.
Grotenfelt, **Ossian**, tohtori.
Holmström, **A**., seminaarinjohtaja.
Suomalainen, **J**., rehtori.

Savonlinna: **Forsman**, K. J. J., lehtori.
Sortavala: **Waronen**, M., lehtori.
Tammisaari: **Malin**, K., rehtori.
Tampere: **Sadenius**, K. J., kolleega.
Turku: **Juvelius**, J. W., kolleega.
Vaasa: **Levón**, El., rehtori.
Viipuri: **Walle**, G. W., rehtori.
Pääasiamies ulkomaita varten: **Otto Harrassowitz**, Leipzig.

Suomalais-ugrilaisen Seuran kanssa kirjeenvaihdossa olevat koti- ja ulkomaiset seurat, yhdistykset, y. m.

Kotimaisia.

Suomalaisen kirjallisuuden seura
Suomen tiedeseura.
Suomen muinaismuistoyhdistys.
Suomen historiallinen seura.
Kotikielen seura.
Suomen maantieteellinen seura.
Ylioppilaskirjasto.
Ruotsalaisen kirjallisuuden seura.
Maantieteellinen yhdistys.
Suomen valtioarkisto.

Venäläisiä ja Itämeren-maakuntalaisia.

Keis. tiedeakatemia, Pietari.
„ Venäjän maantieteellinen seura, Pietari.
Keis. muinaistieteellinen komissioni, Pietari.
„ „ seura, Moskova.
Keis. luonnontieteen, antropologian ja kansatieteen harrastajain seura Moskovan yliopistossa, Moskova.
Muinaistieteellinen komissioni, Vilno.
Muinaistieteellinen seura, Tiflis.

Uralilainen luonnontieteen harrastajain seura, Jekaterinenburg.

Muinaistieteellinen, historiallinen ja kansatieteellinen seura Kasanin yliopistossa, Kasani.

Kasanin opettajaseminaari, Kasani.

Die gelehrte estnische Gesellschaft, Tartto.

Ehstländische literärische Gesellschaft, Tallinna.

Gesellschaft für Geschichte und Alterthumskunde der Ostseeprovinzen Russlands, Riika.

Lettische litterärische Gesellschaft, Riika.

Eesti üliõplaste selts, Tartto.

Oikeausk. lähetysseuran arkangelilainen komitea, Arkangeli.

Keis. Venäjän maantieteell. seuran Amurmaan osasto, Troitskosavsk-Kiahta.

Keis. Venäjän maantieteell. seuran itä-siperialainen osasto, Irkutsk.

Keis. Pietarin yliopisto, Pietari.

Keis. Venäjän muinaistieteellinen seura, Pietari.

Keis. Pyh. Vladimirin yliopisto, Kiova.

Turkestanilainen muinaistieteen harrastajien yhdistys.

Tobolskin kuvernementin museo, Tobolsk.

Tambovin arkistokomissioni, Tambov.

Hersonin kuvernementin muinaistieteellinen museo, Herson.

Tieteellinen arkistokomissioni, Orenburg.

Tieteellinen arkistokomissioni, Jaroslavlj.

Unkarilaisia.

A Magyar Tudományos Akadémia (Unkarin Tiedeakatemia), Budapest.

„Ethnographia", Budapest.

„Keleti Szemle-Revue Orientale", Budapest.

Ruotsalaisia.

Kongl. Svenska Vetenskaps-Akademien, Tukholma.

Kongl. Vetenskaps-Societeten, Upsala.

Svenska Sällskapet för Antropologi och Geografi, Tukholma.

Svenska Landsmålsföreningarna, Upsala.

Kongl. Universitets-Biblioteket, Upsala.

Göteborgs Stadsbibliotek, Göteborg.
Nordiska Museet, Tukholma.
Lunds Universitets-Bibliotek, Lund.
Kongl. Biblioteket, Tukholma.
Kongl. Vitterhets Historie och Antiqvitets Akademien, Tukholma.

Norjalaisia.

Videnskaps Selskabet, Kristiania.
Det Kongelige norske Videnskabers Selskab, Trondhjem.

Tanskalaisia.

Det Kgl. Danske Videnskabernes Selskab, Kööpenhamina.

Saksalaisia ja itävaltalaisia.

Deutsche Morgenländische Gesellschaft, Halle—Leipzig.
Alterthumsgesellschaft Prussia, Königsberg.
K. K. Naturhistorisches Hofmuseum (Anthropol.-Etnographische Abtheilung), Wien.
Littauische litterärische Gesellschaft, Tilsit.
Kaiserl. Universitäts- und Landes-Bibliothek, Strassburg.
Shevtshenkon tiedeseura, Lemberg.
Česko-Slovanský Národopisný Museum, Prag.
„Orientalische Bibliographie", München.

Englantilaisia ja amerikkalaisia.

American museum of Natural History, New York.
India Office, Lontoo.
The Asiatic Society, Lontoo.
The Smithsonian Institution, Washington.
The Numismatic and Antiquarian Society, Philadelphia.
The Canadian Institute, Toronto (Canada).
Asiatic Society of Bengal, Calcutta.
Bureau of American Ethnology, Washington.
The Japan Society, Lontoo.
Asiatic Society of Japan, Tokyo.

rican Oriental Society, New-Haven (Conn.).
seum of Science and Art of the University of Pennsylvania, adelphia.

Ranskalaisia.

Linguistique, Pariisi.
Anthropologie de Paris, Pariisi.
siatique, Pariisi.
ciale des langues orientales vivantes, Pariisi.
cademique Indo-chinoise de France, Pariisi.

Italialaisia.

siatica Italiana, Firenze.
eca Nazionale Centrale di Firenze, Firenze.

Suomalais-ugrilaisen Seuran stipendiaatit.

Tohtori **Kaarle Kustaa Jaakkola**, käynyt Jämtlannin *lap*-luona (1/VI—23/VIII 1884 ja 11/VI—25/VIII 1885). Ks. matka-ia S.-u. S. aikak. I, s. 90 ja 95.

Tohtori **Volmari Porkka**, tutkinut *niitty-tsheremissien* kieltä 5—18 1/V 89). Ks. matkakertomuksia S.-u. S. aikak. III, s. , s. 133.

Lehtori **A. V. Forsman**, käynyt Inarin *lappalaisten* luona alusta lokakuun alkuun 1886). Ks. 1888 vuoden vuosiker-.-u. S. aikak. III, s. 145.

Maisteri **Hj. Basilier**, käynyt *vepsäläisten* luona (kesäkuun ilta 14 p:ään elok. 1887). Ks. 1887 vuoden vuosikertomusta ikak. VI, s. 142, ja VIII, s. 43.

Dosentti **K. B. Wiklund**, matkustanut *lappalaisten* luona, pin murteita Luulajan Lapissa (3 kuuk. kestävällä matkalla sekä Jämtlannin ja Härjedalin Lapissa (yhteensä noin 11 vv. 1891 ja 1892). Ks. S.-u. S. aikak. VI, s. 146 sekä omuksia XI,s.

6) Maisteri J. H. Kala oleskellut *vepsäläisten* luona (kesällä 1889 lähes kolme kuukautta). Ks. S.-u. S. aikak. VIII, s. 144.

7) Dosentti H. Paasonen, tutkinut *mordvankieltä* Pensan, Simbirskin ($18^{21}/_{II}89—18^{5}/_{II}90$) sekä Tambovin (noin 2 kuukautta kesällä 1890) kuvernementeissa. Ks. matkakertomusta S.-u. S. aikak. VIII, s. 138 ja 1889 v:n vuosikertomusta X, s. 247.

8) Dosentti Yrjö Wichmann, tutkinut *votjakinkieltä* Vjatkan kuvernementin Urzhumin, Malmyzhin, Jelabugan ja Glazovin piireissä ($18^{13}/_{VI}91—18^{7}/_{VI}92$). Ks. matkakertomuksia S.-u. S. aikak. XI,3.

9) Intendentti A. O. Heikel, tutkinut Permin ja Tobolskin kuvernementtien muinaisjäännöksiä ($^{29}/_{V}—^{24}/_{IX}$ 1893). Mordvalaisten kuosikokoelmain täydentämistä varten käynyt v. 1897 tutkimassa Pietarin, Moskovan ja Kasanin kansatieteellisiä museoita.

10) Maisteri U. T. Sirelius, ollut kansatieteellisellä tutkimusretkellä Obin, Tobolin ja Irtishin jokilaaksoissa asuvien *ostjakkien* keskuudessa (toukok.—jouluk. 1898). Samallaisella matkalla *ostjakkien* ja *vogulien* luona kesäk. 1899—helmik. 1900. Ks. matkakertomuksia S.-u. S. aikak. XVII ja XVIII.

11) Intendentti A. O. Heikel ja maist. H. J. Heikel, tehneet grafologisen tutkimusretken Siperiaan ja Mongoliaan, jolloin saatiin ensimäiset luotettavat kuvat Orkhonin muinaisturkkilaisista hautakirjoituksista (toukok. 1890—kesäk. 1891).

12) Maisteri Ivar Wallenius ja vapaah. C. Munck, suorittaneet muinaistieteellisiä tutkimuksia Semirjatshinskissa sekä tehneet hautatutkimuksia pitkin Irtishin syrjäjokea, Buhtarmaa (huhtik.—syysk. 1897).

13) Maisterit H. J. Heikel ja O. Donner sekä vapaah. C. Munck, käyneet muinais- ja luonnontieteellisellä tutkimusmatkalla Länsi- ja Itä-Turkestanissa. Maist. Heikel suoritti hautatutkimuksia Talas-joen varrella Venäjän Turkestanissa (maalisk.—syysk. 1898); maist. Donner teki magneetisia ja meteorologisia havaintoja Pohjois-Kiinassa ja suoritti yhdessä vapaah. Munckin kanssa muinaistieteellisiä tutkimuksia Turfanin seuduilla (maalisk.—marrask. 1898).

14) Maisteri K. F. Karjalainen, ollut kielitieteellisellä tutkimusretkellä *ostjakkien* keskuudessa: toukok. 26 p:stä v. 1898—maalisk. 22 p:ään 1900 Demjankan, Kondan ja Surgutin ostjakkien luona. Keväällä 1900 käynyt kotimaassa, mutta lähtenyt taas uudestaan matkalle

ınt loppuvuoden Vasjuganin ostjakkimurretta. Sen jälkeen tut-
erezovin, Kazymin, Obdorskin ja Kondinskin murteita. Palan-
koiltaan Helsinkiin 20 p:nä syysk. v. 1902 — oltuaan ostjakki-
aikkiaan viidettä vuotta.

) Tohtori G. J. Ramstedt, ollut Mongoliassa *mongolin*kielen tut-
varten. Saapunut Urgaan joulukuun alussa 1898 ja sen jälkeen
t siellä tai retkeillyt maassa. Lähtenyt paluumatkalle 3 p.
1901.

) Maisteri H. Lund, oleskellut Kiinassa *kiinankielen* tutkimista
v. 1899—1902.

) Maisteri H. J. Heikel, käynyt muinaistieteellisellä tutkimus-
Turkestanissa Aulieatan seuduilla (huhtik.—kesäk. 1899) ja
kuvernementissä (heinäk.—elok.).

) Maisteri F. Äimä, tutkinut Inarin lappia elokuun alusta 1900
:. 9 p:ään 1901.

) Dosentti Konrad Nielsen (Kristiania), tutkinut Ruijan lappa-
ita kesäk.—elok. 1903.

Paraikaa on tutkimusmatkoilla:

) Maisteri J. A. Kannisto, joka marraskuun 1 p:stä v. 1901
vogulien luona heidän kieltään tutkimassa.

äpaitsi on Suomalais-ugrilainen Seura ollut tilaisuudessa osaksi
maan seuraavia retkikuntia ja tutkioita:

) Valtionarkeologi J. R. Aspelinin ja toht. Hj. Appelgrenin
ieteellistä tutkimusretkeä Minusinskin ja Jenisein aromaille (v.

) Valtionarkeologi J. R. Aspelinin johtamaa samallaista ret-
n Jenisein seuduille (v. 1888);

Valtionarkeologi J. R. Aspelinin ja intend. A. O. Heikelin
, kolmatta samallaista matkuetta Jenisein seuduille (v. 1889);

) Mordvalaista talonpoikaa Stepan Sirikiniä, joka on koonnut
mordvalaista kansanrunoutta (vv. 1891—4, 1896);

Kirkkoherra N. P. Barsovin tutkimuksia Pensan kuverne-
nordvalaisten asuinpaikoista (v. 1891);

) Toht. J. Hurtin toimeenpanemaa virolaisen kansanrunouden
(v. 1892);

27) Mordvalaisen kansakoulunopettajan **M. Jevsevjevin** kansanrunouskeräyksiä (v. 1892);

28) Tutkimusmatkaa, jonka toht. **O. Kallas** teki Vitebskin kuvernementin virolaisten luo (v. 1893).

Edelleen on Seura kustantanut useita kansanrunouden kerääjiä (kansak.-opettajia ja talonpoikia): **Ignatij Zorinia** (1899, 1900 ja 1903), **Andrej Shuvalovia** (1899), **I. Shkoljnikovia** (1900, 1902 ja 1903), **A. Leontjevia** (1900), **S. Tshiginiä** (1903 — kaikki mordvalaisalueella), **Dormidontovia** (1902 ja 1903 tshuvassien luona), **A. Tsemberiä** (1902 syrjääniläisalueella); niinikään Kasanin seminaarin laulunopettajaa hra **N. I. Suvorovia**, joka vv. 1902 ja 1903 on koonnut kansansävelmiä Keski-Volgan tienoilla.

Suomalais-ugrilaisen Seuran julkaisut.

A. Suomalais-ugrilaisen Seuran Aikakauskirja. — Journal de la Société Finno-Ougrienne, I—XXI.

I. 1886. 135 s. Sisällys: Esipuhe. — Suomalais-ugrilaisen Seuran säännöt. — Jäsenet. — Vuosikertomus ²/xii 1884. — Jahresbericht über die fortschritte der finnisch ugrischen studien 1883—84. — **T. G. Aminoff**: Votjakkilaisia kielinäytteitä. — **V. Mainoff**: Deux oeuvres de la littérature populaire mokchane. — **J. Krohn**: Personallinen passivi Lapin kielessä. — **A. O. Heikel**: Mordvalainen kud. — **A. Ahlqvist**: Eräästä sekakonsonantista Ostjakin kielessä. — Maisteri **K. Jaakkolan** matkakertomukset. — Vuosikertomus ²/xii 1885. — Jahresberiht über die fortschritte der finnisch-ugrischen studien 1884—85. — Die finnisch-ugrischen völker. — Revue française.

II. 1887. 184 s. Sisällys: **E. N. Setälä**: Zur Geschichte der Tempus- und Modusstammbildung in den finnisch-ugrischen Sprachen.

III. 1888. 176 s. Sisällys: **J. Qvigstad** u. **G. Sandberg**: Lappische Sprachproben. — Einige Bemerkungen von der Zaubertrommel der Lappen. — **V. Porkka**: Matkakertomus. — **J. Krohn**: Lappalaisten muinainen kauppaamistapa. — **A. Ahlqvist**: Matotshkinshar, Jugorskij shar, Aunus. — **J. R. Aspelin**: Pirkka. — **E. N. Setälä**: Ueber die bildungselemente des finnischen suffixes *-ise (-inen)*.

n-ilmoituksia. — Vuosikertomus ²/xII 1886. — O. Donner: Jah-
t über die fortschritte der finnisch-ugrischen studien 1885—86.
alais-ugrilainen Seura v. 1888.

1888. 352 s. Sisällys: A. O. Heikel: Die Gebäude der
en, Mordwinen, Esten und Finnen.

1889. 159 s. Sisällys: V. Mainof: Les restes de la my-
Mordvine.

1889. 177 s. Sisällys: K. Krohn: Bär (Wolf) und Fuchs.
dische Tiermärchenkette. — Tohtori V. Porkan matkakerto-
Vuosikertomukset ²/xII 1887 ja 1888. — O. Donner: Jahres-
ber die fortschritte der finnisch-ugrischen studien 1886—1887,
188.

. 1889. 181 s. Sisällys: A. Genetz: Ost-tscheremissische
dien, I. Sprachproben mit deutscher Uebersetzung.

I. 1890. 154 s. Sisällys: Aug. Ahlqvist: Ueber die Kul-
der Obisch-ugrischen Sprachen. — Aug. Ahlqvist: Einige
ordwinischer Volksdichtung. — H. Basilier: Vepsäläiset Isai-
olostissa. — E. N. Setälä: Ein lappisches wörterverzeichnis
arias Plantinus. — E. N. Setälä: Lappische lieder aus dem
jahrhundert. — J. R. Aspelin: Types des peuples de l'an-
sie Centrale. — H. Paasonen: Erza-Mordwinisches lied. —
nen: Matkakertomus Mordvalaisten maalta. — Vuosikertomus
).

1901. 237 s. Sisällys: H. Paasonen: Proben der mord-
volkslitteratur, I. Erzjanischer theil. Erstes heft.

1892. 285 s. Sisällys: Julius Krohn: Syrjäniläisiä itkuja
iehelle-annon aikana. — G. S. Lytkin: Syrjänishe Sprach-
— Kaarle Krohn: Histoire du traditionisme en Esthonie. —
rohn: Das Lied vom Mädchen, welches erlöst werden soll.
Heikel: Kahdeksas arkeologinen kongressi Moskovassa 1890.
. Wiklund: Die nordischen lehnwörter in den russisch-lap-
ialekten. — K. B. Wiklund: Ein beispiel des lativs im lap-
— K. B. Wiklund: Nomen-verba im lappischen. — K. B.
: das Kolalappische wörterbuch von A. Genetz. — Vuosi-
set ²/xII 1890 ja 1891. — Suomalais-ugrilainen Seura v. 1892.

1893. 280 s. Sisällys: Yrjö Wichmann: Wotjakische

sprachproben, I. Lieder, gebete und zaubersprüche. — **K. B. Wiklund:** Die südlappischen forschungen des herrn dr Ignácz Halász. — Bericht über **K. B. Wiklunds** reisen in den jahren 1891 und 1892. — **Yrjö Wichmann:** Matkakertomus votjakkien maalta. — Vuosikertomus ²/xII 1892.

XII. 1894. 215 s. Sisällys: **H. Paasonen:** Proben der mordwinischen volkslitteratur, I. Zweites heft. — Kirjailmoituksia. Bücherbesprechungen. — Vuosikertomus ²/xII 1893. — Suomalais-ugrilainen Seura v. 1894.

XIII. 1895. 168 s. Sisällys: **Volmari Porkka's** tscheremissische Texte mit Übersetzung. Herausg. von Arvid Genetz. — **John Abercromby:** The earliest list of Russian Lapp words. — **Arvid Genetz:** Bemerkungen zum Obigen. — Vuosikertomus ²/xII 1892.

XIV. 1896. 192 s. Sisällys: **O. Donner:** Sur l'origin de l'alphabet turc du Nord de l'Asie. — **Torsten G. Aminoff:** Votjakin äänne- ja muoto-opin luonnos. Julk. Yrjö Wichmann. — **E. N. Setälä:** Über quantitätswechsel im finnisch-ugrischen. Vorläufige mitteilung. — Vuosikertomus ²/xII 1895. — Suomalais-ugrilaisen Seuran uudet jäsenet 1894—96.

XV. 1897. 155 s. Sisällys: **Arvid Genetz:** Ost-permische Sprachstudien. — **H. Paasonen:** Die türkischen lehnwörter im mordwinischen. — Otteita Suomalais-ugrilaisen Seuran keskustelemuksista v. 1896: J. Qvigstad, Über die norwegisch-lappische bibelübersetzung von 1895; H. Paasonen, Runomittaisia loihtuja ja rukouksia mordvalaisilla; Max Buch, Ueber den Tõnnis-cultus und andere Opfergebräuche der Esthen; Otto Donner, Alkajaispuhe Suomalais-ugrilaisen Seuran vuosikokouksessa 18 ²/xII 96. — Vuosikertomus ²/xII 1896.

XVI. 1898. 180 s. Sisällys: **Ilmari Krohn:** Über die Art und Entstehung der geistlichen Volksmelodien in Finland. — **E. N. Setälä:** Uber ein mouilliertes *ś* im finnisch-ugrischen. — Otteita Suomalais-ugrilaisen Seuran keskustelemuksista v. 1897: Arvid Genetz, Suomalais-ugrilaiset *ś* ja *s* sanojen alussa; Yrjö Wichmann, Die verwandten des finn. *vaski* (kupfer) in den permischen sprachen (syrjänischen und wotjakischen); K. A. Appelberg, „Dan. Juslenii orationes"; J. Qvigstad, Übersicht der geschichte der lappischen sprachforschung; Otto Donner, Alkajaispuhe Suomalais-ugrilaisen Seuran vuosikokouksessa

. — Vuosikertomus 2/xii 1897. — Suomalais-ugrilainen Seura

I. 1899. 204 s. Sisällys: K. F. Karjalainen: Ostjak-
nassa, matkakirjeitä I—III. — U. T. Sirelius: Ostjakkilai-
altani v. 1898. — H. Paasonen: Matkakertomus mordvalais-
a. — E. N. Setälä: I. N. Smirnows Untersuchungen über
nen. — Otteita Suomalais-ugrilaisen Seuran keskustelemuk-
898. — Vuosikertomus 18 2/xii 98.

II. 1900. 97 s. Sisällys: K. F. Karjalainen: Ostjakkeja
, matkakirjeitä IV. — U. T. Sirelius: Kertomus ostjakkien
en luo tekemästäni kansatieteellisestä tutkimusmatkasta v.
)0. — Erwin Jürgens: Ein weiterer beitrag zum Tönniscul-
esten. — Otteita Suomalais-ugrilaisen Seuran keskustelemuk-
899: H. Paasonen: Kertomus Seuran mordvalaisten stipen-
keräysmatkain tuloksista; Otto Donner: Alkajaispuhe vuosi-
sa 18 2/xii 99. — Vuosikertomus 18 2/xii 99.

. 1901. 322 s. Sisällys: Yrjö Wichmann: Wotjakische
ben, II. Sprichwörter, Rätsel, Märchen, Sagen und Erzäh-
- H. Paasonen: Tatarische Lieder. — Otteita Suomalais-
Seuran keskustelemuksista v. 1900: K. F. Karjalainen:
omus ostjakkien maalta; H. Paasonen: Kertomus Seuran
sten stipendiaattien keräysmatkain tuloksista; G. J. Ram-
Matkakertomus mongolien maalta; O. Donner: Alkajaispuhe
uksessa 19 3/xii 00. — Vuosikertomus 19 3/xii 00.

. 1902. 166 s. Sisällys: Konrad Nielsen: Zur ausspra-
Norwegisch-lappischen, I. — K. F. Karjalainen: Ostjakkeja
, matkakirjeitä V. — Theodor Korsch: Zum zamburischen
— Otteita Suomalais-ugrilaisen Seuran keskustelemuksista v.
. F. Karjalainen: Matkakertomus ostjakkien maalta, III.
amstedt: Matkakertomus mongolien maalta II. F. Äimä:
tomus Inarin Lapista. O. Donner: Alkajaispuhe vuosikokouk-
2/xii 01. Vuosikertomus 19 2/xii 01.

I. 1903. 235 s. Sisällys: H. Paasonen: Die sogenannten
mordwinen oder Karatajen. G. J. Ramstedt: Das schriftmon-
und die Urgamundart. — Yrjö Wichmann: Kurzer bericht
studienreise zu den syrjänen 1901—1902 (mit 4 Tafeln). —

Konrad Nielsen: Lappalaisten murteiden tutkimisesta. — **H. Paasonen**: Matkakertomuksia vuosilta 1900—1902. — Otteita Suomalais-ugrilaisen Seuran keskustelemuksista v. 1902: Suomalais-ugrilaisen Seuran adressi professori Vilh. Thomsenille hänen täyttäessään 60 vuotta. Professori Vilh. Thomsenin vastaus. K. F. Karjalainen: Matkakertomus ostjakkien maalta IV. Artturi Kannisto: Matkakertomus vogulimailta I. O. Donner: Alkajaispuhe vuosikokouksessa 19 2/XII 02. Vuosikertomus 19 2/XII 02.

B. Suomalais-ugrilaisen Seuran Toimituksia. — Mémoires de la Société Finno-Ougrienne, I—XXII.

I. 1890. VIII + 187 s. **K. B. Wiklund**: Lule-lappisches wörterbuch.

II. 1891. 107 s. **August Ahlqvist**: Wogulisches wörterverzeichniss.

III. 1892. 57 s. **Gustav Schlegel**: La stèle funéraire du Teghin Giogh et ses copistes et traducteurs chinois, russes et allemands.

IV. 1892. 69 s. **O. Donner**: Wörterverzeichniss zu den Inscriptions de l'Iénisseï.

V. 1894—96. 224 s. **Vilh. Thomsen**: Inscriptions de l'Orkhon déchiffrées par —.

VI. 1894. 110 s. + 30 kuvataulua. **Axel Heikel**: Antiquités de la Sibérie occidentale.

VII. 1894. XIV + 243 s. **Aug. Ahlqvist's** wogulische sprachtexte nebst entwurf einer wogulischen grammatik. Herausgegeben von Yrjö Wichmann.

VIII. 1894. 191 s. **Joos. J. Mikkola**: Berührungen zwischen den westfinnischen und slavischen sprachen. I. Slavische lehnwörter in den westfinnischen sprachen.

IX. 1896. XV + 141 s. + 2 taulua. **Gustav Schlegel**: Die chinesische Inschrift auf dem uigurischen Denkmal in Kara Balgassun. Übersetzt und erläutert von —.

X,1. 1896. X + 319 s. **K. B. Wiklund**: Entwurf einer urlappischen lautlehre. I. Einleitung, quantitätsgesetze, accent, geschichte der hauptbetonten vokale.

XI. 1898. V + 20 + 120 s. **Berthold Laufer**: Klu ₒBum Bsdus

ı Po. **Eine** verkürzte Version des Werkes von den hundert-
Nâga's. Ein Beitrag zur Kenntnis der tibetischen Volksreli-
inleitung, Text, Übersetzung und Glossar.

[. **1898.** 119 s. **H. Vámbéry:** Noten zu den alttürkischen
n der Mongolei und Sibiriens.

I. **1899.** 162 s. **J. Qvigstad** ja **K. B. Wiklund:** Bibliogra-
lappischen litteratur.

7. **1899.** 236 s. **Hugo Pipping:** Zur Phonetik der finnischen

. **1900.** VIII + 34 + 31 s. **A. H. Francke:** der Frühlings-
er Kesarsage.

,2. **1902.** VII + 77 s. **A. H. Francke:** Der Wintermythus
rsage.

I,1. **1901.** V + 398 s. **Oskar Kallas:** Die Wiederholungs-
: **estnischen** Volkspoesie. I.

II. **1902.** XII + 219 s. **G. J. Ramstedt:** Bergtscheremis-
rachstudien.

III. **1902.** 143 + IV s. **Johann Wasiljev:** Übersicht über
ischen Gebräuche, Aberglauben und Religion der Votjaken.

[. **1903.** XV + 126 s. **G. J. Ramstedt:** Über die konju-
s Kalkha-Mongolischen.

. **1903.** XV + 311 s. **Konrad Nielsen:** Die quantitäts-
se im Polmaklappischen.

I. **1903.** XXVIII + 170 s. **Yrjö Wichmann:** Die tschu-
n lehnwörter in den permischen sprachen.

II. **1903.** XIV + 123 s. **H. Paasonen:** Mordwinische

C. Ylipainoksia. — Extraits.

ö Wichmann: Wotjakische sprachproben.
r, gebete und zaubersprüche.
hwörter, rätsel, märchen, sagen und erzählungen.

Paasonen: Proben der mordwinischen volkslitteratur.
nische lieder.
nische zaubersprüche, opfergebete, räthsel und märchen.

mari Porkka's tscheremissische Texte mit Übersetzung. He-
en von Arvid Genetz.

Torsten G. Aminoff: Votjakin äänne- ja muoto-opin luonnos. Julk. Yrjö Wichmann.

E. N. Setälä: Über qvantitätswechsel im finnisch-ugrischen (loppuunmyyty).

Arvid Genetz: Ost-permische Sprachstudien.

H. Paasonen: Die türkischen lehnwörter im mordwinischen.

E. N. Setälä: I. N. Smirnow's untersuchungen über die Ostfinnen.

H. Paasonen: Tatarische lieder.

Konrad Nielsen: Zur aussprache des Norwegisch-lappischen.

K. F. Karjalainen: Ostjakkeja oppimassa I—V.

O. Donner: Sur l'origine de l'alphabet turc du Nord de l'Asie.

H. Paasonen: Die sog. Karataj-mordwinen oder Karatajen.

G. J. Ramstedt: Das schriftmongolische und die Urgamundart.

Yrjö Wichmann: Kurzer bericht über eine studienreise zu den syrjänen (Jour. XXI).

U. T. Sirelius: Die Handarbeiten der Ostjaken und Wogulen (Jour. XXII).

D. **Inscriptions de l'Orkhon** recueillies par l'expédition finnoise et publiées par la Société Finno-Ougrienne. XLIX + 48 s. (fol.), mit 69 autotypischen tafeln und einer karte. Helsingfors 1892.

E. **Axel O. Heikel**: Mordvalaisten pukuja ja kuoseja. — Trachten und Muster der Mordwinen.

— —: Käytännöllisiä lisälehtiä teokseen „Mordvalaisten pukuja ja kuoseja". — Praktische Ergänzungsblätter zu dem Werke „Trachten und Muster der Mordwinen". N:o 1—45.

F. Seuran kautta saatavissa:

K. B. Wiklund: Kleine lappische chrestomathie mit glossar. (Hülfsmittel für das studium der finnisch-ugrischen sprachen. I.)

Yrjö Wichmann: Wotjakische chrestomathie mit glossar (Hülfsmittel für das studium der finnisch-ugrischen sprachen. II.)

SUOMALAIS-UGRILAISEN SEURAN

AIKAKAUSKIRJA

JOURNAL

DE LA

SOCIÉTÉ FINNO-OUGRIENNE

XXIII

HELSINGISSÄ
SUOMAL. KIRJALLIS. SEURAN KIRJAPAINON OSAKEYHTIÖ
1906

O. Donner

OTTO DONNERILLE

19 15/12 05

SUOMALAIS-UGRILAINEN SEURA

Otto Donnerille.

Tänä päivänä, täyttäessänne seitsemänkymmentä vuotta, tervehtii Teitä, esimiestänsä, Suomalais-ugrilainen Seura, joka Teitä saa kiittää olemassaolostaan.

Kun Te perustitte Suomalais-ugrilaisen Seuran, niin Te tartuitte pyrintöön, joka on osoittautunut elinkelpoiseksi.

Niinä kahtenakolmatta vuotena, jotka Suomalais-ugrilainen Seura on elänyt, on se nähnyt töittensä, tutkimustensa, julkaisujensa, varojensa, työntekijäpiirinsä yhä kasvavan ja laajenevan. Se on lähettänyt tutkijoita lappalaisten, mordvalaisten, tsheremissien, votjakkien ja syrjäänien, ostjakkien ja vogulien keskuuteen. Se on ulottanut toimialansa suomalais-ugrilaisen heimon ulkopuolellekin ollakseen kerran mukana suurta urali-altailaista kysymystä selvitettäessä: se on osaltaan vaikuttanut siihen, että tuhat vuotta vaitiolleet kivet saatiin puhumaan muinaisesta turkkilaiskansasta, se on sulkenut piiriinsä mongolien ja kiinalaistenkin kielen ja muinaishistorian tutkimuksen.

Ja kaikessa tässä työssä Te olette ollut alkuunpanijana, herättäjänä, innostajana, kannattajana. Te olette sen tehnyt pysyen uskollisena nuoruutenne tieteelliselle rakkaudelle, rakkaudelle, joka Teissä jo varhain leimahti suomalais-ugrilaista ja urali-altailaista tutkimusta kohtaan.

Kunniapäivänänne kiitämme Teitä kaikista aloitteista ja herätteistä, kaikesta työstä ja rakkaudesta. Ja meidän suomalaisten mukana on kiitostansa lausumassa edustajia Virosta, Unkarista, Venäjältä, Ruotsista, Norjasta, Ranskasta ja Italiasta, niinkuin näyttää tämä nidos, joka on Teille omistettu tämän päivän muistoksi, — ja siihen kiitokseen yhtyvät monet ulkomaalaiset miehet, jotka syystä tai toisesta eivät ole voineet olla juhlakirjan kirjoittamisessa osallisina. Tämä osanotto osoittaa samalla, miten perustamanne seuran pyrinnöt ovat herättäneet vastakaikua sivistyneessä Europassa.

Me toivomme Teille, että Te elämänne syksynä olette edelleenkin näkevä ajatustenne kantavan runsaita hedelmiä kansalliselle ja kansainväliselle tieteelle ja siten tuottavan kunniaa Suomen nimelle.

Helsingissä 15 p. joulukuuta 1905.

Suomalais-ugrilainen Seura.

A M. Otto Donner.

Aujourd'hui que Vous fêtez Votre soixante-dixième anniversaire, la Société Finno-Ougrienne a l'honneur de Vous offrir ses hommages, à Vous, son président, à qui elle doit son existence.

Lorsque Vous fondâtes la Société Finno-Ougrienne, Vous entreprites une œuvre qui s'est montrée d'une grande vitalité.

Pendant les vingt-deux années que la Société Finno-Ougrienne a vécu, elle a vu grandir et s'élargir de plus en plus son champ de travail, son cercle de collaborateurs, ses recherches, ses publications et ses fonds. Elle a envoyé des explorateurs parmi les Lapons, les Mordouins, les Votiaks, les Syriènes, les Ostiaks et les Vogules. Elle a même étendu ses recherches en dehors de la famille Finno-Ougrienne afin de pouvoir prendre part, elle aussi, à l'éclaircissement de la grande question ouralo-altaïque: c'est en partie grâce à elle que des pierres, restées muettes pendant mille ans, ont pu porter témoignage de l'ancien peuple turc, et elle a aussi embrassé dans son domaine l'étude de la langue et de l'archéologie des Mongols et des Chinois.

Et pour tout ce travail, Vous avez été le fondateur, l'inspirateur, le soutien. Vous l'avez été en restant fidèle à l'amour d'une science qui, dès Votre jeunesse, Vous attirait vers le domaine finno-ougrien et ouralo-altaïque.

Aujourd'hui, à ce jour solennel de Votre vie, nous Vous remercions de tout ce que Vous avez entrepris et inspiré, de tout le travail que Vous avez fait et entouré de Votre amour. Et à nous autres Finlandais se joignent, pour Vous exprimer leur reconnaissance, des représentants de l'Esthonie, de la Hongrie, de la Russie, de la Suède, de la Norvège, de la France et de l'Italie, comme le prouve ce volume, qui Vous est dédié en souvenir de ce jour, ainsi qu'un grand nombre de savants étrangers, qui pour une raison ou une autre, n'ont pas pu prendre part à cette publication. Cette participation en Votre honneur démontre aussi, combien l'œuvre de la Société fondée par Vous a éveillé d'échos dans l'Europe civilisée.

Nous souhaitons que Vous puissiez aussi pendant l'automne de Votre vie voir vos idées porter des fruits abondants au profit de la science nationale et internationale, et de faire par là honneur à la Finlande.

Helsingfors le 15 décembre 1905.

La Société Finno-ougrienne.

CPSIA information can be obtained at www.ICGtesting.com
Printed in the USA
LVOW03s1739150914

404141LV00007B/483/P

9 781293 124901